2019 年浙江省教育规划项目《基于医药工业智能制造的高职
药品类跨界融合复合型人才培养的路径研究》（jg20190755）

教海探航：
高职院校教育管理信息化发展与教学应用研究

朱 军 著

中国原子能出版社

图书在版编目（CIP）数据

教海探航：高职院校教育管理信息化发展与教学应
用研究 / 朱军著 . —— 北京：中国原子能出版社，2022.6
ISBN 978-7-5221-1980-9

Ⅰ . ①教… Ⅱ . ①朱… Ⅲ . ①高等职业教育－教育管
理－信息化－研究－中国 Ⅳ . ① G719.2

中国版本图书馆 CIP 数据核字 (2022) 第 103755 号

内容简介

本书属于高职院校教育管理和教学应用方面的专著，由现代教育技术与信息化教学、高职院校教育管理概述、高职院校教学管理方法、高职院校信息化教学资源、高职院校信息化教学平台、高职院校信息化教学模式等部分组成。本书对高职院校教育管理的基本概念及高职院校教学信息化的运用进行了详细阐述，同时分析并讨论了生物制药技术专业课程的信息化教学策略，力求创新高职院校教学管理理论，在高职院校教学管理的实践中有所突破，为培养全面发展的高素质专业人才提供帮助。本书理论与实践相结合，对高职院校教育管理从业者和相关研究者以及专任教师具有一定的学习和参考价值。

教海探航：高职院校教育管理信息化发展与教学应用研究

出版发行	中国原子能出版社（北京市海淀区阜成路 43 号　100048）	
责任编辑	王齐飞	
装帧设计	河北优盛文化传播有限公司	
责任印制	赵　明	
印　　刷	北京天恒嘉业印刷有限公司	
开　　本	710 mm×1000 mm　1/16	
印　　张	13	
字　　数	240 千字	
版　　次	2022 年 6 月第 1 版　　2022 年 6 月第 1 次印刷	
书　　号	ISBN 978-7-5221-1980-9	
定　　价	78.00 元	

前　言

随着信息技术的日益发展和互联网的普遍应用，全球社会与经济发生了深层变革。当前高职院校肩负着培养专业性人才的重要使命，可清晰地看出高职院校在现阶段机遇与挑战并存。高职院校当前的信息化程度日益加深，基于大数据、互联网等平台，可以实现数据来源真实、数据采集实时、数据信息共享，使学校的教育教学数据信息可以得到有效整合，极大地提高教学管理的工作效率，为高等职业院校的人才培养、质量分析、管理决策等提供科学依据。信息化技术的快速发展为高职院校的改革和创新提供了崭新的空间，也带来了诸如更加激烈的生源竞争、社会对人才多样的需求、任务繁重的改革、教育教学管理结构与工作方法革新等挑战。因此，高职院校应该充分利用信息技术的优势，协调信息化建设与教育教学管理活动，在其教育质量得到保证的同时，促进其工作效率的进一步提升，从而培养出更多的社会栋梁。

本书首先概述了现代教育技术与信息化教学的基本内容，包括现代教育技术概述和信息化教学的概念、要素、特征等；接着对高职院校教育管理进行了论述，进而阐述了高职院校教学管理方法；然后对高职院校信息化教学资源、教学平台、教学模式进行研究；最后，对生物制药技术专业课程信息化教学应用进行研究和探讨。本书在编写过程中得到了很多专家教授的帮助，在此表示衷心的感谢。由于高职院校信息化教育管理涉及内容广泛，加之写作时间仓促，书中谬误之处难以避免，恳请同行专家和读者不吝指正。

目 录

第一章 现代教育技术与信息化教学

第一节 现代教育技术概述

一、现代教育技术的概念

关于"教育技术"概念的定义可谓众说纷纭，莫衷一是。目前，人们对"教育技术"比较认可的定义是"教育技术是对学习过程和学习资源进行设计、开发、运用、管理和评价的理论及实践"。不难看出，此定义明确了教育技术的研究对象是学习过程和学习资源。研究学习过程，就是研究人类的认知过程，建立认知科学，发展学习理论；研究学习资源，就是探讨为人类各种各样的学习创设最佳学习环境的途径。这两个研究对象的确定表明教育技术已进入成熟发展阶段，因为建立学习理论和开发学习资源实质上是贯穿人类教育整个发展史的两个核心内容，也是促进教育改革与进步的两大直接动力。

我国学者在学习研究之前学者定义的基础上，提出了现代教育技术的定义："所谓现代教育技术，是指运用现代教育理论和现代信息技术，通过对教与学过程和教学资源的设计、开发、利用、评价和管理，以实现教学优化的理论和实践。"这里必须强调：第一，现代教育技术必须以先进的教育思想和教育理论为指导；第二，现代教育技术以信息技术为手段，要真正发挥信息技术的优势；第三，现代教育技术以教与学的过程和资源为研究与工作的对象，并以优化教与学过程和教与学资源为目标。因此，现代教育技术不但要重视"教"，更要重视"学"的"过程"和"资源"的研究与开发，并以系统科学方法作为方法论基础。

现代教育技术有以下三大特征。

首先，现代教育技术以信息技术为主要依托。教育过程实质上是信息的产生、选择、存储、传输、转换、分配的过程，而信息技术正是指用于上述一系列过程的各种先进技术，包括电子技术、多媒体技术、计算机网络、网上通信、远程通信等。把这些技术引入学校的教育过程后，可以大大提高信息处理即教学的效率。在当前的知识经济与信息社会里，教学效率显得更加重要。可以说，没有高的教学效率就不可能有高的教学质量。

其次，现代教育技术更加强调以学生为中心的观点。在教育目标的确定上，既要满足社会的要求，又要特别重视学生个人的需求，鼓励学生向多元化方向发展；在教育内容的选择上，不是考虑教师会教什么，而是考虑学生需要学什么，适合学什么；在教育方法的运用上，更多地提倡小组学习和自学，这将有助于培养与学生以后生活成败关系重大的非认知技能和态度，如与别人的交往和合作；在教育的形式上，将变得非常灵活，能够与人们的工作、生活很好地协调起来，而且终身教育将占有越来越重要的地位。

最后，现代教育技术将使学校进一步开放，使全社会的教育资源更加合理地配置。随着作为现代教育技术重要物质基础的计算机网络的延伸，整个社会将逐步连成一体。受教育者可能根据学习目的自由地选择学校、课程和教师；学校与社会之间、学校与学校之间的界线会变得模糊；投入教育的人力、物力、财力将根据受教育者的选择进行分配，而不是像现在这样受到许多人为因素的影响。

二、现代教育技术的任务

现代教育技术以现代社会对教育的要求为出发点，以实现教育教学的最优化为目的。它的任务是积极研究应用先进的科学技术和系统科学方法，对教育教学全过程中的各种可操作因素进行分析，设计出适合学生学习需要的教学系统，并在实施过程中通过评价进行有效的反馈控制，以优化教学过程，提高教学质量和教学效率，扩大教育规模，支持和促进教育的整体改革，为加速实现教育现代化做贡献。

教育技术所要解决的问题涉及教育的各个层次，因而教育技术的理论与实践研究必须深入教育的各个领域，特别要深入学科、深入教学、深入课堂。只有深入教育教学的实践，才能发现问题，从而更好地分析问题和解决问题。在分析、解决问题的过程中，教育技术本身的基础理论和应用理论也会得到极大地丰富和发展。目前，我国正处在信息技术快速发展的时代。教育技术工作者要全力提高硬件、软件、潜件的建设水平，以适应知识经济和信息社会发展与教育发展的需求。在硬件方面，要建设多媒体教室、计算机教育网络系统等；在软件方面，要建立现代的系列化多媒体教材体系；在潜件方面，要建立现代教育理论和方法体系，支持各类学科的教学改革，以实现教育技术的现代化。需要强调的是，教育技术的现代化不仅仅是教学设备、教学手段的革新，还是一个涉及观念、技术、人员、管理、政策协调等多种因素的系统工程。现在已有相当数量的各类学校配备了比较先进的电教设备，建起了闭路电视系统、多媒体教室、计算机校园网等，但还普遍存在着设备利用率不高的现象。主要原因有两点：一是软件建设跟不上；二是教育工作者没能摆脱重应试、轻素质的社会牵制。现代教育技术要帮助广大教师和社会各界人员建立新的教育观念，使其认识到教育技术的现代化是教育跟上时代所必经的一场革命。现代教育技术将带来教育结构、教学效果的整体优化，是培养具有现代意识、具有主动适应社会变化能力的新一代学生的重要条件。现代教育技术还要帮助教育管理部门制定有效的政策法规，建立多媒体教材建设和教学研究成果的推广应用网络，建立具有宏观引导和调控能力的新的教育教学管理体制。

作为教师，应该积极主动地适应现代社会和教育发展对自己提出的教育技术方面的要求，转变观念，改变旧的教学方法，学习和掌握现代教育技术的基本理论和操作技能，使教学工作更加科学化和现代化。

三、现代教育技术的研究方法

根据现代教育技术的对象和任务，其研究分为基础研究和应用研究两部分。基础研究的目的是建立理论；应用研究以解决现实问题为出发点，建立理论也是其目的之一。研究者可根据自己的工作环境和任务，选择力所能及的研究课题，再从课题特性出发，选用合适的研究方法。

常用的研究方法有文献法、观察法、调查法、实验法、测验法、统计法、经验总结分析法等。在实际工作中，常常需要综合运用几种方法，使之互为补充、相辅相成。

随着现代教育技术的日益普及、大量教学新设备和音像教材的涌现、各类教学资源和教学方法被广大教师所采用，许多优秀教师在教学实践中创造了和正在创造着显著的成绩，积累了丰富的经验。他们对自己的成功经验进行了总结，再加上有目的地广泛收集别人的经验，经过研究、分析、综合，从中提炼出行之有效的普遍性结论。这种经验总结分析法应该是广大教师最容易进行的研究方法。这种方法得出的研究结果具有实践效用，是教育技术基础理论的组成部分。但是，由于经验总结是在教学取得良好效果以后进行的，实践过程中的记录可能不够完整，未能考虑相关因素，因此研究者对其要进行妥善处理，并利用其他方法或进行进一步的实验研究来予以补足。

四、现代教育技术应用的意义

高职教育以培养实践型、技能型人才为教育目标。这种教育类型一方面要与社会经济发展过程出现的新产业、新技术时刻保持紧密的关联，另一方面其培养的学生要以突出实践能力、提升创新能力为核心。与其他普通高校相比，这在根本上决定了高职教育需要更加及时、快速地对现代教育技术做出反应，并将合适、高效的教育技术运用于其教学教育过程中，从而实现其育才的目标。可见，现代教育技术的发展将为高职教育教学模式的改革与创新带来巨大的意义。

第一，现代教育技术为高职教学模式提供了新的技术基础，促使教学手段和教学方法发生重大变革。21世纪以来，传统的一支粉笔、一块黑板、一张讲桌和一本教材就能够完成整个教学过程的教学技术，已不适应时代的进步和教育的发展。以网络技术、通信技术、多媒体技术和计算机技术为代表的现代科学技术渐次被运用到高职教育领域。这些自然科学领域中的新技术和以之为技术基础的新教学手段开始在高职教学过程中大展拳脚，俨然成了现代教育模式的主角，其在受到学生热烈欢迎的同时，也显著提高了教学效率与教学效果。可见，随着现代教育技术更加广泛地应用，高职教学手段和教学方法必将发生巨大变革。

第二，现代教育技术的应用将促使高职教学思想与观念发生重大变革。现代教育技术在促进教学手段和教学方法发生变革的同时，也在高职教育的整个教学过程、教学设计、教学组织管理方面日益展现出巨大的渗透力和影响力，使围绕现代教育技术形成的新型教学模式、新型教学理论渐渐替代传统的教学模式和教学理念。因此，随着现代教育技术的深入发展，不能仅仅把目光停留在低层次的技术运用上，而是应该乘此东风，完成高职教育教学思想与观念的新架构。

与传统教学模式相比，现代教育技术具有独特的魅力。首先表现为多元化信息技术。近年来，在众多学科教学中都有信息技术的运用，其中以多媒体技术较为常用。高职教师在课堂教学中融合现代教学技术，是打造多元化课堂的最有效手段。现代教育技术将文字、视频、声音等进行有机整合，体现了多元化教学课堂。其次表现为课堂资源的丰富性。目前，高职院校课堂中已经融入了部分现代技术手段，推动了教学过程与教学模式的发展。高职教师可以引导学生通过互联网搜集相关教学内容，以此拓宽学生视野、丰富其专业知识。

第二节　信息化教学的解读

一、信息化的分类与发展阶段

由国家对信息化的统一定义分析，信息化是以计算机为主的信息技术生产工具，依托强大的现代新型网络技术，形成以信息、媒体为主的生产工具，并将这种生产工具应用在社会经济的各个领域之中，转换成新的生产力，从而推动经济社会各个领域的快速发展。由此可见，信息化是一个不断积累的信息及信息技术增长的过程，且随着不断的信息化和资源化，可以极大地提升整个国家的现代化水平，改变人们的生活方式，构建社会新型的发展模式。

（一）信息化的分类

在现代快速发展的社会生活中，信息化在各个领域发挥着不可或缺的重要作用；但在不同领域，它所发挥的作用又有所不同。根据其服务对象和社会结构，我们将信息化分为国民经济信息化、产业信息化、企业信息化、产品信息化和社会生活信息化。

1.国民经济信息化

国民经济信息化是指在经济大系统内实现统一的信息大流动，使金融、贸易、投资、计划、通关、营销等组成一个信息大系统，使生产、流通、分配、消费的环节通过信息进一步连成一个整体。

2.产业信息化

产业信息化是指农业、工业、服务业等传统产业广泛利用信息技术，大力开发和利用信息资源，建立各种类型的数据库和网络，实现产业内各种资源、要素的优化与重组，从而实现产业升级。

3.企业信息化

企业信息化是国民经济信息化的基础，指企业在产品的设计、开发、生产、管理、经营等多个环节中广泛利用信息技术，并大力培养信息人才，完善信息服务，加速建设企业信息系统。

4.产品信息化

产品信息化是信息化的基础，主要指产品所含各类信息比重日益提高、物质比重日益降低，产品日益由物质产品的特征向信息产品的特征迈进；越来越多的产品嵌入智能化元器件，使产品具有越来越强的信息处理功能。

5.社会生活信息化

社会生活信息化是指包括经济、科技、教育、军事、政务、日常生活等在内的整个社会体系采用先进的信息技术，建立各种信息网络，大力开发有关人们日常生活的信息内容，丰富其精神生活，拓展其活动时空。我们所关注的高职教育信息化就是社会生活信息化的一部分。

（二）信息化发展阶段

随着信息资源和信息技术的产生和应用，信息化在经济社会生活中的发展经历了数字化、一体化、虚拟化和智能化四个阶段。

1.数字化

数字化是信息化发展的起点，是指事物蕴含的信息通过数学语言进行描述形成数据的过程，即对事物进行定量分析的过程，其目的是形成数据。信息化最初的形式就是通过数字采样、量化和编码三个环节形成文字、图形、图像、影像等数据，作为信息传输的主要信息资源。

2.一体化

一体化是信息化的核心，就是把现有的网络、数字等现代媒体技术融合在一起，通过数据传输和融合实现基于信息的综合应用，其目的是实现资源共享。一体化的作用是在海量的数据基础上，通过先进的处理技术实现所需应用，是虚拟化和智能化的基础。

3.虚拟化

虚拟化是信息化的延伸，是在数字化和一体化的基础上，经过思维的再创造，模拟形成事物真实的图像和场景，为人们创造一个虚幻的现实空间。网络仿真是虚拟化的主要方式和手段，其凭借现代网络技术，为人们提供实践实训的真实场景。

4.智能化

智能化是信息化的终点，是信息化的最高阶段。虚拟化阶段虽然把现代科技和网络技术发展到了较高阶段，但虚拟化只实现了"恢复"和"还原"功能，还不具备像人一样的记忆和思维功能，这就是产生智能化的必然。我们知道，从感觉到记忆再到思维这一过程被称为"智慧"，智慧的结果就产生了行为和语言，而行为和语言的表达水平被称为"能力"，智慧和能力二者融合在一起，就是我们所说的"智能"。智能化就是利用现代通信与信息、计算机网络、智能控制等现代科学技术在某一领域、某一行业中的应用，让产品、设备或某种事物具备感觉、记忆和思维能力的过程。智能化在全世界得到广泛推广应用，引领了世界发展新潮流，推动了世界科技和工业的不断创新发展，如德国的"工业4.0"，中国的"智能制造2025"，随着人类文明和新科技的不断涌现，智能化还将对人类提出更高的要求，发挥更大的作用。

二、信息化教学的理念与高职院校信息化建设的意义

自20世纪中叶以来，以电子计算机和通信技术为代表的现代信息技术的出现带来了"信息技术革命"，它使当今世界发生了人类有史以来最为迅速、广泛、深刻的变化，促使人类社会迅速进入了信息化时代。信息技术的飞速发展，对社会的各个领域都产生了巨大的影响，其在教育中的应用，也引起了教育教学的深刻变革。信息化教育就是随着"信息高速公路"的发展被提出来的，它是以现代信息技术在教育教学中的广泛应用为特征的新的教育形态，是教育适应信息社会发展的必然结果。

正如教学是教育的主体与核心一样，信息化教学也是信息化教育的主体和核心，是与传统教学相对而言的一种教学形式，其注重现代教学媒体在教育中的应用。所谓信息化教学，就是指教育者和学习者借助现代教育媒体、教育信息资源和方法进行的双边活动。它既是师生运用现代教育媒体进行的活动，也是基于信息技术在师生间开展的活动。

信息化教学是在现代教学理念的指导下，重视现代信息技术，如现代网络技术、计算机及多媒体技术、卫星通信技术等在教学中的作用，充分利用现代教育技术手段，应用现代教学方法，利用多种教学媒体、信息资源，构建良好的教学与学习环境，并在教师的组织和指导下，充分发挥学生的主动性、积极性和创造性，使学生能够真正成为知识、信息的主动建构者，从而达到良好的教学效果。

（一）信息化的教学理念

在信息化教学中，教师利用多样化的教学环境、丰富的教学资源，在先进的教学理念的指导下组织教学内容，设计并开展形式多样的教学活动。学生则在信息化环境中利用丰富的资源和多样化的交互工具开展合作学习、探究学习，主动对知识进行意义建构，从而促进个人的全面发展。信息化教学理念是随着现代教学理论的发展而出现的，是"以人为本、以学生为本"的教学理念，主要表现在以下六个方面。

1.强调学生的主体地位

传统教学以教师的"教"为中心，教师是教学活动的主体。在信息化教学理念中，学生是教学活动的积极参与者和知识的建构者，教学应当以学生的"学"

为主要任务，学生是教学过程的主体，一切教学活动都要围绕学生的"学"来展开。在信息化教学中，学生是具体的、活生生的、有丰富个性的、不断发展的认识主体，是具有主观能动性的独立个体和群体。教学是学生在教师的指导下，有目的地去获取对客观世界认识的知识，发展社会适应性的能动过程。学生的主体性在教学过程中具体表现为：自主性、主动性和创造性。

2.由强调知识的积累和技能的训练向学生主动建构转变

知识不是通过教师传授得到的，而是学习者在一定的情境，即社会文化背景下，借助其他人（包括教师和学习伙伴）的帮助，利用必要的学习资料和教学媒体，通过意义建构的方式而获得的。因此，近年来，学习者由过去被动地接受知识向主动建构知识的方向转变。

3.学生改变以往接受式的学习，转变为自主、探究、合作式的学习

新课改明确指出，要改变课程实施过程中过于强调接受式学习、死记硬背和机械训练的现状，倡导学生主动参与、乐于探究、勤于动手，培养学生搜集和处理信息的能力、获取新知识的能力、分析和解决问题的能力以及交流与合作的能力。因此，教师应当首先改变以往的教学方式，运用信息化教学方式，培养学生的自主学习、探究学习、合作学习的能力。此外，要从各方面培养学生主动探究、合作学习的意识，让学生意识到只有积极主动地学习才能够适应信息化社会的需求。

4.强调活动的重要性

传统的教学活动主要是知识的"授受"活动。在信息化教学中，教师要在教学中充分认识到活动的重要性和多样性，要为学生设计多种性质的活动，组织学生在活动中进行不同形式的学习，并在活动中充分发挥学生的主动性、自觉性，培养学生的创新意识、创新精神和创新能力，促使学生的知识、能力和个性全面发展。

5.强调学生的主观能动性

在信息化教学过程中，教师要激发学生的学习兴趣、探究的激情，尊重学生的个性和特长，注重学生在学习中的积极参与性，最大限度地挖掘学生的潜能。教师应当利用多媒体技术有效地激发学生的学习兴趣，利用多样化的教学方式促进学生积极主动地对知识进行自主探究。

6.强调师生积极主动地互动交流

在信息化教学过程中，多样的师生互动交流有助于缩短师生的心理距离，增强学生的学习兴趣，有助于学生在学习中共享生活经验，完善知识结构，促进社会性学习，发展社会性素质。对于教师来说，师生之间的互动交流可以使教师放下权威的架子，与学生平等交往，有助于教师与学生相互学习，共同提高。

（二）高职院校信息化建设的意义

信息化建设已成为高职院校发展建设的重要组成部分，是新时期职业院校发展的必然要求，对于提升高职院校内涵核心力和发展竞争力具有重要作用。

1. 信息化建设是高职院校内涵建设的必然要求

信息化犹如血液，已经浸透到这个时代的各个领域，促进了经济社会的更新换代。高职院校作为人才培养的主阵地，社会服务的重要力量，理应对接时代要求，顺应潮流发展，作为推进实施信息化教育的急先锋，将信息化融入学院发展建设的各个领域和各个方面，尤其应当加快内涵建设的信息化建设进程。高职院校内涵建设是高职教育发展的核心，决定了高职教育的育人目的和育人方向，是高职院校的"大政"和方向问题。只有加强和深化其内涵建设的信息化，才能更有效地带动社会服务和文化传承方面的信息化，才能使高职院校既紧跟时代步伐，与时俱进，又能不断完善自我，增强造血功能，提升核心发展力和竞争力。

2. 信息化建设是高职院校提高管理水平的必然要求

教育管理是高职院校的"纲"，是基础前提，统领着学校各方面内容，没有好的管理体制机制和先进的管理方式手段，就没有有序的教育教学秩序、完善的社会服务和有始有终的文化传承，因此管理是第一位的。

高职院校要推进实施信息化，必须首先着力于管理方面的信息化，用信息化的理念来指导学校的管理工作，用信息化的技术手段来提升管理能力和水平，这是高职院校内涵发展和外延扩张的现实要求。

3. 信息化建设是高职院校提升竞争力的必然要求

信息化是时代科学技术发展的标签，代表了这个时代的科技潮流，谁率先拥有信息化，谁就拥有了先决条件。高等职业技术院校在职业教育的前提下，"技术"是其主体，是高职院校与其他普通院校的最根本区别。技术的优劣高低，代表了高职院校的整体实力和办学水平，而信息化程度是这个时代之于技术水平最现代的评价指标，因此，在与同类院校竞争中，高职院校信息化水平是核心竞争力。

三、信息化教学环境

环境是指某一主体（个人、小组、社会或者系统等）周围的情况和条件。教学环境是指教学活动的场所（如教室、实验室、图书馆等）、条件（灯光、温度、照明、网络访问等），也包括学生与教学材料、支持系统之间进行交流的过程所形成的氛围。20世纪90年代以来，信息化、网络化、数字化技术逐步进入校园和课堂，使教学环境进入信息时代。传统教室中配备了黑板、讲台、课桌椅等基础设施，形成了以讲授为主的教学模式，这是与工业社会的教育需求相匹配的。随着信息时代的来临，计算机、投影仪、交互电子白板等设备进入课堂，教室环境具有了高科技含量。如何设计信息化教学环境以适应信息时代的需求，以及如何重构传统教学环境以促进学生的发展，是当前教育技术研究必须正视的问题。

本书将教学环境理解为教学活动开展的场所。场所可以是现实存在的，也可以是虚拟的，即仅仅存在于数字世界中的。在各种类型的教学环境中，教学活动主要发生在常规教室、多媒体教室、语言实验室、微格教室等现实教学环境中。随着信息技术的发展，在网络教学平台、虚拟教室和数字化校园等虚拟教学环境中开展的教学活动也日益增多。信息化教学环境设计的主要方面是各类信息化教室装备及与之匹配的教学模式的设计。

（一）多媒体教室

由于多媒体教学的优势以及硬件设备的发展和成本的降低，多媒体教室在较短时间里从无到有，而且快速增加。20 世纪 90 年代后期，我国开始了大规模教育信息化基础设施建设。经过十多年的建设，我国的教育信息化取得了显著成绩，社会对教育信息化的认识也有所提高。在这个信息技术发达的时代，多媒体教室已成为很多大学和中小学，以及各类培训、会议等常用的信息化教学环境之一。多数教师上课从原来的"粉笔 + 黑板"模式转变成"计算机 + 投影"的模式。这里的多媒体教室是指配置了多媒体展示台或者交互式电子白板等基于计算机的交互式信息展示系统的教室。

1. 多媒体教室基本组成

多媒体教学设备随技术发展而不断变化，其技术性能也不断提高。目前，各学校在多媒体教室建设中对设备的配置方案并不一致，投入资金也有差别，但其基本配置一般包括投影机、数字视频展示台、多媒体计算机、中央控制系统、投影屏幕、音响设备等多种现代教学设备。

（1）多媒体液晶投影机

多媒体液晶投影机是整个多媒体演示教室中最重要的也是最昂贵的设备。它连接着计算机系统、所有视频输出系统及数字视频展示台，可以把视频、数字信号输出显现在大屏幕上。

（2）数字视频展示台

数字视频展示台可以进行实物、照片、图书资料的投影，是一种非常实用的设备。

（3）多媒体计算机

多媒体计算机是演示系统的核心，教学软件都要由它运行。它在很大程度上决定了演示效果。

（4）中央控制系统

中央控制系统用系统集成的方法，把整个多媒体演示教室的设备操作集成在一个平台上，所有设备的操作均可在这个平台上完成。它实现了多媒体电教室各种电子设备的集中控制。

在考虑设备配置和确定技术指标时应综合考虑当前多媒体教学设备技术的发展水平、满足大多数课程教学的需要、经费状况等几方面的问题。

2. 多媒体教室管理

多媒体教室的使用离不开日常的管理与维护。多媒体教室在管理、维护上有一定难度，这就必然带来在管理维护上、使用上及设备安全上的诸多问题。这些问题不仅与管理多媒体教室的人员有关，同时也受运行经费和使用人员等多方面因素的影响。因此，多媒体教室的管理应是对各个相关环节的综合协调管理，主要有以下六个方面。

（1）明确多媒体教室管理人员职责

设置负责多媒体教室管理的部门，并由专人进行管理和维护，明确其工作职责，做好设备的日常管理与维护、故障排除、防盗安全等工作，保证多媒体教室正常使用，以保证正常的教学秩序。

（2）多媒体教室的管理方式

探索多元、可行、低成本的多种管理方式，如技术人员与非技术人员相结合、定点管理维护与非定点管理维护相结合、学校与企业相结合等，保证多媒体教室的正常使用，提高使用效率、降低管理成本。

（3）多媒体教室管理制度化

搞好多媒体教室的管理、维护及维修，需建立一套制度化的管理方式，使多媒体教室管理等工作规范化、程序化，确保设备使用良好、管理有序。

（4）多媒体教室的运行经费

确保有足够的经费预算，才能保证多媒体教室正常维护、维修的经费支出。

（5）多媒体教室使用培训

多媒体教室使用状况好坏与使用者有较大关系，若使用者不能较好地按使用要求进行操作，不但会增加故障率，同时会大大降低设备的使用寿命。因此，要重视开展对教师的教育技术培训，使其熟练掌握多媒体教学设备的使用方法，提高教师对多媒体教学设备的整体运用水平。

（6）多媒体教室的安全管理

多媒体教学设备价值较高，且安装在公用开放的教室里，如何防盗也是值得重视的问题。

总之，在多媒体教室管理上，多媒体教室的管理更科学、服务更周到、维修更及时、维护更经济，才能使其在教学改革、人才培养中发挥出更大的作用。

（二）微格教室

1.微格教学的含义

微格教学通常又被称为"微型教学"，是由美国斯坦福大学艾伦教授（D.Allen）等人创立的一种利用现代视听设备（摄像机、录像机等），专门训练学生掌握某种技能、技巧的小规模教学活动。微格教室是在装有电视摄像、录像系统的特殊教室内，借助摄像机、录像机等媒体，进行技能训练和教学研究的教学环境。它一般用于师范院校的学生和在职教师教学技能训练的模拟教学活动。20世纪70年代末，微格教学已逐步被一些国家作为培训教师教学技能、技巧的一种有效方法而采用。在英国，有90%以上的教师培训院校开设了微格教学课程。这门课一般安排在大学四年级，学习者经过微格教学的学习后再到中学进行教学实习。我国在20世纪80年代开始引进这种教学方法。

微格教学依照教育学与心理学理论，以现代视听技术为手段，对学生和教师进行模拟教学训练，在教学行为的训练中起到显著的作用。

微格教学技术自诞生后，得到了迅速推广和应用，尤其受到世界各国师范教育界的重视。20世纪70年代末以来，微格教学课程已成为欧美国家教师培训的基本课程。我国各类师范院校几乎都建有微格教室，微格教学的应用与研究工作正在兴起。我国其他类别的（如体育、音乐类）高等院校也相继应用了微格教学。

2.教学方法

进行微格教学的一般方法是由受训者（人数以10人为宜）用10～15分钟的时间，对某个教学环节，如"组织教学"或"授新课"进行试讲。试讲情况由录像机记录，指导教师和受训者一起观看，共同分析优缺点，然后再进行训练，直至受训者掌握正确的教学技能。由于这一训练活动只有很少的人参加，时间很短，而且只训练某一教学技能，所以称为微格教学。

（三）虚拟教室

1.虚拟教室及其功能

虚拟教室，顾名思义，指在现实世界中不存在、不需要占用物理空间的教室。它是通过电子通信和计算机技术创造出来的虚拟空间。在虚拟教室中，教师和学生可以像在普通教室中一样进行交流和互动。教室是学校的标志，教师和学生都习惯了在教室开展教学活动。而虚拟教室对于师生来说相对新鲜，它仅仅实现了现实教室的核心功能：师生言语交流和相互提供视觉信息。虚拟教室的功能类似于远程视频会议系统，主要用于支持教师和学生的实时互动，一般具备如下功能。

（1）语音交互

虚拟教室允许教师和学生通过语音进行交流。"进"到虚拟教室中的师生所说的话被广播给所有的人。教师在讲解时，为避免被学生打断，可以将学生的话简设为禁用。

（2）电子白板

电子白板类似于现实教室中的黑板，功能相当于一个绘画软件。教师和学生可以一起在上面写、画。

（3）文本聊天

虚拟教室通常提供文本聊天工具，可以用于教师讲课过程中学生的提问；或者教师将重要的教学信息写在文本聊天室中，以便学生准确感知。

（4）屏幕或者窗口共享

参与者可以选择将自己的屏幕或者窗口共享出去，以供教学信息的呈现。

（5）视频交互

虚拟教室提供教师和学生的实时视频。对于需要让师生相互观察对方的操作过程、动作的教学内容，视频是必不可少的。

（6）文件传播

参与者可以通过文件传输功能，向网络教室中的所有人或者部分参与者传递文件，以共享资源。

（7）特殊符号和公式的输入

上述这些功能是虚拟教室的常见功能，其中的语言交互、电子白板、屏幕共享和文本聊天是虚拟教室的必备功能。

在参与者不是很多的情况下（如 15 人以内），教师可以利用 QQ、Net Meeting 等软件自己组建虚拟教室。不过，在利用虚拟教室开展教学活动时，教师应注意的有以下几点。

（1）熟练掌握虚拟教室软件的各项功能。不但能够自己独立完成基本操作，还应具备基本的故障排除能力，以便为学生提供技术支持。此外，还应熟练掌握顺利授课所需的技能。

（2）习惯没有学生在场的讲解。

（3）鼓励学生参与，及时表扬。参加虚拟教室学习的学生往往是一个人，周围没有学习同伴，因此教师要注意鼓励和表扬学生积极参与学习。

（4）做好处理突发事件的心理准备并安排好应对措施。

2.虚拟教室的作用

由于虚拟教室主要用于支持教师和学生的实时交互活动，因此在教学中，虚拟教室有如下作用。

（1）辅导和答疑

辅导和答疑时，教师和学生需要频繁交换信息，因此及时反馈非常重要。在使用虚拟教室时，师生都在场，师生可以借助语音来快速、及时地交换信息。

（2）系统讲授

借助网络教室的语音交互、电子白板、窗口共享、文件传递等功能，教师可以实现类似于物理教室教学信息的传递，也可以实现系统讲授。

（3）组织研讨

如果教学中需要就某一问题展开深入讨论，除了可以利用论坛等异步方式外，还可以借助虚拟教室中的语音功能进行。这可使讨论更加自然，且可以相互激发观点，讨论效率更高。

（4）学生的远程合作

虚拟教室突破了空间的限制，不同地区的学生可以合作开展研究活动。尤其对于某些社会文化研究，通过异地合作，能开阔学生的视野，让学生认识到差异。同时，由于有本校班级外学生的加入，这种研究活动更容易引起学生的兴趣。

（5）为学生提供情感支持

如果遇到特殊情况，学生需要长时间和教师、同伴分离，独自开展学习活动。在这种情况下，虚拟教室中的实时活动往往能增强学生的归属感，并提高其参与意识，满足学生社会交往的需求；而情感上的支持、帮助和满足有助于学生更好地完成学习活动。

四、信息化教学模式

信息化教学的研究主体和研究对象均为教学，主要是为了利用先进的技术手段达到信息化教学的目的。对于教师而言，信息化教学意味着在信息化的条件下组织教学；而从社会层面上来讲，信息化教学意味着教学的现代化改革发展，且这种信息化教学不仅是人们认为的多媒体教学的狭义认知，还涵盖了教学组织的方方面面的广义定义。在信息化教学模式中，计算机网络教学模式是当下学者研究的热点，同时，将信息化教学同教育改革结合而衍生出的立体信息化教学模式，也成为教育事业走向现代化的必经之路。

（一）计算机网络教学模式

广义的计算机网络教学模式包括计算机网络教学环境和教学资源，以及教学工具和系统等。

随着计算机网络在社会上应用程度的提高，计算机网络教学不仅是一种新型、便捷的教育教学手段，还是一种培养教师与时俱进的学习能力、发展学生对现代化信息技术熟知程度的高效的教学模式。通过在日常教学中插入计算机网络教学方法，能够培养教师和学生的创新意识和创新能力，了解和掌握计算机网络的知识和相应的应用能力。但目前的课程在不同的教学内容和实践中存在着不同的问题，例如课堂互动性差，教师的教学手段单一等，使学生对枯燥的学习方式不感兴趣。因此，需要从旧的教学模式所存在的问题中，建立一个新的以计算机网络课程教学为重点，重视培养学生的实践和创新能力的科学合理教学新模式。

这里的"计算机网络"教学主要是指基于计算机网络环境下的各方面与教育教学的总和，既包含了 CAI 教学软件、多媒体教学资源，也包含了计算机网络教学的应用模式和互动方法等。计算机网络教学方便了师生进行网络的实时交流和互动，是信息化教学方法的重要组成部分。

（二）立体化信息教学模式

立体化信息教学通过教与学的互动，充分利用现有的教学资源，为整体教学水平的提高而服务。立体化信息教学能够实现"人""物""环境"三种教学资源的"三位一体"，其通过网络这一平台，为教师与学生、学生与社会之间搭建起一个教学资源共享的平台，从而切实提高学习效率；立体化信息教学还能够实现不同种类信息的分类的汇总，调动不同部门、不同单位甚至不同行业的各类其他资源，为高职院校的课堂教学而服务。另外，通过网络教学，学生自主学习，定期进行指导的方式，通过建立网络教学新的教学模式相结合的三维信息，可以提高教学质量和水平。立体化信息教学不仅完成了教学过程的立体化和信息化，还开启了教学评价方式的多元化，将学生、教师、学校、企业、政府等相关人员整合在共同的体系当中，达到信息化教学评价方式的"三维"立体。

第三节 信息化教学的要素与特征

一、信息化教学的要素

（一）媒体

信息化教学过程中的媒体主要指现代教学媒体。该媒体是近一个世纪以来利用科技成果发展起来并被引入教学领域的电子传播媒体，主要包括投影、录音、录像、电视和计算机等教学媒体，以及由它们组合成的教学媒体系统，如语言实验室、多媒体综合教室、计算机网络教室、视听阅览室、微格教学训练系统、闭路电视系统和校园计算机网络系统等。

从电化教育走向信息化教育，媒体观在不断嬗变。媒体观是指人们对媒体总的认识和看法，也是人们对媒体本质及其价值的根本看法和态度。在不同的发展阶段，人们对媒体关注的视角和态度的不同导致对媒体的认识和看法不同。在电化教育阶段，教学媒体在传统课堂教学中的主要作用是传递教学信息，以生动形象的方式展示教学中的重点、难点内容，解决传统教学手段难以解决的问题。在信息化教育的初期，行为主义学习理论作为主要的理论支撑，电视、录音和计算机辅助教学系统等教学媒体进入教学。这一阶段人们利用计算机进行教学，将教学媒体视为教师的教学工具和学生的认知工具、学习工具。

随着多媒体计算机、校园网、因特网等进入教学，建构主义学习理论作为主要的指导理论，人们将教学媒体看作是教育教学的物质基础和平台，媒体技术为学生和教师提供了一个数字化教学环境。

（二）教师

在传统的教学过程中，教师处于主导地位，主要工作是收集、处理和传送信息，对学习者进行教育，实现教育的目标。不断更新的现代教育理念促使教师转变了教学观念；现代信息技术的发展以及现代教育媒体在教学中的应用使教师的角色发生了变化。信息时代对教师提出了新的挑战，要求教师具备在信息化教学环境中开展教学的能力。

1.掌握现代教学理念

信息化教学中的教师要明确现代教学理念，掌握信息化教学的基本理论和方法，以更好地改善教学，提高教学效率。现代教学理念是指在建构主义、人本主义等理论指导下的现代教育教学思想和观念，主要包括指导学生主动建构知识，促进师生之间、生生之间的交往以及社会关系的交往，重视学生的主体性，在信息化教学过程中重视活动的重要性等。

2.具备信息化教学能力

信息化教学能力是指教师在现代教学理念的指导下，利用现代信息技术和丰富的教育资源，运用多种信息化教学方法开展教学活动，解决教学问题，优化教学过程的能力。信息化教学能力是教师在信息化教学中所应具备的最重要的能力之一，是教师有效地利用信息技术开展教学的能力。信息化教学能力主要包括良好的信息素养和信息化教学设计能力。

（1）信息素养

教师的信息素养主要包括信息意识、信息知识、信息能力和信息道德。教师首先应当具有敏锐的信息意识，要对"信息""教育信息化""信息社会"等概念和内涵有一个基本正确的理解，只有很好地理解了这些概念，才能更好地开展信息化教学。其次，要具备一定的信息知识，掌握与信息技术、信息化教学相关的理论、知识和方法。再次，教师要具备信息能力，即利用信息技术开展教学的能力，包括资源的获取、利用、加工、评价和创新的能力，同时还包括常用教学软件的使用，如演示文稿的制作、文字处理等能力。此外，教师应当具备良好的信息道德，具有一定的信息安全意识。

（2）信息化教学设计能力

教师应当明确信息化教学设计的内涵，知道信息化教学设计的特点，理解信息化教学设计的原则，掌握信息化教学设计的方法。通过信息化教学设计，教师将信息技术、信息资源和课程内容有机整合，以构建新型的教学方式。在信息化教学环境的支持下，组织学生自主学习和应用网络交互工具开展互动交流活动，培养学生主动学习与创新学习的能力。

3.集多种角色、多重身份于一体

信息化教学过程中的教师由传统的课本知识传授者转变为教学内容的设计者、学习者学习的指导者和学习活动的组织者与参与者。同时，教师不仅可以作为学生的导师，还可以成为学生生活中的朋友、学习过程中的同伴等。

（三）学习者

当前，以学习者为主体的教育思想已成为教育教学的主导思想。在信息化教学过程中，学习者是教学活动的对象，是学习的主体，而教师的一切教学活动都是围绕学习者来开展的。没有学习者就不存在教学活动，因此，学习者是教学活动的根本要素。信息化教学环境为学习者提供了丰富的网络信息资源和灵活的学习平台，使学习者的学习方式和学习行为发生了变化。信息技术为学习者带来更多便利的同时，也对学习者提出了更高的要求。

1.学习方式多样化

信息技术的出现，使学习者的学习行为和学习方式发生了变化。学习者不仅可以在课堂中接受教师的讲授、指导，还可以通过现代教育媒体获取更多的教学信息资源。学习者的学习由被动、简单地接受和吸收知识，转变为积极主动地意义建构。在信息技术和现代教育媒体的支持下，学习者的学习方式逐渐由接受式的学习转向自主学习、合作学习和探究学习等信息化学习方式。

2. 较高的信息素养

在信息化教学中，学习者要具备较高的信息素养，能够从大量信息资源中找寻到所需信息，并对信息进行加工、整理和保存；能够使用常用的软件进行学习并与他人交流；学会有效地反思、评价和监督自己的学习过程。

3. 多种能力于一身

信息时代的学习者要具备自主学习的能力，要能够自己确定学习目标、选择学习方法、监控学习过程和评价学习结果。自主学习能力有：确定学习内容的能力；获取有关信息与资料的能力（知道从何处获取以及如何去获取所需的信息与资料）；具有利用、评价有关信息与资料的能力。

同时，学习者要学会与他人共事，具备合作与协作的能力，将自身的学习行为有机融合到小组或团队的集体学习活动之中，树立团队精神和集体观念。信息化教学要求学习者具有创新精神和创造能力。创造能力是信息化时代人才所具备的最重要的能力之一。创造能力是指能够积极主动地、创造性地发现新问题、提出新见解的一种认知能力，能够使学习者在学习过程中突破已有的思维定式，提出新的见解，独立解决自己过去从未遇到的问题，或者是将学到的知识正确地运用到全新的情景中去。

二、信息化教学的特征

信息化教学的特征，可以从技术层面和教育层面加以分析。

首先，从技术层面上看，信息化教学的基本特点是数字化、网络化、智能化和多媒体化。数字化使信息化教学系统设备简单、性能可靠、标准统一；网络化使信息资源可共享、活动时空少限制、人际合作易实现；智能化使系统能够做到教学行为人性化、人机通信自然化、繁杂任务代理化；多媒体化使媒体设备一体化、信息表征多元化、复杂现象虚拟化。

其次，从教育层面上看，信息化教学的基本特征是开放性、共享性、交互性与协作性。开放性使教育社会化、终身化，学习生活化、自主化。开放性可以预见在未来的若干年内，教育将从学校走向家庭、社区、乡村，走向信息技术普及的任何地方。学习将不再受时空和地域的限制，学习者可以在任何时间通过互联网，根据自己的需求、知识背景、个人喜好、学习风格来选择学习内容、学习方式、学习进度，设计解决问题的方案，开展学习活动。共享性是信息化的本质特征，为教育教学提供了丰富的教学资源，使大量的数据文件、档案资料、软件程序等形成了一个高度综合、集成的资源库。交互性使学习者可以向教师提问，可以与其他学习者交流，可以围绕当前或当时的学习主题相互讨论，形成各自的判断，表达自己对问题的理解，交流各自解决问题的不同思路，相互分享解决问题的过程和成果，甚至于相互答疑、分析和评价。协作性使教育者有更多的与他人协作和研讨的时间和空间，使学习者通过网上合作（利用计算机合作）、小组合作（在计算机面前合作）、与计算机合作（计算机扮演同学角色）等多种合作方式，来增加与他人合作的机会。

信息化教学的表层特征是信息技术的应用，本质特征是变革传统的教学结构。从信息技术的应用上讲，信息化教学的基本特征是教学的数字化、网络化、智能化和多媒体化。从教学的实现过程上讲，信息化教学具有教材多媒体化、资源全球化、教学个性化、学习自主化、活动合作化、管理自动化、环境虚拟化等显著特点。从学习角度上讲，信息化教学具有学习目的重能力化，学习内容跨学科交叉化、学习对象大众化学习方式个性化和多样化、学习时间终身化、学习空间虚拟化、学习环境开放化和国际化、学习评价绩效化等特征。学生是学习的主体和探究者，教师是学习过程的组织者与指导者、意义建构的进行者和帮助者。信息化教学是对在信息技术环境下运用各种信息媒体技术进行教学的一个总的概括。目前，教学中广泛采用的基于项目的学习模式、基于问题的学习模式、合作学习模式、网络探究学习模式以及研究性学习模式等都是信息化教学的具体应用和实践。正是信息技术的发展为以上学习模式提供了更为理想的教学环境，进一步提高了教学的效果和质量，才使信息化教学的理念得以实现。

（一）信息化教学过程的特征

1.加强学生素质和能力培养

传统教学通常把掌握书本知识作为课堂教学的根本目标，教学质量体现在学生对知识内容掌握的量和深度上。随着信息社会的到来，人才不再是"装满知识的容器"，而是具有良好的素质和创新能力、能够解决实践问题的人。因此，信息化教学过程越来越强调教学的任务不单单是使学生具有良好的理论知识，也要使学生具备全面素质和基本能力（除了听、说、读、写、算的能力外，还要有实践能力、创新能力和信息能力）。

2.注意学生智商和情商的协调发展

传统教学比较重视知识的掌握和学生认知能力的发展，忽视了学生的社会生存能力、与人合作交往的能力以及解决问题等方面能力的培养；而现代教学过程要求在培养学生丰富的知识和较高认知能力的同时，也要使情商和智商协调发展，使学生能够很好地进行自我体验和自我调节，能与他人进行良好的沟通和合作。

3.重视对学习过程的评价

在传统教学中，非常重视教学结果的评价，以学生期末试卷成绩作为衡量教学效果的标准，相对忽视了对学生学习过程的评价。教学结果固然重要，而更重要的是学生在教学过程中的切身体验，包括他们的认知体验、情感体验和实际操作体验等，正是这些过程性的体验决定着教学的最终结果。因此，信息化教学过程也要重视学生学习过程的评价。

（二）信息化教学内容的特征

教学内容是指教学过程中师生之间传递学习的知识、方法和技能等内容。现代信息技术的出现和现代教育媒体在教学中的应用，使教学内容具有新的特征，主要表现在以下五个方面。

1.表现形态多媒体化

教学内容可以用文本、图形、图表、声音、动画、视频以及模拟三维景象等形式来呈现，且利用多媒体方式呈现的教学内容能够将抽象的知识形象生动地表现出来，使学习者能够更好地掌握知识，从而提高教学效率。

2.处理数字化

将文本、声音、图形、图像、动画和视频等教学内容信息由模拟信号转换成数字信号，其可靠性更高，更容易存储与处理。

3.传输网络化

信息化的教学内容可以通过网络实现远距离传输，使学习者可以在任何一台能够上网的计算机上获取自己所需的信息。

4.超媒体非线性组织

信息化教学内容由超媒体技术构建，支持文本、音频、视频、图形、图像和动画等多媒体信息，并采用网状结构非线性的超文本方式组织、管理信息，非常适合人脑的认知思维方式，也有利于有效地组织教学信息，促进知识的迁移。

5.综合化

信息化社会知识呈现高度的综合化，而信息时代需要具备各方面知识的"全才"。在信息化社会中，学生学习的内容不仅仅局限于某一门独立的学科，特别是随着网络时代的到来，学生的学习和生活中出现了许多新的课题，且这些课题不是仅靠某一门或几门学科的知识就能够完成的，而是需要学生把所有学科的知识整合起来并运用到学习之中，才能够更好地解决问题。这与信息化社会要求人才具有多方面的知识这一特征是紧密联系的。

第二章　高职院校教育管理概述

第一节　高职院校教育管理概念与原则

一、高职院校教育管理的概念

在高等教育管理概念方面，尽管不同学者有着不同看法，但是他们对高等教育管理核心这一问题的认识差不多。从概念上看，高等教育管理是指以理性以及科学理论为指导，按照高等教育目的以及发展规律来对高等教育系统的各类关系进行调节并做好相关资源配置工作，从而令其办学目的得以实现。因此，对高等教育系统的各种矛盾进行协调和处理是高等教育管理工作的任务所在。在发展高等教育之时，需要对高等教育各个方面进行科学设计，以整体观念来优化其各要素。培养人是高等教育管理的实质性目的，因此高职院校所有工作都需要以培养人为核心。对高等教育系统中各种资源、关系的协调属于高等教育管理的工作内容，在科学的、有效的、合理的教育管理下，才能够实现培养优秀应用型人才的实质性目的。因此，从微观视角进行观察，高等教育管理指的是在宏观高等教育管理中，根据某方面教学规律来协调某子系统存在的冲突，从而令高等教育众多目标中的部分目标得以实现；从宏观视角进行观察，高等教育管理指的是在国家教育方针和社会发展背景下，运用多种手段来解决高等教育系统中存在的各类冲突，从而令其培养人才等多个目标得以实现。

二、高职院校教育管理的原则

高职院校教育管理的本质决定了高职院校教育教学管理必须依据一定的基本原则，才能提高管理水平和管理质量。

（一）方向性原则

对于高职院校而言，其在开展管理工作时需要遵循很多原则，其中的首要原则就是方向性原则。那就是为人民以及社会主义服务，提升管理效率，培养出更多优秀的新型人才，向社会输送更多栋梁。

（二）整体性原则

高职院校在开展管理工作之时必须对管理对象以及管理资源和周边事物的联系进行分析和把握，从而令管理工作能够有序进行，如此才能获得理想的管理效果，这是其所需要遵循的整体性原则。

（三）科学性原则

高职院校在开展管理工作之时需要立足实际，坚持实事求是这一原则，根据管理和教育规律来开展工作，能够让各项工作得以有序开展，从而提升管理工作的质量和效率。要想对科学性原则进行贯彻，管理者要具备科学素质，建立和完善管理机制和教职工责任机制。

（四）教育性原则

高职院校是培养人、教育人的场所，青年学生可塑性大，模仿能力强，学校里的各种因素无时无刻不影响着学生。因此，高职院校教育教学管理不仅要完成一般的工作任务，还要始终贯彻全体人员和全部工作对学生具有教育作用这个原则。

（五）高效性原则

高等职业教育的办学效益的提高需要贯彻高效性原则。管理者坚持正确的办学方向和目标，使管理的每项具体决策科学合理，指挥得当，同时需要对两类管理资源进行充分运用：首先是动态资源，如管理手段以及各种信息资源等；其次是有形资源，如财力以及人力资源等。众所周知，信息化资源是动态资源，主要具备两个特征，一是潜在性特征，二是属于无形资源。如果将教育中的无形资源与有形资源进行充分结合，就必然能够促使高职教育效益得到进一步的提升。故高职院校应进行信息化建设，探索教育管理信息化的一般规律、存在的问题和改进的对策。

第二节　高职院校教育管理的内容和特征

一、高职院校教育教学管理的主要内容

对目前我国职业院校的教学体系、教学管理体系、教学管理的目的、已有职教教学管理文献中所归纳的内容等进行综合分析，并详细梳理我国职教教学管理内容，可以将职教教学管理内容分为对人的管理和对教学影响因素的管理两大方面。职教教学过程中对人的管理主要包括对职教教师、职教学生、职教教学管理者、职教教学辅助人员和培训人员等在教学活动中的行为及其结果进行管理；职教教学影响因素主要包括教学目标与计划、教学过程与结果、教学资源与实训、教学评价与反馈、教科研与档案以及对教学管理的管理等，贯穿职教教学的始终。

对职教教师进行管理，促进教师思想观念的转变是前提，实现教师职业素养和专业技能提升是职业需求，对业务培训和教师队伍建设进行管理是实现教师现代化成长的必由之路。师德是灵魂，更是核心，教师个人品德、职业道德、社会公德等会直接或间接地影响学生的成长。

对职教学生进行管理，就先要对职教学生进行思想道德和行为规范教育，使职教学生习得良好的行为规范，然后通过对学生的学习过程进行监控，对学生的学习与实践的结果进行管理，及时适当地调整学生的培养计划，并进行职业规划和择业就业指导。

对职业院校教学资源与环境进行管理，其中包括对教学实训设备和平台进行检查、管理和维护，以及对教学实训环境和岗位进行全面管理。对资源与环境的管理将直接影响教学的效率和效果。

对教学反馈机制和反馈结果进行管理有助于优化教学过程，也有助于提升教学管理的效率；对教学评价主体进行管理则包括对职教教师、学生、教学管理者、学生家长、相关企业等进行管理；对职教教学评价的内容、工具和结果进行管理，主要是为了保障评价的效度。

根据职业院校学生的培养计划和教学需求，教师或专业负责人对教学目标和教学计划进行管理，具体包括学科教学目标和具体课程教学目标、学科教学计划

和具体课程教学计划。

对教学成果、科研成果、教师档案、学生档案、教学过程、教学结果／成果进行管理是教学管理的核心内容，也是一般教学管理的主要内容。对教学管理组织、管理制度、管理主体、管理平台、管理工具等进行管理，就是从教学管理的内部着手以提升教学管理的效率。

（一）教师管理

从古至今，教师工作一直受人尊敬，人们对教师的赞美从来都没有停止过，如辛勤的园丁、人类灵魂的工程师等。俗话说"一日为师，终身为父"，可见教师职业地位之高。因此，教师的职责也是可想而知的，其职责可用三个词来概括：传道、授业、解惑。在社会发展、文明进步的同时，教师起到了无可替代的作用。教师是学校的重要组成部分，教师工作更是学校各项工作的重中之重，尤其在高职院校，更要对教师进行有效的管理，充分调动教师在各项教学活动中的积极性，让其发挥最大的能力，培养出高素质的专业技能人才，从而提高学生的就业质量和就业率。

1.高职院校教师管理的基本特点

高职院校的专业性和职业性特征决定了其对教师的管理有别于其他院校，其管理既要区别于普通高校，又要不同于中小学。也就是说，高职院校要实施与自身相适应的教师管理模式。对于高职院校教师管理的特点，学者众说纷纭，从不同的角度做出了解释。概括来说，高职院校的教师管理包括三个特点。第一，灵活性的特点。高职院校对教师的管理要采用灵活手段，具体问题具体分析，根据教师从事基础课、专业课、综合课等不同课程的特点，对教师进行弹性管理。第二，注重精神层面鼓励的特点。高职院校要有完善的教师管理制度，在构建教师管理制度的过程中要考虑全面，通过培训和业务交流的方式提高教师的专业水平，尽量多为教师提供学术进修和业务交流、职位晋升的平台，充分体现出学校对教师的人文关怀，为创建和谐的校园人文环境奠定基础，让教师充分发挥自身能力，进而提高教学质量。第三，融入性特点。要让教师融入高职院校这个大家庭中，切实感觉到自己是学校的重要成员，要让教师有发言权，充分发挥高职院校民主的特性，从而增强教师的责任感，使他们为学院的建设和发展发光发热。

2.高职院校教师管理的基本内容

从我国现代教育历史的发展过程看，高职院校教师管理的内容是随着高职教育事业的改革发展而逐步丰富和完善起来的。目前，高职院校教师管理内容包含以下几个方面。

（1）教师的任用

教师的任用是高职院校以师资扩展的方式来保证学校各项工作正常、有序运行的方法之一，通常来说，教师的任用包括两个方面：一是通过事业单位招聘的方式聘任新教师；二是对学校内部的教师再聘任。高职院校为了确保新教师的招聘质量，校内相关部门应制订严格的招聘方案，从而大大提高了新教师的任职标准，顺应了高职院校深化教育制度改革对教师的素质要求。在这样的背景下，教育行政主管部门和学校招聘新教师的标准便发生了新的变化。近年来，一批既有硕士、博士学位又有一定社会工作经验的教师备受高职院校青睐，这种现象的出现正是这种新标准变化带来的结果。

高职院校在对校内在职教师再聘任方面要注重教师的实际工作能力，而不是教师的教龄，注重教师在教学方面的成就和成果，而不是教师的各项资格证书或职称。这是由高职院校本身的特点决定的，高职院校要求教师德才兼备，既具备丰富的理论知识，又掌握良好的实践技能，只有这样的教师才能完成高职院校根据社会经济发展和企业需求而制订的人才培养方案。

（2）教师评价

高职院校教师评价的根本目的是通过科学合理的方式对教师的综合教学水平做出客观、公正的评价，找出教师在教学工作中存在的问题和不足，加以改正，从而提高教师的教学质量和工作的积极性，为高职院校的发展做好奠基性工作。目前，高职院校对教师评价的内容范围广，既要对教师的教学质量、工作手册、教案、工作量和科研成果等方面进行评价，又要对教师的综合素质、学习能力和创新意识等方面进行评价。这种评价体系在某种程度上起到了对教师激励的作用。但是，高职院校应该在以这种综合性的评价方式去定义教师表现的基础上，注重教师的身心健康和职业发展。此外，高职院校在构建教师评价体系时要考虑全面，不能片面注重结果而忽视过程。

（3）教师培训

高职院校应该对教师培训给予高度的重视，应该制订系统的培训方案，让所有教师都有培训的机会，并通过培训的方式提高教师的综合能力和专业素养。高职院校的教师培训包括两种：一是教师入职前所参加的培训；二是教师就职后所进行的培训。目前，高职院校的培训方式为研修培训和校本培训。其中，研修培训要求把课程化培训与非课程化培训相结合，是一种注重知识与能力同步提升的综合培训模式。目前，我国的教师研修培训模式为探索能力本位和知识本位两种教师培训取向的有机结合做出了很大的贡献，但仍有很大的发展空间，还需日趋完善。

（4）教师激励

教师激励是调动教师工作积极性最简单、有效的办法。高职院校应该建立并完善教师激励制度，充分发挥教师的主观能动性。学校相关部门在制定教师激励制度时要考虑周详，要从不同的角度出发，采用不同的方式对教师进行激励，既要有精神和物质层面的，又要从民主、情感方面考虑。例如，通过提高教师待遇、为教师的晋升提供平台、让教师参加学校的制度建设和重大决策、在合理范围内为教师解决工作生活中遇到的问题等方式来激励教师，调动教师的工作积极性，提高教师的教学质量，从而促进学校的发展和提高学生的就业率。

（二）学生管理

高职院校所关注的主要问题之一就是怎样能把学生管理好、教育好。好又是一个什么标准？这是开展学生管理的理论研究与实践探索所需要解决的根本问题和目的。这似乎是一个十分简单的问题，但要制定出一套科学的管理办法并不容易。

学生管理是高职院校教育教学管理的重要组成部分。广义的学生管理是指学校对学生在校期间的学习和生活加以良性干预，在学校的管理下使学生全面发展，成为对社会有用之人。高职院校的学生管理包含两方面的内容。

1. 学生常规管理

学生常规管理是指学校对学生在学习和生活两方面进行管理。作为学生，其首要任务是学习，学校在学生学习的过程中有责任对其进行管理、指导，以便学生以合格的成绩顺利毕业。教师的职责是教书育人，因此教师对学生的生活管理也责无旁贷，尤其在高职院校，教师要教会学生为人处世的道理和各种生活技能，以便学生毕业后能更快、更好地适应社会。

2. 学生组织管理

学生组织管理是学生管理的重要组成部分，包括对学生所在班级和校内各类社团等的管理。学生组织管理的目的是学校相关部门或教师通过对学生组织的关心和指导使学生组织成为一个适合学生学习、成长的熔炉，让学生适应集体生活、增强团队意识，在组织生活里学会乐于助人、无私奉献，全面提高学生个人的综合素质。

从根本上说，高职院校更加注重对学生实践和操作能力的培养，培养的是高素质的专业技术人才。因此，高职院校在学生管理方面就要充分发挥自身的办学特色，突出对学生的特色管理与培养。

（三）教学管理

我国的教学管理可以追溯到 2 000 多年以前，在那个候，古代的教育家就对教学管理中的问题做出了探讨。近些年，随着社会的发展，各类学校的规模不断扩大，教学内容也得以丰富，导致教学管理的任务更重了。尤其在高职院校，教学管理更是重中之重，它是保证学校教学工作有序开展的前提条件，有助于提高教学质量，并在一定程度上决定着高职院校的生存与发展。因此，学校的相关管理者要深刻地认识到教学管理的重要性，制定科学有效的教学管理办法，对教学中的各项工作加以管理。

1.教学管理的任务

高职院校的教学管理任务主要体现在几个方面：坚持高职院校"以就业为导向"的方针，运用合理手段调动教师教学的积极性，不断提高教学质量；优化专业的课程设置，使专业和课程内容符合地方经济发展和用人单位的要求；构建系统、科学的教学管理方案，确保教学工作的正常进行。

2.教学管理的内容

目前，高职院校的教学管理可以归纳为以下几个方面。

第一，教学计划管理。教学计划管理主要是指学校教学管理部门对人才培养目标、专业、课程的设置、教材的选用和编写以及教学的现有资源进行管理。高职院校的相关部门要在了解就业市场实际需求的基础上，通过科学的调研来决定新专业的开设和旧专业的剔除，并在充分了解社会需求和用人单位需要的基础上设置课程；教学管理相关部门要从高职院校实际出发，按照教育部门的相关要求编写教学大纲和适合本校学生的校本教材。

第二，教学组织管理。它与教学计划管理相互依存，不可分割。教学组织管理包括两方面。首先，加强对各系部教研室的管理。通过建立教研室的规章制度，如定期开展教研活动、要求教师间互相听课等来规范教师的行为，提高教师的素质。其次，加强对学校教务处的管理。教务处在高职院校起着承上启下的作用，规范学校教务处的工作，形成有效的制度，是确保学校教学管理工作顺利进行的关键。

第三，教学质量管理。所谓教学质量管理，就是通过有效的评价和监督体系，找出教学中的问题和不足之处并加以解决，从而使教学质量与高职院校的人才培养方案和学校制定的教学大纲相一致。在教学质量管理的过程中，学校相关部门要制定行之有效的评价体系。教学质量管理是高职院校教学管理的重要部分，它时刻监督着高职院校的教学管理工作，确保教学管理工作的有效进行。

二、高职院校教育教学管理的基本特征

高职院校教育教学管理是一种有明确目的、任务的活动，是一种动态的活动，也是学校的管理者对学校总体工作的组织、安排和领导。近几年，国家对高职院校的发展给予高度的重视，并出台了一系列的政策性文件，高职院校教育教学建设和管理的任务也日益艰巨。在新形势下，高职院校教育教学管理表现出了新的特征。第一，系统性。高职院校教育教学管理是一项系统性很强的工作，从管理的流程看，包括"规划—决策—实施—协调—完善—评估"等几个环节的工作；从管理的层次看，包括学院管理、教务管理、系部管理、教研室管理四个层级。高职院校要建立一套符合自身特点的教育教学管理体制，才能物尽其用，让体制更好地为学校服务。第二，整体性。高职院校的教育教学管理是一个有机的整体，从教师管理到学生管理、教学管理到教学资源管理等各项工作有机结合、不可分割。如果其中的一项工作没有管理到位，或有问题没有及时发现并加以解决，就会阻碍到其他的管理工作。例如，学校的教师激励体制不完善、不健全，就无法调动教师工作的积极性，教学质量不高，势必会影响学生的学习效果，导致学生无法就业或就业质量不高，从而影响学校人才培养方案的顺利实现。因此，高职院校要把教育教学管理作为一个整体，以学校的办学特色为立足点，确保管理工作有序进行。第三，创新性。近几年，高职院校的发展得到了国家越来越多的关注，国家先后出台了很多政策文件以促进高职院校的健康快速发展。高职教育在我国起步晚，为了高职院校的长久发展，我们不能固守原有的教育教学管理模式，要积极改革创新，借鉴国外的先进做法，为社会、用人单位培养具备专业技能的高素质人才。而这些需求是随着经济社会的发展而不断变化的，只有通过创新教育教学管理办法，才能有效地解决各种矛盾，从而实现高职院校既定的人才培养目标。第四，服务性。高职院校应该树立服务意识，小到为学生、教师服务，大到为企业、社会服务。高职院校办学要把服务对象的发展作为导向，要根据所在地的支柱产业来开设专业，要根据行业、企业的具体工作内容来确定开设的课程和学校的人才培养方案，只有把服务好社会作为办学的使命和目标，才能形成自己独特的竞争力。第五，市场性。高职院校教育教学管理的市场性特征是在学校自身不断发展的过程中体现出来的。教育教学管理过程中不能完全把市场化观念引入进来，但是职业教育与经济发展紧密相连，必须顺应市场经济发展的趋势；高职教育要服务于区域经济，这就使高职院校具备了市场性特征，其专业、课程设置也要

向市场开放，使职业教育与市场经济有机融合，为社会的发展做出努力。

在高职院校教育中不同的管理领域和内容又呈现出独有的特征，具体如下。

（一）高职教育课程体系的基本特征

高职教育课程内容和体系结构是人才培养的主体部分，其中课程内容是培养目标的具体化，体系结构是人才培养模式的重要内容。

1.课程内容的基本特征

高职教育课程内容的开发、课程内容的把握和课程内容学时安排必须着眼于区域产业结构和产品结构的调整，注重知识的横向拓展与结合，体现知识的先进性和应用性，体现高职教育的技术性特色。

在课程内容开发上，体现以能力为中心的教育教学目标取向，以"能力本位"取代"知识本位"。高职教育教学内容要以21世纪技术应用为基本特征，以职业岗位的实际需要为出发点，以培养技术应用性能力和基本素质为主线，根据职业岗位或岗位群的主要特点以及未来职业发展的总体趋势，来设置相应的课程教学内容，使高职教育的课程教学内容直接依附于所对应的职业岗位，与职业岗位紧密对接。

在课程内容的把握上，打破传统学科型专业建设中的课程内容组织体系，公共基础课和专业理论课以"必需、够用"为原则，专业课和技能实践课则以"必要、实用"为原则，同时强调"理论教学以应用为目的""专业教学加强针对性和实用性"的指导思想。近年来，由于"必需、够用"的原则存在争议，公共基础课和专业理论课更多地开始倾向于"专业理论知识适度"和"知识面较宽"的可发展性要求。这是因为随着科学技术的迅速发展，职业技术岗位及其内涵的变动非常频繁，高职毕业生不能只适合在一个比较狭窄的职业领域中工作，他们应该有较强的就业弹性，具有可持续学习和发展的基础，因而不能忽视基础理论与专业理论的学习。

在课程内容学时安排上，分析国外一些同类教育的课程内容可以发现，实践教学环节的学时数与理论教学环节学时数相差并不大，大约为1:1。比如，法国短期技术学院的实践教学学时数占总学时数的50%，美国密特萨克斯社区学院电气技术专业的实践教学学时数占总学时数的46.7%，新加坡技术学院机械制造专业的实践教学学时数超过总学时数的50%。但是，德国康斯坦茨高等专科学校颇有差别，在其1990年机械制造工艺专业的教学计划中的学时数中，基础理论课占15%，专业技术课占25%，专业理论课占35%。而我国根据教育部有关规定，高职院校工科专业的理论教学和实践教学学时数之比大致在 1：1，并不断增加实践和课程设计教学，突出专业技能实习训练，使学生的动手能力得到增强。因而，我国高职院校实践环节学时数占总学时数的比重更大，大致为 50% ～ 67%。

2. 课程结构的基本特征

"职业性"教学理念已经成为公认的、能够反映高职教育核心价值的重要理念，这一理念集中体现了高等职业教育的本质特征。高职教育应以社会需求为目标、以职业技术应用能力的培养为主线设计教学体系和培养方案，以"应用"为主旨和特征构建课程和教学内容体系，体现高职教育"职业性"基本特点。为了适应职业（群）的需求，高职教育确定课程与教学内容体系的方法，一般采用"职业分析—教学设计"连贯法。即根据具体职业活动，进行职业分析，然后根据教育规律和学生认知规律，以应用性与实践性为特征，进行教学设计，从而使课程与教学内容体系具有高职教学的系统性特征。这种系统性与普通高等教育的教学系统性不同，因为高职教育的课程体系结构是以培养职业能力为主旨来构建的，而后者是按照学科知识的"衍生"来设置课程的。

在设计高等职业教育课程的过程中，有一对矛盾是必须认真考虑的，那就是针对性与适应性的矛盾。作为导向就业的教育，它必须针对一定的职业范围；作为学校教育，它又必定不同于职业培训，学生要有较强的适应未来发展的能力。对两者都不能片面要求，只能依据不同条件选择不同的方案。因此，在高职教育的课程体系中，根据技术技能型人才的知识能力特点，协调基础理论、专业理论和专业技术三类课程的逻辑关系和比例，是优化技术技能型人才培养过程的一个关键性环节。专业技术知识直接反映当前职业岗位的工作需求，体现了教学的针对性。

专业理论常常是相近专业的共同基础，能适应专业拓展的需要。基础理论是自然与社会的普遍规律，它是专业理论的基础，覆盖面更广。这两类知识理论支持着技术型人才的持续发展和适应能力。

（二）高职教育教学活动的基本特征

1. 教学目标的针对性

现代意义上的职业教育是针对社会某一类职业岗位（群）而实施的专业教育，面向企业相关岗位培养人才。因此，职业教育人才培养目标的核心在于职业针对性和职业适应性，这是职业教育赖以生存和发展的基础。另外，高职教育主要是面向区域经济社会建设的主战场，为区域社会经济发展和行业企业服务。随着生产力的发展和科学技术的进步，随着产业结构不断调整、转型、升级，职业分工及职业岗位技能要求在不断变化。因此，高职教师要能够因地制宜，根据区域产业结构的调整变化和区域经济社会发展对专门人才的要求确定教学目标，从而进行课程设置、制订教学计划及教学大纲、选择教学内容及教学方法，以充分满足职业岗位对专门人才的需要。

当然，也应当注意到，从高职教育的发展趋势来看，高职教学的目标不能仅仅针对学生未来某一阶段的职业岗位，而应扩展到学生的整个职业生涯，即由培养学生的职业技能扩展到提高学生的综合素质，以使学生更好地适应社会发展的需要。

2. 教学过程的复杂性

高职教学目标的职业针对性和教学内容的实践性，决定了高职教学过程的复杂程度较高。从教学形式上看，除了有理论教学以外，还有大量的培养学生综合职业能力所需要的实训、实习、设计等实践教学。实践教学应该紧紧围绕培养学生的岗位职业技能这一核心内容，并有计划地安排学生进行上岗实践训练，将学习和上岗紧密地联系起来，从而使学生毕业后就能够直接参与特定岗位的实际工作。从教学实施过程来看，随着对学生的主动学习、探究式学习的愈加重视，教师成了学习的指导者、促进者、组织者和管理者，主要为学生学习提供资料、咨询等方面的支持。学生不再是被动接受者，而是主动探求者，使教与学成为双向式教学过程。这些既是提高高职教学质量所必需的条件，又是高职教学过程复杂性的体现。

3. 教学场所的开放性

高职教育的办学目标及其与区域经济社会建设紧密结合的特点，决定了高职教育必须坚持校企合作、工学结合的人才培养模式，走产学研相结合的发展道路。这意味着，从事高职教学工作的教师的活动范围不只局限于学校和课堂，还包括企业、车间和田野，这也是高职教学与普通高等院校教学相区别的一个显著特点。

4. 教学手段的多样性

高等职业教育培养目标的多样性决定了其培养手段的多样性。从教学技术上看，计算机和多媒体技术的广泛应用能迅速、高效地为高等职业教育教学提供各种所需信息。此外，信息化教学手段、网络课程学习等广泛应用到高职教学中，极大地提高了教学效率和教学质量。在实施教育的参与对象上，既有学校的专职教师，又有校外企业兼职教师和实习单位的指导师傅。

5. 教学模式的职业性

工学结合是一种将学习与工作结合起来的教育模式，以学生为主体、职业为导向，充分利用校内外不同的教育环境和资源，把课堂教学和直接获取实际经验的工作有机结合起来。校企结合、工学结合是高等职业教育的基本属性，也是培养高技术人才最重要的手段。"校企合作"成功与否关系到高等职业教育能否办出特色，从某种意义上说，也是高等职业教育成败兴衰的决定性因素。作为"校企合作、工学结合"的直接参与者和执行者——高职教师及其教学起着至关重要的作用。

（三）高职教育教学条件的基本特征

为了保证技术技能型人才这一特定培养目标的实现，高职院校必须要有相应的培养条件作为保障。高等职业教育的办学条件，除各类教育都必需的物质与非物质条件以及社会参与这一特殊条件外，还在师资队伍和设备这两方面具有明显特点。

1.师资队伍

由于高等职业教育主要是培养技术技能型人才，其教师除应具备各类型教育教师的共性素质外，还应具备技术型人才的特殊素质，即"双师型"素质。即使是基础课教师也不例外，需要对技术技能型人才的培养目标及其与基础课课程的关系有明确的认识。所以，高等职业教育学校与普通本科学校相比，高职教师的知识能力储备要更为全面，有较高的专业技术应用实践能力，不仅相关知识面要广，还要常识丰富，同时应具有较强的社会活动能力，善于同社会的有关单位及人员交际和合作。此外，高等职业教育学校教师队伍构成还要多样化，需较多地聘用兼职教师。

2.设备

高等职业教育的设备特征集中表现在实习和实训设备两个方面，教学设备要有鲜明的现场性、技术应用性、综合性和可供反复训练的特点与功能。

（1）现场特点

学生的实习场所要尽可能与社会上实际的生产或服务场所一致，由于校内往往不容易完全具备这样的条件，要充分重视校外实习基地的建设。

（2）技术应用特点

为了适应技术技能型人才主要从事技术应用和运作的要求，高等职业教育的实习、实验设备应有利于培养学生的技术应用能力和分析、解决实际问题的能力，其重点不是为了理论验证。

（3）综合特点

技术技能型人才的工作环境往往是错综复杂的，因为只有这样的环境才能锻炼学生多方位的思考能力，使他们学会处理各种复杂问题。单一的实习条件难以培养出合格的技术技能型人才。

（4）可供反复训练的特点

因为许多能力的掌握都不是一次完成的，需要反复练习，所以以仿真模拟设备对培养技术技能型人才具有显著的作用。如电力生产与输送、化工工艺流程等难以现场观察，又必须反复进行现场工作训练，特别是那些有关故障排除的训练，虽然借助仿真模拟设备不能完全代替现场实习，但能比较接近教学目标。

第三节　高职院校教育管理的体制

一、高职院校教育管理体制的概念

教育管理体制是一个国家在一定的政治、经济和文化制度基础上建立起来的对教育事业进行组织管理的各项制度的总和。教育管理体制是整个教育体制得以构成和运行的保障，对学校教育管理体制改革和发展的方向、速度、规模有直接的影响。它涉及教育系统的机构设置、职责范围、隶属关系、权力划分和运行机制等方面，也包括以教育领导体制、办学体制和投资体制为核心的一系列教育制度。换句话说，教育管理体制包括宏观和微观两个层面：宏观层面指的是政府作为方面；微观层面主要是指高职院校教学管理体制，包括机构设置、职责分工、权力分配及其相互关系等一系列具体方面。

二、高职院校教育管理体制的影响因素

近年来，随着我国体制改革的不断推进、政府职能的进一步转变和经济社会的快速发展，高职院校教育发展过程中"大学、企业和政府"的三重螺旋关系中许多制约性日益显现出来，直接影响到高职院校教育发展的质量。此外，市场和社会中介组织在高职院校中的作用日益凸显。市场在资源配置中起着越来越重要的作用，社会中介组织则拥有更多的资源，这两大因素会对我国当前高职院校教育管理体制优化起到越来越重要的作用，能够更好地促进高职院校教育资源的优化配置和信息的互通。因此，笔者提出影响高职院校教育发展的"政府—企业—社会中介组织—市场—高职院校"的五因素框架。

这五种因素中，政府、企业、社会中介组织和市场属于外部体制因素。其中，

政府起到政策支持的作用，企业决定需求导向，社会中介组织是支撑纽带，市场配置社会资源。高职院校自身办学模式属于内部体制因素，发挥主体作用。五种因素之间既相互作用，又相互促进，共同影响着整个高职院校教育的健康发展，也影响我国高职院校教育管理体制的优化。

（一）政府的作用

政府自我角色定位和落实与教育管理体制改革密切相关，且政府机构设置、管理权限及运转机制直接影响到高职院校教育管理体制改革。从当前市场改革需求和高职院校教育发展趋势来看，政府在其中扮演的体制性角色需要发生变化。在市场经济条件下，我国政府在促进高职院校教育管理与发展中主要履行公共服务职能，主要专注于发展战略、规划、政策、标准的制定和实施，秩序维护、公共服务提供和宏观调控，变行政管理为监督服务，更多地通过法律手段、经济手段及发挥社会中介组织的作用对学校的活动和行为进行调节、引导、服务和监督，特别是在制定编制、经费拨款和职业院校校长标准、专业教师准入条件及相应职称等方面下功夫，为学校提供制度环境保障。但政府创设良好的政策环境，也需要发挥高职院校自身的主体作用和市场在资源配置中的决定性作用。因此，以上几方面协同作用，才能促进高职院校健康发展。

首先，政府应该是高职院校教育合法地位的认定者，即通过法律对高职院校的地位、权力、收益等因素进行认证，这不仅是我国高职院校教育的发展之需，也是发达国家高等教育发展的基本经验。其次，政府应该是制度环境的创造者，其需要创设公平的制度，合理公正地给予高职院校教育发展所需要的核心资源。最后，政府应是高职院校教育办学经费的资助者。在市场经济下，作为公共服务的供给者，政府也应给予高职院校公平的办学经费资助。当前，高职院校教育很难获得政府的财政支持，日常运转基本靠学生学费，致使学校运转基本处于维持层面，教师缺乏外出进修、交流的机会，科研工作基本处于弱势地位，学校管理者几乎为财政短缺所控，无暇顾及学校整体及内部成员的长远发展。

（二）企业的因素

企业是高职院校教育的推动者、受益者和参与者，它们不但直接对政府管理高职院校教育的管理体制提出改革诉求，而且也会直接参与高职院校教育办学活动，成为参与改革的重要力量。这不仅是一种改革的需要，也是未来我国高职院校教育体制发展的走向。

首先，企业发展效益与高职院校教育同步发展。一般而言，我国高职院校教育的兴起与壮大，基本上与经济发展是同步的，因此高职院校教育的发展深受经济政策的影响。其次，从近期的发展趋势来看，企业入主高职院校教育的优势是比较明显的，主要表现有三点：第一，有资金优势，即强大的资金投入可以为高职院校职业教育提供更为充足的发展资金；第二，有持续发展优势，即更有利于招募到懂教育的管理者参与其中，使高职院校教育持续发展；第三，有师资优势，即有利于招聘到思想活跃、具备时代精神的教师。事实上，企业和高职院校相结合，不仅有利于高职院校教育的快速发展，也有利于企业的盈利和促进企业人才培养方面的发展，是"双赢"的结果。

综上所述，企业主要发挥需求导向作用，而校企深度有效合作是高职院校教育发展的生命线。校企之间要实现深度有效合作需要企业发挥好需求导向作用，高职院校搞好专业课程体系建设。经济实体的发展速度、结构对高职院校管理体制也会提出诸多要求，赋予办学者和企业以更多的自主权，这已经成为一种必然。目前，我国校企合作还面临许多困难，如实习实训基地不足、双师型教师缺乏、毕业生质量难以适应企业需求等，而出现这些问题的主要原因在于企业没有很好的发挥需求导向作用。只有企业积极参与的校企合作，才是高职院校教育健康发展的战略引擎和本质要求。因此，要求高职院校办学必须始终贴近企业和市场需求，贴近职业岗位，科学设置专业，深入研究社会各行各业对技术技能型人才的需求状况，对已设置和将要设置的专业进行市场跟踪调查、做好信息搜集，准确把握市场需求方向并适时对专业做出相应调整，利用企业的实习实训优势，及时满足企业对高层次技能型人才的需求，这样，才可能做到高职院校与企业互动办学，才能使学生真正学到技能。学校面向企业需求办学，企业把需求及时和学校对接，这样校企合作才能真正有效。

（三）社会中介组织的参与

当前，随着我国政府机构改革和职能转变的推进，"小政府、大社会"局面已成为必然趋势，非政府组织——社会中介组织在整个社会管理中的作用将日益凸显，这必然会对高职院校教育管理体制优化起着越来越重要的作用。

当前我国校企合作的突出问题是学校积极性很高、企业参与动力不足、政府对企业参与推动不够深入、社会中介组织参与度比较低。之所以出现上述诸多情况，与我国尚未建立起较为完善的制度体制和公众参与的运作机制有着密切关系，即缺少社会中介组织的参与。社会中介组织发展是中国公民社会发展的必然需求，也是促进我国高职院校教育发展的选择路径之一。因此，社会中介组织发展的完善程度对高职院校教育发展有重要影响，这其中涉及社会中介组织的运行方式、独立程度、人员素养、技能水准、服务渠道、服务效果评价、评价成果运用、纷争事端处理程度等一系列问题。

（四）市场的影响

市场是影响高职院校教育的核心要素之一，关系到办学主体的来源、经费运转、办学方向等，也是影响高职院校教育的核心要素之一。市场对该领域产生影响作用，主要从两个方面表现出来：一是特殊的市场文化；二是具体的市场运转结构。

市场主要在高职院校的资源配置、课程体系和专业设置、招生与就业、人才培养目标与培养方法以及人力资源管理等方面起着重要作用。随着政府职能的进一步转变和经济体制改革的深化、产业结构的优化升级，市场对整个社会治理结构创新将有很大的影响。这种影响或快或慢，总要反映到高职院校教育管理体制中来。从国内外高职院校的发展可以看出，引入"市场"理念，学校可以获得新的动力和源泉。就高职院校教育而言，企业需求、社会需求是市场，学校学生是产品。只有建立使产品适应市场需求的体制，才能促进学校健康发展。但当市场出现失灵的时候，也需要政府的宏观调控与指导。

进一步发挥市场和社会中介组织的作用，既要充分发挥市场对学校专业设置、学生就业分配等的作用，也要发挥好社会中介组织，如职业教育学会、企业家协会等的作用，并赋予其应当担当的自然使命和社会使命，以促进我国高职院校高水平大学的出现，进而为我国整个高等教育管理体制改革、提高高等教育质量提供一条参考路径。

（五）高职院校自身的特点

高职院校教育管理体制改革的核心是权力重新配置。一方面，政府层面要放权，但政府放权的前提是高职院校具有独立运用好这些权力的基本素质，而基本素质包括内部管理体制和人员素质等一系列因素。以场域理论作为参照视角，根据三螺旋理论、共同治理理论等的基本主张来分析高职院校，我们会发现其中诸多要素共同对其发生影响。

在该场域中，高职院校的管理核心主体是教师和管理者，他们各自的素质和互动方式决定了他们之间能否以学生的发展作为中心主题：向外延伸至学院和各职能部门，他们之间的权力互动能否顺畅成为学校发展的重要影响；再向外延伸扩展到社会、政府、家庭共同组合成的场域，其中涉及政府的管理体制、社会运转阶段和方式、家庭期望与影响方式等各个方面。利益相关和利益共赢使处于不同场域的权力主体形成了内外上下互动的错综复杂的局面，它们共同对高职院校教育管理体制形成影响。

需要注意的是，在众多相关因素中，需要明晰谁是诸多因素的主导者。我们认为高职院校教育发展的主体是高职院校，即利用市场的力量配置教育资源，促进学校发展，就是要以高职院校为主体，实现教育资源的优化配置与有效开发。高职院校通过加强与政府、企业、社会中介组织、市场的沟通与协作，把各方面的资源整合起来，以市场为导向，以企业需求为目标，不断优化自身管理水平，提高教育教学质量，建立健全现代大学制度，才能促进整个高职院校教育的健康有序发展。一方面，五种因素合作有利于高职院校多渠道筹措办学经费。如果高职院校通过参与"五位一体"的合作，充分发挥政府、学校、企业、市场和行业协会的作用，通过服务与合作，基地共建与资源共享，节约部分办学资金，也可以通过做政府项目，以及与企业联合研发等，筹措部分办学经费。另一方面，五因素合作也有利于学校按市场需求培养人才并充实办学条件。目前，我国高职院校的优势就是进行应用型、技术技能型人才培养，学校应定位在应用型本科学校或职业技术型专科学校。这种办学定位决定了学校的人才培养目标是符合社会主义现代化建设和符合市场需要的应用型人才或技术技能型人才，这就要求高职院校的人才培养与市场有效接轨。对于培养应用型或技术技能型人才为主的高职院校来说，企业需求也是其最现实的市场需求。但由于学校专业设置、经费来源等方面的局限性，高职院校自身的办学条件很难达到市场对高技能人才的要求，这就需要社会的通力合作和责任共担。高职院校在政府和社会中介组织的指导和协调下，通过多种有效形式的市场合作，实现资源共享、基地共建等。例如，通过在厂房内建立教学工厂，在学校里建立实训厂房等方式，为学校师生提供实际的教学、科研环境，以进一步提高办学条件和质量。

总之，五种因素协作的过程，就是政府搭台，社会中介组织助力，校企唱戏，市场检验，学校自主办学和注重提高教育质量的相互作用的过程。具体地说，就是在政府的宏观调控和引导下，社会中介组织充分发挥协调和规范功能，企业重视提高社会责任，高职院校教育重视人才培养质量，高职院校教育和企业相互协作，共同满足市场对各类技术技能型人才的需求。五种因素交互作用，共同促进高职院校教育健康发展。

三、国外高职院校教育管理体制及启示

（一）国外高职院校教育管理机制

1.美国社区学院管理体制

美国联邦宪法规定教育权主要由各州政府掌握，其教育管理的特色是地方分权。各州都拥有自己的社区学院系统，并设立社区学院系统董事会，其成员一般由州长任命或民选的方式产生。职责主要是：制定本州社区学院发展规划和相关政策；制定社区学院系统财务预算，为各社区学院拨付预算经费；控制社区学院的学费标准和专业设置等。因为各州在历史、传统、政治理念和法律等方面不尽相同，所以在社区学院的管理体制上有所差异。

受美国社会分权制衡思想的影响，美国社区学院的管理体制坚持分权制衡原则。首先，决策权、执行权、监督权相分离。第一，董事会负责决策。各社区学院实行董事会领导下的校长负责制，董事会是社区学院的最高决策机构和最高权力机构。董事会成员由州政府任命或由当地社区民主选举产生，一般由代表社区各方利益的工商业界代表、政府官员代表、社会名流等组成，均不拿薪水。其主要职责是：确定学校的性质、目标和任务；制订学校的发展规划；选拔和任命校长，并对校长工作进行评价；决定预算方案；争取社会资源，为学校运作提供保障；搞好公共关系；决定教职工的待遇和收入；裁决校内申诉；等等。董事会定期召开会议（有的每月召开一次，有的每学期召开一次），听取以校长为首的高级管理人员报告工作，进行研究决策。第二，校长负责执行。校长对董事会负责，负责实施董事会的各项决策，管理全校的主要行政事务，并向董事会报告工作。校长之下，有教务学术副校长、学生服务副校长、行政副校长等职务；内设机构也有相应的处系，只是名称和职能划分稍有区别而已，如教务学术处、学生事务处、招生及跟踪处、物产维护处、财务运作处，以及按专业划分的系别。第三，校外社会力量负责监督。社会力量，如咨询委员会、基金会、评估机构等，通过学校排名等形式，发挥监督作用。

其次，行政权力和学术权力相互渗透，各司其职。社区学院一般设有学术评议会，成员由教师代表和校长、副校长、系主任等高级管理人员组成，教师代表由各系按照一定比例的分配名额选举产生。学术评议会主要职责是制定学术政策，规定招生和颁发学位的条件，以及对教师的任用、晋升和预算制订向行政管理部门提供咨询与建议。这样就形成了以学术评议会为代表的学术权力系统，其与以校长为代表的行政权力系统各司其职又相互制衡。同时，两者相互渗透。学术评议会吸收行政管理人员代表参加，并且主席一般由校长担任；学术评议会也任命教师参与一些行政管理机构。学院内的学术事务和行政事务往往交织在一起，很难分开，有些学术事务决策后需要通过行政系统去实行，校长成为协调、沟通学术系统和行政系统的关键角色。

另外，美国政府还设立美国社区学院协会，主要负责开展政策研究，进行调研，发布信息，加强社区学院间的联系与协作，并为社区学院提供教育服务和业务指导。美国社区学院协会与各社区学院虽然没有行政关系，但是能提供资金支持，各社区学院可以通过向其申报项目获得一定的资金资助。可以说，美国社区学院协会在社区学院的发展中发挥了重要作用。

2.德国"双元制"院校管理体制

德国"双元制"院校的内部管理体制与传统大学的管理体制类似。董事会是"双元制"院校的最高决策机构。公立院校的董事会成员一般由联邦州政府任命，成员包括政府主管部门官员、企业界代表和学校内部代表。董事会的职责是：聘任校长，由校长对董事会负责并承担学校行政首长的职责；代表社会公共利益，决定学校办学的重大方针政策，既保证学校服务于社会，又维护学校的独立自主办学和自身利益；决定学校的预算，并监督经费的使用；制定培训章程和考试规程，起草协调委员会工作条例，协调"双元制"院校之间的事务。

"双元制"院校一般会设立各种专业委员会，并将其作为各专业领域的最高学术机构。其专业领域有经济专业领域、技术专业领域和社会服务专业领域等，其成员由校长聘任，主要由来自学校、企业和社会上本专业领域的有关专家和学者组成。专业委员会的主要职责：为校长提供专业教学领域的咨询；研究制订教学计划、教学大纲和教材；在"双元制"院校统一的培训内容下，负责协调解决学校和企业两个培训地点的专业性问题；选择和评估学校的专职教师和企业的兼职教师。与传统大学不同的是，"双元制"院校均设立协调委员会，作为协调学校一元和企业一元的协调管理机构，成员由学校内部包括校长在内的 6 名学校代表和企业培训地点的 6 名企业代表，双方共计 12 人组成。主要职责：协调和解决校企合作办学的具体问题；采取措施保护、扩大培训地点；协调学校和培训场所的教学；协调学校和培训场所的招生规模，必要时协调确定每个培训场所的学生与教师参与规模；保持并取得培训岗位的措施；实施为选择培训单位而制定的资格原则，并维护合适的培训单位目录；就学生入学问题做出决定。

"双元制"院校一般还设立由校内利益相关方如校长、教授代表、学生代表和其他职员代表组成的评议会，对涉及师生员工根本利益的问题进行讨论、协商和评议，并履行对决策层的监督职能。

3. 新加坡南洋理工学院管理体制

南洋理工学院成立于 1992 年，其"教学工厂"模式已在新加坡职业教育中广泛应用。南洋理工学院用短短十多年时间便发展成为世界一流高职院校，除了得益于其成功创立了"教学工厂"模式，在学校内部管理方面也独具特色。

南洋理工学院实行董事会领导下的校长负责制。董事会是最高决策机构，成员共 15 人，主要由政府官员代表、企业代表和高校代表组成。除董事会外，还设立由少部分资深董事会成员所组成的学校管理委员会，主要负责学校重大事项的研究；设立顾问委员会，主要为学校行政管理提供顾问咨询服务；设立由校长、部分指定高级管理人员和部分经选举产生的高级管理人员所组成的参议院，主要负责研究、制订学校内部行政管理政策、制度和重要工作计划等。

学校内部行政管理机构设置比较精简，按照发展、行政服务、教务、学系、继续教育与培训、支援中心分类设置相应的管理部门，各部门的职责、工作任务和目标都很清晰。在管理理念上提倡团队精神和无界化理念，学系和部门之间具有通力合作的机制并特别强调同一部门员工之间以及不同部门员工之间的配合和协作，以确保工作任务和目标的完成。学校的日常管理工作由以校长为首的高级管理人员负责组织和实施。设校长兼总裁 1 人，副校长 3 人，分别负责教学与注册、科技、发展；其他高级管理人员主要为内部行政管理部门负责人以及各学系的主任。学校实行正级向上级负责制，校长向董事会负责，副校长和学系主任向校长负责。在学系内部，实行系主任负责制，系主任全面负责本学系的教学、研发和人事等工作。

学校突出"任人唯贤"和"以人为本"的管理思想，在用人机制上，工作任务的分配注重与员工的个人特点和能力相结合；在评价机制上，实行上级给下级评定与民主的分级考核相结合；在激励机制上，根据各个员工全年综合工作完成的考核情况，以"花红"加以区别，并且等级不予公开。

（二）国外高职院校内部管理的启示

以上几个国家的高职院校内部管理形式，在管理体制上各具特色，其成功的经验和先进的做法有不少地方值得借鉴。由于国情差异和基础不同，决定了我国高职院校不能生搬硬套国外高职院校的内部管理体制。需要学习其管理模式中的优点，根据中国特色的社会环境，结合我国高职院校内部管理体制的现状以及自身办学特色，实现高职院校内部管理体制的本土化与国际化的结合。

1. 构建科学的内部管理系统

国外高职院校管理体制上一个很大的特点就是"议行分离"，实现了决策、执行、监督相分离，使得决策更科学、执行更专业、监督更有力。如美国社区学院，董事会负责决策，其他任何部门和个人不参与决策，决策不受执行层的影响：董事会不干预学校具体事务，校长及其行政系统负责执行，与决策层没有直接关系；监督评价部门负责对学校的各项工作进行监督与评价。我国高职院校实行的是"议行合一"的管理体制，内部组织结构未能按照教学服务中应有的决策、咨询、执行、监督反馈四种基本职能进行系统的设计，不少机构和人员既当裁判又当运动员，影响了执行的效率和监督的力度。所以我国高职院校可以借鉴这一模式，推进决策权、执行权和监督权相互制约又相互协调的改革，同时积极发挥咨询机构的作用，努力构建决策、咨询、执行、监督反馈四大管理系统。

2.实现权力系统的合理配置

国外高职院校与国外大学类似，具有学校自治和学术自由的传统，且在内部管理上还呈现"分权制衡"的特点。例如，权力主体多元化，学术事务和非学术事务分别由学术系统和行政系统来承担，都很重视学校内部学术权力与行政权力的协调与均衡；学术权力和行政权力互相分离又适当相互渗透，各司其职、共同管理，如行使行政权力吸收了教授的参与，行政学术权力的组织也适当吸收行政人员的参加。行政权力和学术权力协调发展，并且充分发挥了校长的作用。当前，我国高职院校内部存在着政治权力、行政权力、学术权力三种权力系统，且学术权力普遍较弱。虽然强调校企合作、工学结合，但未能形成行业、企业参与学校治理的体制机制。

所以，通过借鉴国外高职院校的内部权力配置模式，我国高职院校在管理体制改革中，实现内部权力系统的科学、合理配置，充分发挥教授在治学中的作用，完善"党委领导、校长负责、教授治学、民主管理"的内部治理结构，建立起政治权力、行政权力、学术权力协调运行的三元机制，是内部管理体制改革的核心内容。

3.强化教学工作的主体地位

学校的根本任务是培养人才，教学工作始终是高职院校的中心工作。国外高职院校的内部管理上明显体现了这一特点：在组织机构设计上，行政管理部门非常精简，其职能主要定位于为教学提供优质服务和保障；在人力资源配置上，也以教学一线为主，行政人员普遍较少；在教授治学作用的发挥上，越是在基层，越注重发挥以教授为代表的学术人员的作用。这些都体现了"向教学一线倾斜"的原则。当前，随着我国经济结构的调整和产业结构的转型升级，经济社会发展对人才培养的质量提出了更高的要求，由此明确提出了要"提高人才培养质量"，以适应社会对人才质量的更高要求。作为面向经济社会发展一线培养人才的高职院校，更应强化教学工作的主体地位，坚决防止"以教学为中心"停留在口号上，要围绕教学来构建内部管理架构，从为教学工作服务的基本定位出发明确职能和岗位职责，从而在内部管理体制上保证教学工作的主体地位。

4.内部管理体制体现高职院校特色

高职教育作为一种独特的教育类型，在人才培养目标定位和教学模式上具有不同于普通高等教育的自身特色，非常强调紧贴经济社会发展需求办学，校企合作、工学结合是其显著特点。这就要求高职院校的内部管理体制与这种办学特色相适应。国外高职院校的管理体制也体现了这一点，大多吸收了校外的社会人士参与学校的监督、咨询甚至决策，使学校的办学与经济社会发展紧密联系。例如，美国社区学院董事会主要由校外人士组成，从而使学校办学能紧贴社区需求；德国"双元制"大学设立协调委员会，在管理体制上就保证了校企的"双元"合作。我国高职院校在推进内部管理体制改革过程中，要充分考虑到校企合作的体制机制创新。比如，在组织结构设计上需要充分考虑到校企合作的要求，设立校企合作管理机构，并赋予其清晰的统筹全校校企合作的职责，从而理顺校企合作的管理体制；在治理结构上需要体现行业企业的利益诉求，如学校理事会的组成要体现多元化，吸纳行业企业的代表参加，以实现校企深度融合的目的。

综上所述，国外先进职教模式下不同类型的院校管理体制有不少值得借鉴的地方，国内高职院校应充分吸收其有益成分，实现国外先进管理模式的本土化改造和创新，以建立起符合国情和高职院校自身特点的内部管理体制。

四、我国职业院校教育管理体制的创新

（一）高职院校管理体制创新的意义

1.实践意义

作为一种社会创业型组织，高职院校要想由传统的组织模式向社会创业型组织转型，创新现有的管理实践、过程、结构和技术是不可避免且极有必要的。

首先，社会型创业组织的核心理念是采用或创新企业现有的商业模式，促进组织社会使命的完成。具体而言，即社会创业型的高职院校开展生产性活动。一是作为获取收入的手段，弥补现有高职院校办学经费的不足，以维持可持续发展；二是作为高职教育"教、学、做"一体化的有效载体，实现为社会培养高素质技能型人才的核心目标和促进学生顺利就业。

其次，新的微观层面教学组织的构建必然要求中、宏观层面上的管理实践、结构和过程以及技术与之相适应。但从目前来看，我国高职院校就内外行政管理

体制方面存在众多与之不匹配的方面，如行政效率低下、行政权力泛化、行政管理专业化程度不高、行政组织结构不合理。

最后，依托校外的网络资源是微观组织有效运作的重要保证。传统的高职院校管理模式封闭、权力集中，而且办学主体单一，这些都难以满足微观组织不断获取外部网络资源的需求。因此，构建包括行业企业、政府、相关协会等构成的外部交流、合作的协商组织及与之相匹配的管理机制就成为高职院校创新的主要内容。

2. 理论意义

（1）丰富社会企业与社会实践理论

我国高职院校目前已经具备了社会企业的特征，是社会企业在中国教育领域的一种特殊形式，而高职院校的发展就是其社会创业的过程。

（2）为我国社会企业与社会创业发展提供一种新理论模式

中国经济的快速增长和由此带来的各种社会问题日益突出，而中国民间组织的相对薄弱在一定程度上限制了问题的解决。因此，需要将高职院校作为一种社会企业在中国教育领域的特殊形式，通过高职院校这一相对成熟的社会组织的不断发展中总结出的经验，从而为社会企业的发展创造一种新的模式。

（3）丰富高等职业教育理论

高职院校经过管理创新，通过重新整合、配置社会优质资源，从而实现自身的可持续发展。这就为高职教育的发展提供了一种新的范式，从而丰富了高职教育理论。

（4）为我国高等院校建立现代大学制度提供一种新理论范式

相对于普通教育，高职教育本质上与市场、企业的关系更为密切，对政府的依赖性较小，容易转型，实现制度创新的可能性较大。因而，进行高职院校管理创新，进而探索出一条具有现代大学制度的新型管理模式，具有十分重要的理论意义。

（二）高职院校教育管理体制创新路径

1. 教育管理体制需要在信息化下进行改革

管理系统包括三个方面的内容：隶属关系的确立、组织结构的建立和管理权限的划分。高职院校教育管理系统是指对高职院校教育管理的组织结构和权力归属进行划分，且划分的时候既要注重培养目标的特殊性，又要体现教学水平，更要遵循教育教学规律。这隶属于大学的管理体制。传统的大学教育管理结构是金字塔形结构，是由官僚式组织结构形成的垂直的自上而下的模式，强调管理结构位于上层组织结构的责任和权威。教育机构是这个方面的代表。教育家罗泰（Lortie，1969）就曾经表示，在学校里面，管理权集中在最顶端，权力集中分配、按等级分配。时代的发展要求改变传统的教育管理体制，加大体制创新力度。在当今信息时代，学校的环境变得更复杂、多样，这要求学校的管理方式既要多样化，也要兼顾个性化。传统的教育管理体制不灵活，无法有效适应内外部环境的多元化变化；新技术环境冲破了原有教育结构的刚性布局，信息传达形成了灵活多变的结构和扁平化的信息传递渠道。因此，对传统校园教育管理体制进行改革是有必要的。在改革过程中，信息技术提供了强有力的支持，在学校管理组织体系中被广泛应用，为教育管理体制改革注入了新的活力。广大师生都是网络信息技术的拥有者，他们具备参与改革的知识和能力，是教育管理体制改革的领导者。同时，信息社会的到来，让教育管理者开始面临极大的挑战，也提高了对他们综合素养水平的要求，需要他们与时俱进，不断适应新时代，抓住机遇迎接挑战。

2.改革教育管理组织结构

我们可以从以下几方面对组织的结构进行评价：第一，责任性，组织的每个成员都应该对组织负责；第二，适应性，组织要经常随时间不断变化并进行革新；第三，及时性，要及时完成工作，速度要快；第四，响应性，对组织外部环境需求要及时响应；第五，效率，组织成员要可靠地完成任务，还要有最小的出错率，并且要考虑到资源的经济性，简单说就是又快又好。根据以上几项要求，高职院校需要一种扁平化的教育管理组织结构，因而需对目前的组织结构进行改革。高职院校教育管理是指要取消教学机构管理组织中的大部分中间管理层，加大管理组织的扁平化，以达到减少中层管理团队的目的。基于以下几点原因，在大数据环境下，教育管理组织的扁平化是有可能的，也是必要的：其一，对组织结构进行扁平化处理，有助于充分发挥基层管理人员的能动性，给他们以更广阔的发展空间；其二，大量烦琐的、需要人来完成的工作，可以由计算机或者自动化设备完成；其三，由于网络交互的特性，决策层和执行层的信息传递更加方便快捷，一些中间层管理机构可以取消，使加强管理幅度成为可能。

3.坚持特色发展，增强院校核心实力

在新时代发展背景下，高职院校要想凸显自身的教学特色、增加教育核心力量，需要建设特色化的校园专业。高职院校具有较高的社会经济匹配度，需要从自身发展情况出发，体现出在社会服务、专业技术人才培育方面的优势。高职院校的特色建设可以从以下两个方面展开。

（1）社会服务性质

高职院校若想推动自身服务领域的发展，首先需要了解并发挥教学资源配置的优势，并根据当前市场的人才需求和实际发展状况设置多元化的职业管培项目，为社会培养更多专业型的人才，减轻当前的社会就业压力。其次需要充分体现学校技术资源优势，积极与企业展开合作，为更多的社会从业者提供专业的规划和培训。

（2）专业建设

从目前高职院校的发展情况来看，专业建设工作围绕高端、精细的方向发展，因此高职院校需要积极结合当前社会经济的发展趋势，适当弱化发展前景有限的专业，并且逐渐缩减教学影响力较差的专业。另外，需要加强对专业构建的投资把控，将主要的教学资源应用在发展前景良好的专业上，通过提高教学品质和质量将其逐渐发展成特色专业。

4.通过校企合作，加大服务贡献

高职院校的目的是为社会发展培养应用型人才，其与经济发展、社会生产有密不可分的联系，且在社会服务贡献方面有较大的发展优势，因此需要加强对自身优势的开发，通过创新教育模式，加大校企合作力度，从而逐渐向"双一流"建设方向发展。

（1）教育管理方面

在将企业资源引入高职院校的过程中，可以结合企业制度的流程、企业文化、企业技术和人员管理等方面的特色与高职院校的特色制定多元化的管理方式；还可以将高职院校的特色教学方式与企业资源有效整合，增强高职院校的办学实力，不断完善教育管理机制。

（2）专业建设

高职院校需要打破传统的合作模式，加深与企业之间的合作、探讨。同时，为了进一步扩充高职院校的教学资源，并培养出企业所需的对口人才，可以与企业共同承办专业，让专业的教学设置能够符合企业的需求，提高专业的针对性和实用性。

（3）人才培养

高职院校需要结合企业今后的发展方向和对人才的需求创新校企合作的人才培养模式，并在人才培养过程中不断完善和优化，或采用定向培养的方式进一步强化学生的专业技能，提高综合素质，深化高职院校的教学内涵。

5.构建评价机制，提高教学创新

"双一流"建设不能只在高职院校的管理制度、教育理念、专业发展方向等方面改善，还需要全面调整高职院校的评价模式，提高教学质量。目前，我国已经投入充足的教育资源和资金补助建设"双一流"高职院校，而构建合理、科学的评价体系能够帮助高职院校更好地创新管理体系。

首先，要尽可能淡化数字指标。在创新评价机制的过程中，通过淡化数字指标把评价的重点内容放在职业教育规划是否合理上，使高职院校的实际办学质量得到公正的评估。

其次，要了解高职院校的教学软硬件是否达标。大多数高职院校在办学时都对硬件设备有着较高的要求，但是不能只把这项内容作为判定高职院校教育情况的主要因素。尤其是在"双一流"建设背景下，相比硬件设施，高职院校教学核心竞争力、校园文化、师资力量等才是评价高职院校办学质量的主要考核项目。

6.创新教育理念

高职院校为了有效展开"双一流"建设，需要积极创新教师管理模式和教学理念、教学模式等。首先是教师管理模式。高职院校可以通过创新教师聘任制度，丰富教师引进途径，或通过加强校企合作实行人才互通，让教师能够得到更多元化的发展，建设一支专业的教师队伍；也可以在教师考核评定上进行创新，通过高职院校的发展设计新的岗位绩效考核方案，重点考核教师的实践教学能力，发挥奖惩机制对教师教学的激励作用。

其次是教学理念和教学模式。随着社会的发展，高职院校需要深入研究社会经济发展与高职院校教育发展之间的联系，积极参考优质院校的发展历程和教育理念，在此基础上构建出适合高职院校发展的新型教育理念。高职院校可以根据当前社会和企业发展的需求设计新型的教育流程并建立教学体系，为人才培育提供有力的支撑。

第四节 高职院校教育管理理论基础

一、高等职业院校管理理念

人的创新行为是受其思想观念支配的，一切事物的创新源于观念的创新。知识经济时代的到来为高职院校带来机遇的同时，也向其提出了新的挑战。现阶段，高职院校只有时刻紧跟时代步伐，与时俱进，摒弃陈旧观念，树立符合时代要求的创新管理理念，才能适应社会主义市场经济发展的需要。目前，我国高职教育创新的管理理念有"以人为本"理念、经营理念、品牌理念等。

（一）"以人为本"理念

"以人为本"是人力资源管理的范畴，直接的解释是以人为"根本"。所谓"以人为本"的管理，是指在管理过程中以人为出发点和中心，围绕着激发和调动人的主动性、积极性、创造性展开的，以实现人与企业共同发展的一系列的管理活动。简单来说"以人为本"的管理以人的全面发展为核心，其基本思想即人是管理中最基本的要素。

人的发展是高职院校发展的前提，因此其发展要有赖于教职工创造性智慧的发挥。"以人为本"的管理是一种全员参与的管理，它不是传统的由上到下的控制导向式的管理模式，而是鼓励教职工自主自觉工作，充分发挥主观能动性的管理模式，其强调团队文化和合作意识。一直以来，"以人为本"的理念都是高职院校改革和发展的核心思想。在高职院校的管理工作中，坚持"以人为本"，就是要彻底重视人在学校管理活动中的作用，正确认识评价和充分发挥人的价值与人的主观能动性，使其有充分的发展空间。

在高职院校的管理过程中，"以人为本"的理念主要通过以下两个方面得以体现：一是以教师（包括全体教职员工）为本；二是以学生为本。坚持"以人为本"管理理念，需要做到以下两点。

1.以教师发展为本，建立健全激励机制

在传统的管理理念中，把人看作完成工作任务的工具，而忽略了被管理者在个性上要求尊重和关怀的需求。高职院校教师的构成结构比较复杂，且教职工的工作经历、初始学历、职称职务、年龄等均不同，因此对激励内容的需求是不同的。只有采用灵活多样的激励方式，才能激发被激励对象的积极性和主动性，从而切实起到激励的作用。

（1）薪酬激励

薪酬激励体现在工资、津贴、奖励和各种福利等上。它是最基本、最重要的激励方式。奖励的适时、适当才能取得最佳的激励效果。而传统的薪酬体系机构僵化，薪酬等级较多，将职务和学历的高低作为衡量薪酬多少的标准，对教师起到了"必须重视岗位和职能提升"的错误导向，忽略了"效率与公平兼顾"的原则。

总之，高职院校需结合学校自身的特点，建立与之契合的薪酬体系，才能切实发挥薪酬激励的基础性作用。

（2）榜样激励

榜样激励又称目标激励。榜样能激发教师的积极性，促使教师发现自己与他人的差距与弱势，从而引导、激励教师向身边的模范人物靠拢、学习。

榜样激励的关键在于树立榜样。这里的榜样并不是名著名篇中的榜样，也不是偶像明星中的榜样，而是日常工作、生活中摸得到、够得着的现实人物。榜样的树立既要具有挑战性，又要具有可行性；既能激发人的斗志和拼搏精神，又能让人感到通过努力可以实现。

（3）情感激励

我们采取各种激励机制的最终目标是为了促进"人"的全面发展，因而，情感激励的前提和关键是坚持"以人为本"。每个年龄阶段的情感需求是不同的，因而在确立激励制度之前，要充分考虑到群体的不同。例如，对于中老年教师，要给予其充分尊重，即使在教学方法或是生活习惯等方面出现冲突，也要首先考虑到其年龄和经验，避免冲突；对于年轻教师，则应首先考虑其基本生活，促进其成家立业的同时，为其提其晋升机会，这样不但能帮助其迅速成长，还有利于师资的稳定。

（4）成长激励

每个教师的年龄、性格、专业、学历、岗位、职称等各不相同，因此高职院校应针对具体情况，明确教师的个人发展目标，引导其合理规划自己的职业生涯，并适时提供其参加进修和培训的机会，帮助其健康成长。而对于新教师，在制订培训计划的同时，为每位新教师配备一名有经验的年长教师，导引其在技术上和能力上快速成长。

2.以学生发展为本，全力推进素质教育

大学的主旋律应是育人，而非制器；是培养高级专门人才，而非制造高档器材。我们的教育失去了人，忘记了人有思想、有感情、有个性、有精神世界，就失去了一切。因此，要想推进素质教育，将高职教育办出特色，并培养出适应社会需求的高素质技能型专门人才，必须坚持以学生发展为本。

长期以来，我国高职院校习惯采用统一的制度、规范来管理学生工作，而忽视了作为主体的学生的感受，影响了学生个性品质及人文素养等诸多方面的发展。这有悖于素质教育关于重视人的思想道德素质、能力培养、个性发展、身体健康和心理健康教育的要求。

社会对高职学生的需求是多方面的，并非单一的。因此，对于学生来说，他们在大学里接受的培养也应该是多样的。大学不应该培养单一类型的大学生，而是应该关注受教育者的个性需求，并根据个性需求的不同建立不同的人才培养目标。只有树立人本观念，坚持以学生为木，以学生的发展为本，从受教育者本身的发展来考虑其各方面能力素养的养成，才能实现教育的根本目的，从根本上提高教育管理工作的效益。

（二）经营理念

我国高职院校是一种社会创业型组织。既然作为一个社会创业型的组织，其自身不可避免地具有企业的属性，那么，高职院校引入企业的经营理念，进行经营性管理，是值得推广和借鉴的。

高职院校特有的企业性质的特点决定了其在专业定位、课程设置上必须以市场为导向，秉着"经营学校"的理念，依照全社会共同的运作规律来管理学校。高职院校作为一种新型的企业，同样面临着市场的优胜劣汰。高职院校有两个竞争激烈的市场，即生源市场和就业市场。如果想要充分抢占市场份额，让两个市场都保持兴旺，如何培养学生，进而实现其人力资本的增值，就变得至关重要了。而学校目前的状况却是，虽然多数教师已充分认识到市场的重要性，但碍于部分教师专业、习惯、课时等实际问题的限制，未能真正发挥市场的导向作用，从而使专业设置和课程设置有部分偏差，部分专业在招生时遇到瓶颈，或是就业时结果不理想。

在坚持社会主义办学方向的前提下，如果适当地引入经营理念，根据社会需求和劳动力市场的变化，及时扭转办学思路，调整专业设置和课程设置，极早占据市场份额，那么将节省办学资源，降低办学成本，同时向社会输送高质量的人才和服务，从而实现办学效益的最大化，直接服务于地方经济，使高职院校的发展与地方经济及行业发展更紧密联系在一起。

现代化职教教学管理正在努力实现从管理向治理的转型。现代化的职教教学管理绝非"独管独治"的独裁式管理，而应该是基于现代信息管理理念和技术平台的、开放式的、多边化的管理体制。"开放"即要实现职教教学管理过程的公开透明化，接受大众的监督和检查；"多边"即在职教教学管理中，管理的主体包括职业院校校长、教学管理人员、教师、学生、家长等。目前，我国大多职业院校的教学管理工作已经采用了现代化的理念和工具。"全国职业院校专业设置管理与公共信息服务平台"是目前我国职业教育领域最大的管理型网站，此外还有"国家级职业教育专业教学资源库项目管理平台""职业教育工作信息管理平台""职业教育云平台管理系统""一站式教育云平台"等，可以有效记录职业教育教与学过程的所有数据，以有针对性地对学生进行个性化管理。"用数据说话"来量化评价管理将更具说服力，能够让职教教学管理"在阳光下进行"，使我国职教教学的管理工作更加高效精准化。我国职教教学现代化发展已经取得了部分成效，但在教学管理方面仍然存在各种问题，究其原因，主要在于部分职业院校的领导和从事职教教学管理的人员，在现代化教学管理和教学管理现代化的理论与实践方面的认识尚且不足，因此需要迫切提升这部分管理者的现代化素养，继续提升职教教学管理水平与效率。

（三）品牌理念

品牌是一个经济学的概念，是指消费者对产品及产品系列的认知程度。对于品牌拥有者来说，它是一种无形的资产，具有无形的市场价值。高职院校只有引入品牌理念，增加其知名度和信誉度，才能在无形中提升其核心竞争力。建立品牌关键在于特色。高职院校需专注于某一两个方面的特色优势，促使其形成核心竞争力，就能打破高职院校办学特色上的平庸化格局，可以"以长攻短"，争得一席之地。

创建高职院校的特色品牌，关键在于"专而精"。高职院校要想在当今的市场环境下立足，就要充分展现其特色和优势，进而找到自己的立足点，只有这样，才能不被历史舞台淘汰。而发展特色学科、特色专业，无疑是取得最终胜利的制胜法宝。高职院校要想发展特色，区别于其他院校的学科、专业，真正做到与众不同，必须在"专"和"精"上下功夫，自己的学科、专业做到足够专业，足够精准、精细，形成自己的独有的特色和优势，以特色求生存和发展，以特色求质量与效益。值得强调的是，在竞争环境日益激烈的今天，要想创建独有的品牌与特色，必须在人才培养的特色上下足功夫。如果没有真正体现出自己特色的人才培养模式，一所高职院校就不能算是真正意义上创建了自己的特色，不能算是真正具备了核心竞争力，也就难逃被市场淘汰的命运。同时，建立一支高素质的教师队伍，加强基础设施建设等，都是克服高职院校被"同质化"的必要条件。

在实践探索中，高职院校必须先自我剖析，寻找出自己的优势和劣势，必须在确定培养目标时，正确定位，充分发挥自身的优势，扬长避短，并努力做到符合所在区域经济建设的需要，只有这样，才能真正建立起自己独有的特色品牌，进而增强其社会竞争力。

二、信息化教学的理论基础

（一）建构主义学习理论

1.建构主义学习理论的内涵

构建主义学习理论是社会构建主义学习理论的另一种表达形式，是在社会主义文化背景下对学生所处环境的具体的理论指导，是推动学生主体与他人主动构建、互动交流的过程建立。构建主义学习理论的应用实践完全推翻了对斯金纳代表的行为主义和加涅等代表的认知主义的落后成分，并针对其内容的可采取部分进行了深入研究。在构建主义学习理论的发展建立中，皮亚杰学习理论是推动该构建理论形成发展的最具代表意义的重要推动力。新建构主义中关于学习和知识的观点认为，知识就好比是一棵生机勃勃的榕树，其建构的过程就像榕树生长的过程一样，是一个缓慢的逐渐累积的过程。在新构建主义的观点下，信息的构建需要建立在有关知识的三级结构假说的基础上，即将知识分为三个不同级别的结构：一级结构即感性的认识；二级结构即理性的认识；三级结构即想象力的发挥。这三层结构就形成了一个人的知识系统，并且相互之间是紧密联系、缺一不可的关系。而建构主义学习理论是信息化教学最根本的理论基础。

建构主义的主要观点认为，建构主义并不是"一个"学习理论，而是有不同倾向的建构主义，但是他们有一些核心观点还是比较一致的。

（1）学生观

在学生观上，建构主义学习理论强调学生经验世界的丰富性和差异性。学生并不是空着脑袋走进教室的，在日常生活和以往的学习中，他们已经形成了丰富的经验。当问题呈现在他们面前时，他们往往可以基于相关的经验，依靠自己的推理判断能力，形成对问题的某种解释。由于经验背景的差异，学生对问题的理解常常不同，他们可以在一个学习共同体中相互沟通、相互合作，对问题形成多角度的理解。因此，学生经验世界的差异本身便是一种宝贵的学习资源。教师不能漠视他们已经存在的经验世界，像往瓶子里灌水一样给他们装入新知识，而是在他们已有的经验世界中找到新知识的生长点。

（2）学习观

刘儒德提出了建构主义的学习模式，认为学习的实质就是学习者经验系统的变化，也就是说，学习者经过学习，其经验系统得到了重组、转换或者改造。这一学习结果是由学习者经历了主动建构的过程而导致的。促进学习的条件包括先前经验、学习情境和学习共同体。

①先前经验的作用

建构主义学习理论认为，学习不是从外界吸收知识的过程，而是学习者建构知识的过程，每个学生都以自己原有的知识经验为基础建构自己的理解；生成学习理论认为，信息输入本身并不能直接导致意义的产生，相反，我们总是倾向于从长时记忆中提取与当前信息相关的事实并主动去建构外界信息与头脑中已有的相关信息的联系，以使输入的信息获得具体意义。

②学习情境的作用

建构主义学习理论强调学习的主动建构、社会互动性和情境性。建构主义学习理论认为，知识的意义总是存在于情境之中的。学习总是在一定情境之下进行的，人不能超越具体的情境获得某种知识。学习时的情境不是一个无关因素，而是有机地卷入了建构活动。于是，建构主义学习理论提出了情境性认知的观点，强调学习、知识和智慧的情境性，认为知识是不可能脱离活动情景而抽象存在的，学习应该与情景化的社会实践活动结合起来。

③学习共同体的作用

学习是通过对某种社会文化的参与而内化相关的知识和技能，掌握有关工具的过程，这一过程常常需要通过一个学习共同体的合作互相推进；建构主义学习理论强调，学习总是在一定的社会文化环境下进行的，即使学习者表面上是一个人在独自学习，但他所用的书本、电脑都是人类文化的产物，积淀着人类社会的智慧和经验。知识是社会约定的，存在于一定的社会区域之内。一个人有什么样的观念和认识，与他所处的学习者共同体的观念和认识分不开。个体并不是一个孤立的探究者，他头脑中有什么知识，他有多聪明，实际上还是与周围共同体相互作用的结果。

2.以建构主义为理论基础的高职教育教学模式

鉴于传统教学模式压抑学生的个性，不能发挥学生的主动性、积极性和创造性，在此模式下培养的学生满足不了社会各界的用人标准。教育学界和心理学界相关人士在建构主义思想的指导下，开发了各种各样的高职教育教学模式。建构主义学习理论强调以学生为中心，不仅要求学生由外部刺激的被动接受者和知识的灌输对象转变为信息加工的主体、知识意义的主动建构者；而且要求教师要由知识的传授者、灌输者转变为学生主动建构意义的帮助者、促进者。

（1）信息化教学模式

建构主义学习理论强调学习的情境性和学生的主动建构。信息化教学模式正是根据现代化教学环境中信息的传递方式和学生对知识信息加工的心理过程，充分利用现代教育技术手段的支持，调动尽可能多的教学媒体（主要指多媒体计算机、教学网络、校园网和因特网）、信息资源，构建一个良好的学习环境，并在教师的组织和指导下，充分发挥学生的主动性、积极性、创造性，使学生能够真正成为知识信息的主动建构者，达到良好的教学效果。其关键在于从现代教学媒体构成理想教学环境的角度，探讨如何充分发挥学生的主动性、积极性和创造性。信息化教学模式的优点有两点。第一，信息源丰富、知识量大、有利于情境的创设。现代教育技术手段为课堂教学所提供的教学环境，使课堂上信息的来源变得丰富多彩，教师和课本不再是唯一的信息源，多种媒体的运用不仅能够扩大知识信息的含量，还可以充分调动学生的多种感官，为学生提供一个良好的学习情境。第二，有利于提高学生的主动性、积极性。现代教育技术手段尤其是多媒体计算机和网络的加入，使教师的主要作用不再是提供信息，而是培养学生获取知识的能力，指导学生的学习探索活动，让学生主动思考、主动探索、主动发现，从而形成一种新的教学活动进程的稳定结构形式。但是，更多的时候是在教师指导下进行主动思考与探索；教学媒体有时作为辅助教学的教具，有时作为学生自主学习的认知工具；教材既是教师向学生传递的内容，也是学生建构意义的对象。可见，这样有利于提高学生的主动性和积极性。

（2）互动课堂教学模式

建构主义学习理论强调学习的情境性和学习共同体的重要性，而机械类课程注重操作性和内容的可拓展性，因此教师可以创建相关的实际情境并选定某个典型的事件或问题，引导讨论，激活学生思维。交互过程中教师可以要求学生个别演示或以小组为单位进行讨论，通过沟通和反馈，补充和完善师生原有认识，达到师生一起发现问题、共同建构新知识体系的目的。小组成员可以呈动态变化，这样学生个人能得到更多思考表述的机会，也能接触更多的观点，从而有效建构新知识，还弥补了教师大班授课时难以与众多有差异的学生进行交流的不足。在互动课堂教学模式中，教师将从传统的知识传授者与灌输者的角色中摆脱出来；学生是学习的主体，是知识的探索者；自主学习成为学生学习的主要方式；教师主导作用和学生主体作用达到了和谐统一，便于评价学生在课堂教学中表现。

（3）现场教学模式

根据建构主义学习理论强调的学习的情境性和学生的主动建构性，现场教学模式应在现实工作场景中学习操作技能、工作程序，主要用于实训、实习。布朗等人提出了"认知学艺模型"，就是使学生从现实工作的操作经验、管理规则、工作环境中，适应真实的实践活动。教学中一般采取"工作分解法"和"任务分析法"。前者是把现场岗位工作的程序和规则分解成若干二级目标，逐一感受和分析，积累感性经验；后者是在完成对简单知识的学习后，对岗位某一综合型任务进行感受与分析，引导学生独立分析和解决工作现场较复杂的实际问题。

现场教学模式贯彻和落实"教师为主导、学生为主体、训练为主线"的"三主"课堂教学理论。其操作程序为：定向，教师在示范前的准备工作；参与性练习，在模拟或仿真的现场训练环境中，教师边讲解示范边指导，学生进行模仿性练习；自主性学习，学生独立操作。

（4）工学结合的教学模式

建构主义学习理论强调学习、知识和智慧的情境性，认为知识是不可能脱离活动情景而抽象存在的，学习应该与情景化的社会实践活动结合起来，而工学结合的教学模式就是一种将学习与工作相结合的教学模式。工学结合教学模式的主体是学生，以职业为导向，充分利用学校内外不同的教育环境和资源，把以课堂教学为主的学校教育和直接获取实际经验的校外工作有机结合起来。纵观世界发达国家高职教育教学模式，大多突出"工学结合"教学模式，如德国的"双元制"、英国的"三明治"教育、美国和加拿大的"合作教育"、日本的"产学合作"模式、澳大利亚以行业为主导的"TAFE"模式等。基于建构主义学习理论的工学结合教学模式，可以让学生在课堂上学习到的知识与真实的实习环境结合起来，尽早地建立理想化问题与实际问题的联系，让学生自主发现问题，进而由学生独立或者在教师指导下解决问题。这不仅激发了学生的学习动机，激活了理论知识，而且也激发了学生的创造性和自主学习的能力。

（5）抛锚式教学模式

基于建构主义学习理论的抛锚式教学模式与传统教学模式有很大的区别，主要表现在改变了传统的三个中心，即由以教师为中心转变为以学生为中心，由以课本为中心转变为以任务为中心，由以课堂为中心转变为以实际经验为中心。这种模式强调以技术为基础的学习，其主要目的是使学习者在一个真实、完整的问题背景中产生学习需要，通过学习者的主动学习、教师的指导教学以及学习小组中成员间的交流与合作，使学习者亲身体验识别目标、提出目标和达到目标的全过程。

（二）多元智能理论

1.多元智能理论的内涵与特征

美国著名心理学家霍华德·加德纳（Howard Gardner）是多元智能理论的创始人。在《智力的结构》一书中，加德纳提出智能的本质是，在一定的社会文化背景下，个体用以解决自己面临的真正难题和生产及创造出社会所需要的有效产品的能力。智能是多元的，不能用单一的标准来衡量，各种智能之间是相对独立又交叉影响的，在特定的文化环境和情景化教育中，智能可能被激活，继而发挥出潜在的价值。

多元智能主要是指人们在生活和生产中，能够具备解决实际问题的能力，在不同的情况下能够发现并解决问题的能力，同时在自己所属的文化背景下能够具备服务能力和价值的创造能力。从总体上来说，多元智能可以分为语言智能、逻辑数理智能、视觉空间智能、音乐节奏智能、运动智能、人际交往智能、自我认识智能以及自然观察智能这八种能力。其中，语言智能主要是指能够善于运用语言或文字的能力；逻辑数理智能主要是指能够运用与数字和推理有关的能力；视觉空间智能主要是指可以通过立体造型和平面图形将色彩、线条等元素表现出来的能力；音乐节奏智能主要是指通过演奏、创作或者是唱歌等方式表现音乐的能力；运动智能主要是指能够对自己的身体进行良好的控制，用动作表达自己的思想感情等能力；人际交往智能主要是指在与人交往中能够观察出别人的意向等，并做出适当的反应能力；自我认识智能主要是指正确地认识到自己的优点和缺点，吸取他人的长处，能够很好地把握自身的情绪等能力；而自然观察智能主要是指能够认识自然中的动植物以及其他自然环境的能力。同时，多元智能理论还具有三个方面的特征。首先，普遍性特征。这主要是由于每个人都是独立客观存在的个体，都能够同时具备这八种能力，只是构建方式有所不同而已。其次，差异性特征。每个个体存在着一定的差异，因此个体所具备的智能能力也有着一定的差异。再次，发展性特征。每个人的发展程度与发展方向都会受到内部和外部的各种因素影响。

2.多元智能理论在高职教学中的应用

多元智能实践观、学生观、教学观和评价观的重要观点深刻影响着全球教育理念、教育设计以及教育实践。多元智能的系列观点为解决当前高职创新教育的现实困惑提供了重要启示。高职院校创新教育引入多元智能理论以培养学生创新能力，是一种可行选择，具体表现如下。

（1）情境式实践观，补创新研究之"短板"

智能具有"情境性"。智能需要依附个体所生活的环境发挥作用，不同情境会激发出智能的不同潜能。基于此，加德纳提出"深入社区的学习"教育实践理念。学校教育可借鉴"师徒模式""社区学习"的社会场景化学习过程，让学生主动融入情境中完成知识的学习和应用。原有的创新教育研究大多停留于理论层面的探索，缺少对创新教育实践的操作指引；而多元智能理论的"情境式实践观"与创新教育"重视实践"的本质要求契合，有效弥补了创新研究的短板，为深入开展创新教育实践提供了理论参考。

（2）可塑式学生观，通创新能力培养之"阻滞"

智能具有"可塑性"。个体智能的发展受社会环境和教育条件的影响与制约，而环境和教育对于能否使智力潜能得到开发和培育起着重要作用。多元智能理论指出，学校的办学宗旨应该是"开发学生多种智能，为学生的智能培养提供多种途径和资源"。当前高职院校的创新教育理念较为陈旧，创新教育投入度不够，学生创新能力培养路径受阻。因此，从多元智能学生观的可塑性出发，重构创新能力培养机制，通过创新培养理念，引入多方资源，加大学生创新能力培养力度，有助于疏通创新教育培养"阻滞"，促进学生的创新能力发展。

（3）差异式教学观，解创新教育教学实践之"困惑"

智能具有"差异性"。个体智能的差异主要表现在各自智能强项或智能结构分布的不同。既然学生都具有在某一方面成才的潜质，那么教育者对"学生是否聪明"的疑问应转为对"学生在哪方面聪明"的思考，教育改革的重点变成"如何根据学生的个体差异因材施教"。当前创新教育实践面临困境，由于高职生知识基础和综合能力的局限，学生学习水平跨度大，教学改革措施未能紧扣学生实际，教育成效不理想。因此，吸取多元智能的"差异式教学"理念精髓，推行以生为本、面向人人的创新教育，可解除创新教育教学实践之"困惑"，让每个学生都能拥有"量身定制"的教育机会。

（4）发展式评价观，破创新教育教学评价之"局限"

智能具有"发展性"。个体智能是随着教育和文化发展逐渐被强化与扩大的。对学生开展评价，要注重评价的发展性功能，评价的结果只能被认为是学生智能的部分表现，而不是学生智能的唯一指数。另外，多元智能理论在评价的主体和内容上均强调多元性：评价主体包括教师、学生、家长、社区；评价内容涉及学生解决问题能力、综合素养、多元智能分布等方面。多元智能的"发展式评价观"以其理论优势，为多维度、多元化开展创新教学评价提供了思路，可破解创新教育教学评价"结果导向、单一维度"的局限，推动创新教育多元发展。

3.多元智能理论应用的实施路径

（1）基于多元智能学生观的创新能力培养机制：多方协同育创新

首先，拓宽校企共育渠道，赋能学生发展。多元智能学生观强调，每个学生都拥有多元智能，只要提供充分的机会与教育，潜在智能就有可能得到发展。高职院校需重构创新能力培养机制，加大培养力度，通过引入学校、企业、行业、科研机构等多方力量，拓宽校企共育渠道。一是深化校企合作，为学生创造更多参与企业创新实践的机会；二是出台奖惩制度，积极引入企业行业资源，为学生创新能力的培养提供资金支持和技术指导；三是成立校企创新联盟，让高技能技术人才入驻学校，指导学生创新活动。通过拓宽校企流动通道，多方协同，为学生创新能力发展提供更多资源，促进学生多能发展。

其次，搭建创新孵化基地，激发创新自信。多元智能学生观指出，重视学生的"成就感"，有利于激发学生创新自信，促进学生潜能发展。因此，学校在开展学生创新能力培养中，应为学生的创新项目提供更多的成果转化平台，并通过搭建创新孵化基地，成立集创新教育与创新实践于一体的"众创空间""孵化中心"，聘请校内外创新导师等措施，为学生创新提供实践平台和专业指导，提高创新项目孵化率，让学生体验创新带来的收获感，激励其创新内动力。

（2）基于多元智能教学观的创新教育教学实践：多措并举促创新

首先，研发"创新+"课程，交叉培养。智能是多元发展且相互影响的，学科交叉往往是科学创新的生长点，能有效激发学生的创新意识。开展高职创新教育要注重学科间的跨界培养，通过研发以"创新"为靶点的跨界课程，对现有课程资源进行整合：一是开设创新理论必修课，让学生接触关于创新意识、创新思维、创新品质的基础性教育；二是在各二级学院开设融创新教育与专业教育于一体的专业化创新课程，并结合各学院的专业特色，在专业教学标准、课程标准中加入创新元素，实现创新教育与专业教育的有机结合；三是针对有创新需求的学生群体，关注行业前沿趋势，由创业学院牵头，二级学院研制，开设各具特色的创新课程。

其次，采用多样化教学方式，因材施教。多元智能教学观提倡教学应尊重学生的个体差异，学生的需求成为衡量教学方式是否有效恰当的重要标尺。在创新教学中，教师应从学生创新需求出发，实施与之相配的教学策略，促进学生的多元发展。启发式、探究式、项目式、情景式的教学方式对促进学生的创新能力发展有显著作用，教师应根据学生的不同特点因材施教，通过创设形式多样的创新型教学情境和教学手段，满足学生的创新诉求。

最后，开发情景化学习平台，多维体验。多元智能理论指出，在特定的情景中开展学习活动，有利于发展学生智能。要想提升学生的学习效率，学校应尽量为学生提供情景化的学习平台，教师则可利用多媒体技术、虚拟现实技术等提供与现实情境相似的学习情境，让学生在仿真环境中开展创新活动，提升其创新能力。

（3）基于多元智能评价观的创新教育教学评价：多元评价助创新

首先，打造"评价闭环"，并全程跟踪。学生智能的发展性决定了教学评价应关注教学活动的全过程。"评价闭环"贯穿教学评价的全程，由诊断性评价、形成性评价、总结性评价组成：教学活动前期的诊断性评价，对学生的基础性创新知识、创新技能和其他综合能力作出先期判断；渗透在教学各阶段的形成性评价，全程跟进学生的创新实况；教学活动后期的总结性评价，通过归纳学生在整个教学阶段的创新综合表现，为未来创新教育改革提供有效反馈。通过环环相扣、互促互推的"评价闭环"，推动教学评价倒逼创新教育主动改革，实现创新教育环内生态的有机发展。

其次，组建"评价共同体"，多边参与评价。多元智能评价观提倡多维开展教学评价，提高教学评价精准度。传统的教学评价多由教师单方面执行，评价结果较为片面。因此，需扩大创新教学评价的参与度，组建"创新评价共同体"，将同堂学生、任课教师、学院领导、校外导师纳入评价主体，从多种视角开展创新教育教学评价。通过学生互评、教师评价、领导考核、校外导师参评等多种途径，综合评价学生的创新能力；同时，注重评价内容的多元化，不仅要对学生的终结性成果（如创新考卷、创新产品）进行评价，也要依据记录学生创新历程的过程性资料（如创新随想、创意视频、记录相册等）对学生创新过程表现展开评价。通过组建"创新评价共同体"，多方参与、多元开展创新教育教学评价，为学校创新教育提供真实反馈和整改依据。

（三）后现代主义课程理论

1.后现代注意理论的内涵

20世纪60年代后期，在建筑领域中广泛应用的后现代主义理论课程，是用来描述区别于以往风格的构建风格的基础理论课程。随着信息技术在社会发展中的主导性地位的实现，人们逐渐认识到后现代主义课程理论对教育领域的深刻影响。

后现代主义课程理论所代表的具有进步意义的指导思想，针对现代主义课程中封闭、简单、累积等问题进行推翻，并充分强调其自身理论的开放性、变革性和复杂性对教育教学的指导意义。高职院校信息化教学建设应用后现代主义课程理论的过程，是对课程单一性、封闭性的具体推翻的过程。这一过程中，产生的不同思想意识，是建立在对不同事物的不同理解与不同立场上的充分思考。后现代课程理论在高职教育信息化教学建设中的根本作用体现在对多样性学生群体的整体把握上，因此学校应以开放性的知识组织形式与指导思想，满足不同学生群体的实际需求，引导学生更好地参与到教学实践的全过程中去。

2.后现代主义理论在高职院校教学中的应用

（1）教学是生命的生成，要摆脱物化课堂，体现人文关怀

后现代主义教学观认为，教学即生命的形成。教学过程是富有生命意义的，是生命的发生、创造、凝聚、发展的过程。教师在课堂要体现人文关怀，为学生创设有助其生命成长的环境，使学习过程成为学生享受生命情感、完成生命发展的过程。

传统高职课堂采用以知识传播和技能训练为主的培养模式，使学生成为被培养的"物"，丧失了能动性与自主性，导致课堂教学气氛机械而沉闷。针对高职院

校学生被动、懈怠的特点，必须让学生在课堂上获得充分的话语权与决策权，让学生成为鲜活的、有内涵的生命体。根据高职学生理解能力相对不是很强的特点，师生之间要多加沟通互动，通过脱离"物化"课堂的压抑感，使学生取得生命发展的主动权。高职课堂的教师，要跳出传道、授业、解惑的知识传递型定位，要在教育活动中，面向学生生命发展的未来，创设有利于学生成长的环境。

（2）教学是即时创作，要摆脱录像式课堂，走向即时直播式课堂

后现代主义知识观认为，知识以其自组织性、不确定性、非线性和解释性，能够在教学中不断创生。知识并非像知识本体论认为的具有确定性，也非本体论规定的具有先验性。罗蒂（Rorty）的观点认为：教学不是简单的知识传递和道德教化的过程，而是即时创作，是师生的共同解读，使知识能在动态的即时创作中变得鲜活。在即时创作的教学观下，教师对知识的权威、学生作为知识的容器和教材是知识载体的看法不再成立。

目前，高职院校的评估都围绕着教学目标、教学内容、教学进度、教案、人才培养方案等内容做精心的安排。在钻研教材和设计教学过程中，教师将学生作为知识的受体，而上课是努力执行教案的过程。这种课堂就是预设教学过程的录像式的课堂。针对高职院校里层次不齐的生源，学生作为不同的独立个体，这种课堂不能满足学生的需求，也不能有效开发其潜能。在现实课堂中，因学生主观能动性不同，在开放的课堂中其更需要多种形式的交互作用以及创生能力，而教案预设的教学过程往往无法根据课堂的实际情况进行调整。后现代主义强调人际沟通的差异性与多元性，认知是不同主体之间的沟通与协作，以及主客体之间的理解与对话。因此，录像式的高职课堂应转换成富有生命气息的互动型直播课堂。

互动直播课堂根据生源的特点，并不硬性规定教学目的、教学计划、授课方式、课程难点、重点，不根据预设的程序机械化地操作，而是根据实际需要自然生成课堂教学。这样的课堂教学，没有非常严格的计划与提前的预设，抛弃了程序化、录像化、机械型、重复性的教学。直播教学根据各班的个性特点，开展直播课堂教学，这种教学是现场生成的，其因无预设而具有唯一性与不可重复性。

（3）教学是特殊交往，课堂教学要从表象互动走向理性互动

从形态角度看，教学来自人们的实践活动——交往。所谓教育，即交往的双方通过传递经验，影响人身心发展，从而形成教育。教学是教育的核心，传道授业离不开交往。在教学中，交往的主体离不开师生，缺失其中的一方将导致教学目的的落空，但双方在教学中的地位并不平等。后现代主义课程论者多尔认为："教师是内在情境的领导者，而不是外在的专制者。"教师因在学科领域的知识积累，成为课程教学的主导者；学生则是主动学习的参与者；教学即特殊的交往。

当前高职课堂的互动主要是一种表象互动，互动的形式要重于实质内容。高职课堂的主要互动方式是教师设置问题，让学生讨论或者直接找学生回答问题。这种互动的课堂效率较差，原因是针对问题，学生没有足够的知识储备，提问无异于问道于盲，是一种效率低下的"表象互动"。

从"表象互动"走向"理性互动"，课堂需要建立"失衡—平衡—再失衡"的动态生成的教学过程，课程教案、教学进度、教学目的、问题的设置、教学重点及难点要根据课堂的实际情况灵活处理。理性互动要求增加互动的方式，如学生相互之间的互动、小组讨论互动、设置较大的问题小组代表上讲台互动，这种互动增加了情感认知等多层次要素。理性互动更多地体现一种横向的交流。从广义的角度理解理性互动，任何富有实效的课堂管理与互动，都可纳入"理性互动"的范畴。从课堂实效的角度考虑，为高职学生布置大量作业以及课堂的测试，能将学生的注意力拉回到课堂，这也是"理性互动"的方式。

（4）教学是系统博弈，要从线性课堂走向混沌课堂

教学过程本是个充满人性及民主的课堂互动博弈过程，不能用简单的预设性程序或线性数理模型来预测或衡量。传统课堂重知识轻能力，注重知识的掌握轻视创造力的培养，重理性忽视对知识的质疑和对问题的好奇与挑战。面对生源不同的高职课堂，学生的基础、认知能力、思维表达能力、求知欲望差异明显，因此教学过程必定是个学习兴趣的唤醒、师生互动博弈的过程。

传统的高职课堂教学具有个线性、程序化、效率低下的劣势，强调知识的掌握。同时，学校要求教师制定教案，突出知识的重点、难点，以实现确定的教学目的。面对传统教学的线性课堂，预设的教学程序很快会处于一种死机的状态。所以，在课堂设计时，不能偏离实际环境与教学目的、对所谓的教学重点难点生拉硬扯，应发挥混沌博弈的作用，触发课堂的无序与非线性性，通过课堂提问、讨论、设疑、质疑、课堂作业以及课堂测验等多种手段，让课堂教学呈现真正的多样性与特制性，以此提高教学质量。

（四）知识管理理论

1.知识管理理论的内涵

知识经济时代的快速发展，推动了知识管理理论的形成与发展。知识管理理论的具体实践，是通过对现代化技术工具的具体应用，将信息化教育领域中的知识、经验与智慧进行系统地处理、归类，并通过现代化网络技术环境，将具有实践价值的知识理论进行传播、共享。知识管理理论是一项具体的知识管理系统理论，根据其所具备的功能可分为显性知识管理与隐性知识管理两种管理形式。两

种管理形式显性知识管理是对知识明确而系统的表达，而隐性知识管理是根据其字面意义上的隐性解释，通过演示说明来表达语言无法解释的知识。技能学习是高职教育教学过程中的关键环节。领悟与练习，是技能教学过程中重要的教学方式，是语言文本无法替代的实验教学。而当前环境中的教学研究，对于隐性知识的"显性化"研究，是传统教学实验过程中对于技能学习的实践引导与理论指导的有机结合，其根本目的是推动隐性知识更好的发挥与传承。高职院校的教学目标是通过对学生实践动手能力的培养，使其成为符合社会发展进程中的应用型技能人才。在实践教学中，由于对学生技能掌握的要求较高，所以学校必须增加技能学习的课程设置。所以，最大限度地将技能性隐性知识的显性化研究，已经成为高职院校教学课程建设研究工作中的重点。

2. 基于知识管理的高职课程体系构建

（1）课程知识审计

知识审计主要是对运用于课程知识的信度、效度进行审核，可分为事前审计、事中审计与事后审计。事前审计通常在课程开发阶段进行，主要是对将引入课程的知识与知识源的信度、效度的审计；事中审计主要是在课程运行过程中进行，通过将事前所选知识运用于课程实践，通过体验性、仿真性、模拟性职业训练，完成对课程知识与职业需要的适应性研判；事后审计则主要是将事前、事中审计通过并运用于课程的知识进行验证性审计，它需要在学生完成课程并走向职业岗位之后才能完成。就课程开发而言，重要的是对课程知识的事前审计，其包括三个环节。

首先，职业岗位任务目标梳理。在传统课程建设理论视野中，课程开发的实质是一个关于知识的遴选、传递与运用的过程。若以线性形式表达，开发一门课程，即是对课程相关知识的一个归集与处理过程，这个过程的线性流程大致为采集→遴选→归类→编排→传授→反馈→修订。这个线性流程当然不能表达课程开发过程的生动性。不同类型、不同层次的教育机构（学校），其课程开发从一开始就是一种个性化的行为。比如，大学本科教育机构与高职教育机构对于课程知识的采集对象和方式往往大相径庭。基于学术性人才培养目标需要，本科院校课程知识的采集必然要充分重视学术性、理论性知识的采集，其采集对象也必然集中于经典性的、前沿性的学术著作。与此不同的是，技能型人才培养目标的需要则将高职教育机构课程知识采集指向技术性、实践性知识内容，其采集对象往往直接指向职业岗位的工作过程，即所谓"预先经验"和"预先知识"。因此，基于知识管理的高职课程开发，有赖于职业岗位目标任务的有效梳理，而职业岗位目标任务梳理的有效度，直接关乎课程知识梳理的有效度。

其次，高职课程标准拟定。职业岗位目标任务的梳理为职业课程开发提供了知识遴选的基础依据，但并不能替代课程标准的拟定。只有在职业岗位的工作分析与归纳的基础上拟定课程标准，课程开发中的知识审计才有依据。否则，没有课程标准的参照，知识审计将无从谈起。课程标准拟定是知识审计的前提条件。以过程为导向的职业教育课程开发流程，对于普通大学本科学科课程而言，这样的课程开发流程是有一定难度的，但近年来的高职教育改革实践，则证明了这种课程开发模式的价值。

最后，知识类型归集。传统学科教育模式下的课程开发，通常是以学科知识的归类整理为出发点，按照学科理性逻辑，并将知识要点整理、关联、固化为课程知识体系。事实证明，这种知识梳理模式对于传统学科教育模式背景下的课程开发是有效的，但对于以职业技能训练为基本目标指向的高职课程开发，还是远远不够的。按照传统知识分类标准，人们通常将知识按照实践知识与理论知识两大类加以梳理，然后按照主观知识与客观知识分类进行梳理。从知识管理的角度看，还应按照显性知识与隐性知识的标准加以分类，且在知识管理意义上，隐性知识的管理才是知识管理的核心和关键。以上基本知识架构类型化梳理，是一种关于知识的类型归集，也是基于知识管理的高职课程开发的一个基本前提。比如，显性知识与隐性知识的归集，不仅要求课程开发者明确区分知识本身的类型，而且对显性知识或隐性知识的关注度与采用率，往往直接决定课程的价值取向和实施策略，而课程的价值取向与实施策略，又成为学科类课程与技能性课程的基本区别。在这个意义上，知识类型归集就是在课程体系构建范畴内对课程内容的一种知识遴选，这个遴选过程即是一个知识审计过程。

（2）知识地图绘制

"知识地图"的概念是由英国情报学家布鲁克斯提出来的，知识地图是为组织成员提供获取知识线索的一个管理工具。布鲁克斯从知识网络的形式出发，描述了知识单元的发展过程，促进知识的变化过程向理想的状态发展。他认为，在组织内部，为了让组织成员更方便、更充分地利用组织内部资源，提高组织的绩效，有必要绘制组织内部的知识地图。该思路对高职课程体系构建具有深刻的启示意义。在当今知识爆炸的年代，为适应当前社会需要的职业教育课程开发，首先应搞清楚用"什么"知识，然后是解决"从哪里得到""如何得到"的问题。如果说"知识类型归集"主要是为解决用"什么"知识服务的，那么"知识地图绘制"就是解决"从哪里得到"的问题。知识地图就是导航系统，其功能在于帮助人们知道"在哪里"，以便于课程实施者能在最短的时间内找到所需的知识资源。当前，知识地图的形态是多种多样的，知识地图的绘制目标最终都是指向人、路径、时间、空间。而且，在知识更新频率高、周期短的现实条件下，作为课程构建基础的知识地图的绘制，绝不是一劳永逸的事，知识管理者应该对知识地图进行即时更新、即时改变和调整其中各个元素之间的联系，使之永远处于常新状态。换言之，以服务课程构建为目标的知识地图不仅是日趋完善的，而且是即时更新的。在操作方式上，知识地图的绘制应当采用"思维导图"式的将放射性思考具体化的方法，即要让每一种进入大脑的资料，不论是感觉、记忆或是想法，包括文字、数字、符码、食物、香气、线条、颜色、意象、节奏、音符等，都可以成为一个思考中心，并由此中心向外发散出成千上万的节点，每一个节点与中心主题联结，而每一个联结又可以成为另一个中心主题，再向外发散出成千上万的关节点，呈现出放射性立体结构。具体到基于知识管理的课程构建，知识地图绘制过程应以"课程备用知识"作为思维的触发点，首先识别课程必备的有效知识，然后理清各类知识与人之间、人与人之间、知识与知识之间的联系，最后以可视化的技术把这些错综复杂的知识关系脉络呈现出来。

（3）课程资源库建设

在知识管理理论视野里，知识库是一种专门存储大量知识的机构，它可以对知识进行系统化组织、管理和控制，并能储存、查询和检索知识，是实施知识管理的基本工具。而建立知识库的目的，在于将组织中的知识以容易存取和了解的方式，呈现给组织的成员。如前所述，对基于知识管理的高职课程而言，"教材"的概念已远远不能满足当前课程的需要，只有引入"库"的概念，才足以撑起课程的内容与形式。事实上，无论是否引入知识管理的概念，当今的高职课程改革已广泛地将"库"的概念引入课程资源的建设中。"库"的概念其实包含课程的"内容"与"架构"两个方面，而这两个方面又密不可分。何为知识？过去，人们不曾自觉地给知识以定义式的理性界定，但在感性认识上总是可以直接判断什么是知识。当今，人们总会自觉或不自觉地去审视什么是知识。以就业为人才培养的直接目标指向的职业教育课程应当教会学生什么知识？这是每位教育工作者应当思考的简单而富有哲学意味的命题。这一命题其实也隐含着对知识概念的直接拷问。从职业教育课程构建的角度看，对与职业相关知识的形态与来源进行多维度的梳理与把握比课程构建本身更重要。

（五）实用主义理论

1.实用主义理论简述

实用主义理论于19世纪末20世纪初由美国著名哲学家、教育家约翰·杜威（John Dewey）提出。杜威认为，当社会发生巨大变革时必然会对教育提出新要求，因此，教育必须进行全新的变革，以促进社会的发展。基于此，杜威将实用主义哲学与自身教育实践相结合，形成了实用主义教育思想，并最终形成了实用主义教育的理论体系。

2.实用主义理论与高等职业教育改革

目前，高职院校的学生在校期间学习的知识与技能很大程度上在毕业时落后于当前行业企业的需求。高等职业院校的办学目标就是使高职教育所培养出的学生与行业企业的人才需求实现零距离对接，而要实现高职院校的办学目标，对高职专业课程进行改革是必要的。基于此，在进行高职院校专业课程改革时，根据行业企业发展的需求设置专业课程内容是高职院校的首要任务。科技的飞速发展、智能化时代的到来和产业结构升级不断加快，使行业企业的生产技术以及组织方式等发生巨大变化。新知识、新技术以及新规范被应用于行业企业的生产制造当中，使行业企业对于技术技能人才规格的要求也越来越高。在进行专业课程建设时，高职院校要根据技术更新迭代对于行业企业发展需要的人才规格的不断变化，对于专业课程内容进行及时的更新与调整，这样才能保证专业课程设置的与时俱进，进而使高职院校培养的学生所掌握的知识与技能满足行业企业发展变化的需求。因此，区域经济的发展、新技术的迭代以及产业升级都对行业企业的职业岗位提出新要求，而高职院校依据行业企业职业岗位的变换需求主动地更新调整高职专业课程内容是实现人岗匹配的关键。

（六）社会学习理论

社会学习是由社会学习理论家班杜拉在其动机理论中论述并提出的。社会学习理论认为，人的行为受行为的先行因素和结果因素引导，具体来说，就是在学习过程中不经过强化也能获得相关有效信息，从而促使学习者形成有效可适应性行为，与此同时，强化训练起到的作用是激发和持续人的行为动机，以此控制和调节人的行为。

信息化教学在高职院校教学中的运用，就是通过强化和未强化两种方式促进学生改变学习方式、改变获取知识方式的行为，从而使学生的学习兴趣得以提高，学生的知识领域得以拓展，学生的学习效率得以提升。社会学习理论能够针对性地解决高职院校传统教学中出现的诸多问题，使信息化教学的实施及运用发挥最大作用，扬长避短，帮助教师改变陈旧的教学方法，达到较好的教学效果。

第三章　高职院校教育模式与教学管理

第一节　高职院校的教育模式

一、产教融合背景下的高职院校教育模式

（一）产教融合的内涵

随着经济、社会和职业教育的不断发展，产业与教育的融合也被赋予了全新的、鲜明的职业教育特色，也就是所谓的产教融合。目前，产教融合对职业教育的发展提出了一些要求，具体包括三个方面的内容。一是职业教育的发展要符合社会发展的长远规划，与区域经济的发展相适应，实现相互促进、相互扶持的共赢原则。二是以高职院校和行业部门为主体的人才培养相互配合。职业教育人才培养的内容、目标和课程设置，应以企业各部门的人才需求和工作要求为依据。技术创新、产品研究与开发以及工业部门的新进程也与教育部门的人员和技术扶持密不可分。三是从学校自身发展的角度看，高职院校的教育教学活动对培养高技能人才具有重要意义，要实现学校专业教育（专业设置、课程内容、毕业证书、职业教育）与社会实践（产业需要、专业标准、生产工艺、职业资格证书）的对接。具体来说，可以从以下四个方面把握产教融合的内涵。

第一，高职院校的办学模式和发展路线要与社会经济相适应。从事高等职业教育的各类学校要合理设定人才培养目标，明确办学形式，完善专业设置，构建课程体系，发挥经济、社会、产业结构的优势，为本地区经济发展服务。

第二，产业的发展与高职院校的办学紧密相关，因此各企业、产业部门要积极参与高职院校的办学活动、人才培养，从而实现资源共享、优势互补。

第三，高职院校应加强与教育行政部门、企业、产业部门的交流，使学校教育向社会和行业开放，还可在政策范围内采取新的办学方式，依靠产业界办学。

第四，高职院校在开展教学工作时，应注重生产、经营、社会服务与技术推广相结合，努力把课程理论与生产实践相结合。高职院校在发展职业教育的同时，也要积极开展以专业为支撑的产业建设工作，并不断拓宽实践教学环节活动，确保在校园内外建设实践培训基地，满足日常教学需要。同时，应发挥工业部门的优势，使他们能够参与学校教育和教学的各个方面。

（二）产教融合教育模式的类型

1．"产学研"教育模式

我国很早就提出了"产学研"这个概念，并用于职业教育培养人才。"产学研"是目前高职院校实现产教融合、校企合作育人的一种较为理想的教育模式，广泛应用于高职院校。这种教育模式的目标是将学生培养成实践操作能力强、具有较高职业素质能力和核心竞争力的人才。学校和企业共同商定人才培养方案，且制定的方案根据企业需求来确定教学目标。此教育模式能够结合学校与企业双方的资源，优势互补地为学生提供教学场地与教学资源，同时在整个培养环节中，企业也能够参与进来。"产学研"这种教育模式，之所以能广泛地被高职院校应用，是因为它对高职院校在专业设置、课程安排、教学内容等环节的要求符合企业的需求。也就是说，在这种模式下培养的人才是企业所需要的，不存在企业和人才供需不对接的情况。"产学研"这种教育模式，要求企业为学生提供实际场地，模拟工作环境，从而使学生的课堂理论知识与实践技能有机结合，让学生做到知行合一，提高理论知识转化为实际生产力的水平。

2．"订单式"教育模式

"订单式"教育模式是高职院校和企业签订用人协议，双方在技术、师资、实践产地等方面积极合作，共同研究并制定人才培养方案，并共同参与人才培养过程，使毕业的学生能够直接到该企业就业的一种教育模式。这种教育模式建立在学校和企业相互信任的基础上，且校企双方的合作具有自愿性，能够提高对学校人才培养的积极性。"订单式"培养模式能够和用人单位，也就是企业的需求对接，以企业需求为培养导向，从而提高高职院校毕业生的就业率，此种模式得到了社会和学校的广泛认可。然而，目前我国高职院校在用"订单式"培养人才的过程中，校企双方的地位很不平衡，学校对企业的了解也不够深入，因此这种模式有待提高。

3."工学交替"的教育模式

该模式的基本特征是，学生到学校后，第一学期首先在企业进行实践学习，企业负责传授学生基本的专业思想以及给学生进行入学教育，并让学生轮岗实践，即在不同的技术岗位实践学习；在第二、第四和第五学期，学生在学校接受老师所传授的课堂理论知识；在第三学期，学生又到企业进行全顶岗的学习；到了第六学期，学生能够独立上岗，因而学校和企业要求学生在此学期上岗进行毕业实践并完成毕业设计。"工学交替"这种模式不仅能够让企业参与到学校人才培养的整个过程中来，同时这种参与是全方位的，包括培养方案、教学计划、实践环节、考核标准等，而且学生在这种模式培养下具有双重身份，即"员工"和"学生"，可以将课堂知识与企业要求的实践技能更好地衔接起来。

4."2+1" 教育模式

在这种教育模式中，第一阶段，学校以课堂的形式传授学生专业知识，而学生通过在学校学习两年的理论知识，培养自身的综合职业素质；第二阶段，学生学习了专业理论知识后，去企业实习一年，并在相应的岗位进行培训，将所学的理论知识进行实践，而企业给予学生相应的劳动报酬。实习之后，学校对学生的学习情况进行考核和毕业评定，并对其进行就业指导。

学生在企业的实习属于"顶岗实习"，因此学生与其他员工一样，也要遵守企业的规章制度和工作要求，有自己的工作细则。在企业实习的一年里，学生能够不断地练习在学校所学到的专业知识，用实践验证真理，并在实践过程中将其掌握。这种教育模式让学生毕业后能迅速满足企业的用人需求，避免毕业生的实际工作能力与岗位要求不对接的问题。

能够将学生在学校学到的专业知识与实践相结合，提高学生对职业技能的掌握能力。同时，这种能力不仅包括学生对理论知识的熟练度、综合职业技能，还包括对多问题的处理能力以及将知识转化为生产力的能力。与传统的教科书培养模式不同，"2+1"教育模式培养的是学生知行合一的能力，通过在企业的实训，使学生能够快速掌握企业的工作要求，从而提高培养质量与就业率。

（三）产教融合对高职院校的要求

1.产教融合对高职院校教育理念的要求

首先，产教融合要求高职院校培养的人才不再局限于对理论知识的掌握，而是做到将理论与实践有机结合，并能将理论知识很好地运用到实践中。高职院校本身具有职业属性，所以在培养人才时应以职业技能为导向，而这就是高职院校与普通高等学校培养人才的区别。学校和企业在共同育人时，产教融合的理念应该贯穿于整个教学过程，做到将理论知识与实践相结合、教育与产业相结合、人才与市场需求相结合。

其次，学校对学生的教育理念应该建立在市场需求上，同时还要注重学生综合素质和自我学习能力的培养，使其能很好地适应市场需求的变动。

2.产教融合对高职院校教育过程的要求

第一，产教融合要求高职院校专业的设置应该符合产业发展的需求，学生所学专业能够与产业发展需求相对接。学校需要积极主动调研、预测市场的需求，根据具体情况，分类设置专业培养人才，并根据市场变化，动态调整。

第二，高职院校教学内容要注重理论课程与实践的结合，实践课时至少占理论课时的一半，使学生学到的理论知识能及时、有效地转变为实践技能。此外，学校应该在政府的牵头引导下，与企业积极合作共同制订培养人才计划，合理安排学生的实践。

第三，产教融合要求高职院校建设一批"双师型"教师来培养人才。"双师型"教师的建立，对提高人才培养的质量起到了重要作用，因此各高职院校应加大、加快"双师型"教师的建设，从而培养出理论与实践相结合的应用型人才。

第四，在人才培养质量评价考核方面，应该摆脱过去传统单一的考核方式，而以多维度的层面来考核，即可以从政府、学校、企业三方面来考核，从而实现产教融合的要求。

3.产教融合对高职院校教育方法的要求

首先，高职院校要与企业共同商定人才培养方案，同时该方案要注重学生的实践比重，让学生在课堂教学之后能及时地将理论运用到实践中，做到知行合一。这就要求校企共同合建实践基地，共同开发人才，由过去单一的教学方式向多元的教学方式转变，实现资源共享机制。其次，政府要主动实施高职教育集团建设工程，将多个高职院校和企业相互连接，打造学生培训、员工培训、技能培训与鉴定为一体的高职教育集团。最后，健全政府保障机制，以此来保障地方高职院校和企业合法、有效、稳定地培养人才。

（四）产教融合背景下高职院校的教育策略

产教融合的教育模式，是将教育教学与行业产业相结合，对培养符合社会发展需求的人才具有一定的指导意义。但是目前，高职教学管理还存在教学质量管理缺乏灵活性、校企合作形式过于片面化、实践教学存在不足等现状，因此要想使产教融合发挥更重要的作用，需要从建立完善的产教融合管理机构、实施校企合作的人才培养、积极组建产教融合的教学团队以及加强校内外实践教学管理等方面进行改革。

1.建立完善的产教融合管理机构

基于产教融合的教学管理对于学校管理来说具有一定的推动作用。产教融合背景下的教学管理能贯穿教学全过程，可以有效地管理学校的各个管理方面。推行产教融合，一定程度上会涉及教学管理中的运行管理部门、专业课程建设部门、队伍建设部门以及教学质量监督等方面。因此，要想使校企合作协同育人机构得到加强，需要建立完善的产教融合管理机制，建立由学校教师、行业人员、企业员工所构成的产教融合工作管理机制，以负责校企合作、专业建设、社会实践等工作指导和规划；同时要着重于校内外的协调与沟通，并根据学校与企业方面的具体规定开展有关校企合作的活动。此外，教务处要落实教师和学生一起负责教学管理；各级教学管理机构要明确好自身应负的责任，与其他管理机构一起协同合作、取长补短，进而使产教融合在高职教学管理中得到有效实施。

2.实施校企合作的人才培养

在产教融合背景下，校企需要不断提高合作意识，才能有效推进校企合作。对于人才培养的战略目标，校企需要建立长期有效的合作机制，打破传统观念，通过对产业调研、社会调研和市场调研，根据岗位对人才素养、专业知识以及实践能力等方面要求，建立共同育人的目标方案，构建校企合作课程体系，并根据最新的岗位需求，对学生及教师制定切实可行的课程和教材，优化课程内容、实施实习方案。在对学生进行岗位培训时，企业还可以融入企业自身文化内涵，进而提升学生职业素养和创新能力，同时可以使企业技术人员参与其中，进而提高培训的实用性和针对性。

3.积极组建产教融合的教学团队

师资队伍的水平对教学的效果起关键作用。因此，需要建立与产教相融合的师资队伍，促进教学的改革和提升，进而可以更好推动校企合作育人。高职院校对专业教师有较高的要求，要求其既要精通相关专业知识，又要具备相关专业的实践能力；既要了解相关行业的用人标准和要求，又要对相关课程具有创新和设计能力。因此，高职院校应建立师资管理制度，打破传统观念的教育壁垒，使校企之间可以实施教学资源共享以及人才资源共享，使教师团队可以加入到企业教学实践中，进而可以学到专业理论以外的具体实践操作流程；企业也可以让具有一定技术能力的人员，到学校进行理论知识学习，更好地促进其实践与理论的结合。企业人员可以给教师最新的实践技术和实践经验，教师也可以给予企业技术人才教学方法和教学理念的帮助，进而提升师资团队整体水平，使校企合作更好地应用到实践中。

4.加强校内外实践教学管理

目前，很多院校重视实践教学，且形式多种多样，同时协调和过程管理的难度也不断增加，因此校内实践基地要统筹规划、合理布局、明确分工、为实践教学提供环境，进而可以有效管理校内实践教学，使校企共同建立的实训基地能够较好地培养学生的实践能力，从而实现校企合作教学的目的。此外，校外实践的学生管理难度也在不断增加，尤其是校外实习生。由于校外实习生实习地点过于分散，对学生管理的信息不能及时了解，导致管理存在很大的难度。因此，学校应制定可行的管理措施，以开放的态度加强实践教学管理，对校外实习基地采用信息化管理手段，进行合理分工、落实相关责任，必要时采取制度执行。

二、现代学徒制的教育模式

现代学徒制是指针对学生的某一项能力和技能进行重点培养，致力于提高学生的职业素养，保障学生可以不断提高自身的专业能力，促使其成为国家、社会良好发展与进步的专业人才。现代学徒制是将理论知识和实操技术相结合，学校和企业进行合作，学生作为学徒工在企业中进行实习，以提高自身的实践水平和理论能力，这样不仅能提高学校的办学能力，还能推动高职院校的发展。

（一）现代学徒制的内涵

传统学徒制又叫手工学徒制，是由师傅在一些店铺或者作坊等一定的环境下指导徒弟学习技术的一种传承方式。相对于传统学徒制而言，现代学徒制是在传统学徒制的基础之上进行创新发展，是院校和企业更深入的交流协作，是院校里的教师和企业师傅共同培育双高人才的一种模式。现代学徒制的重点是在"做中学，学中做"，即工学结合，既需要学习理论知识，同时也要进行实践训练。现代学徒制中的"现代"两个字与"传统"相比，体现在三个方面。第一，学习对象身份的变化。学习对象的身份从之前的仅仅是徒弟的身份，到今天既是学生又是学徒的双重身份，即既作为学生在学校里学习相关理论知识，又作为学徒在企业进行实践的训练。第二，地位的变化。在传统学徒制中，师傅可以说相对有权力，徒弟只能根据师傅的指示进行工作；现在徒弟和师傅具有平等的地位，都受到一定法律的保护。第三，学习形式的变化。传统学徒制一般是在一些商铺或者作坊这种单一的地方，现在既在学校又在企业，一边学习理论一边进行实践，使理论与实践充分结合。同时，学生在学业考评上也有很大的变化。以前由师傅进行评价，现在是由企业和学校以及相关部门共同考核，并且学生还可以参加相关的职业资格证书的考试等。

（二）现代学徒制的特征

1. 工学交替、理实一体

一方面在学校进行理论学习，另一方面在企业进行实训是现代学徒制的基本特征之一。作为学徒，不仅要在学校里获得相关的理论知识，还要去企业进行实践训练，获得实践技能，使理论与实践很好地结合起来。高职院校以前的做法是先在学校里面学习，等到最后一个学期再到相关企业去实习；但现代学徒制打破了这种做法，其要求学生在一周的时间里，一部分时间学习理论，一部分时间去企业实训，这种"做中学，学中做"的过程，很好地体现了学徒制工学融合的培育模式。

2. 多方主体参与全方位育人

现代学徒制的教育并不是仅仅由院校或者说是其他一些企业部门来完成的，而是由政府、院校以及行业企业等其他相关部门共同培养教育的。它们相互协调，承担着不一样的责任，起到不一样的作用。学校在这个过程中可以起到主体作用，企业起到核心的作用，而政府起到政策指引的作用。学校以及相关培训机构为学生们提供一些理论学习和相关素养知识的教育教学，在此期间，企业则为学生们提供实习的场所。

3. 职业认证等多元考核评价体系

与其育人方式一样，现代学徒制的考核评价方式也不是单一的，而是由学校、企业和其他行业组织等共同考核评价的。现代学徒制共同考核评价体系和国家相关职业资格证书制度是相互联系的。学生不仅要完成学校、企业等其他组织结构的考核评价，同时也要参与劳动部门相关职业认证的考试并且去获得相关职业等级认证书才能成为一个双高人才。

4. 培训真实的情景性

现代学徒制是"做中学，学中做"的过程。对于学徒来说，其不仅要在学校里学习，最重要的是还要在真实的环境中去工作、去实践。现代学徒制为学生们实训提供了真真正正的地方。他们是真正地在企业中进行实践，所有的机器、厂房等都是真实的，可以说他们就是企业员工。他们可以和企业的师傅共同工作，同时也可以和企业师傅进行交流，向企业师傅学习，真正地融入其中。

5. 培训对象的双重身份

对于现代学徒制的培育模式来说，它所培育的对象同样也不是单一的。一方面是在学校里学习的学生，另一方面是在企业里进行实践工作的学徒，也可以说是企业的员工。换句话说，参加现代学徒制培养的群体具有两个身份，即一个是学生身份，一个是员工身份。针对学生身份来说，其可以是学校全日制的也可以是在职的；针对员工身份来说，其可以是企业的准员工，也可以是正式员工。培育对象一边在学校学习达到学校的标准后得到毕业证书，一边也可以通过实训去获得一些证书。

6.培训内容的全面性

现代学徒制所要培训的内容可以说是比较全面的，多层次的。在学校，学生不仅要提升专业理论，还要学习一些公共文化课，提升文化素养；在企业，学生不仅要实践训练，还要养成做事认真负责、能够吃苦耐劳等品质，提升可以适应社会发展的相关能力。例如，形成一定的职业品行、职业操守以及拥有正确的情感、立场和价值观，也要具有很好的社会适应能力、人与人之间沟通交往的能力、分析解决问题的能力。

（三）现代学徒制在高职院校中的应用策略

现代学徒制是企业从单纯用人、订单式培养转化到全程介入的育人模式，是职业教育扎根于企业的最佳途径之一。实现现代学徒制的核心就是正确处理好政府、学校、企业和学生（学徒）四者之间的利益关系，并通过特定方法，将其利益牢固，以形成长效机制，有效落实国内高职院校现代学徒制教育模式。

1.明确定位，转变立场

在现代学徒制试点工作中，高职院校不能固守原有的职业教育办学框架，不能在职业教育办学框架内强行塞入"现代学徒制"，更不能单纯为了校企合作而合作，缺乏有准备的实施步骤和工作思路。推行高职院校的现代学徒制，要能够同时满足行业企业和学生（学徒）的发展需求。另外，现代学徒制也很好地阐释了我国传统教育理念中的"知行合一"。因此，政府应当协调高职院校、合作企业和学生（学徒）等不同利益主体之间的关系，在此基础上达成多方资源共享，谋求多方合作共赢。

（1）学校职责

高职院校应当在进行充分分析现代学徒制实施的专业范围和领域的基础上，制订出较为完备的专业教学计划；改革传统的以学校为主体的课程体系，使之更加符合现代学徒制的教学；应当鼓励或安排专职教师和相关行政管理人员定期或不定期地走访企业，加强与企业师傅在理论和技术方面的沟通和交流。为了有效实施现代学徒制，院校管理层还应适当改革与探索管理方式和手段，创造一个良好的氛围与环境。

（2）企业职责

企业应该时刻以一种积极乐观的态度对待学生（学徒）的在岗培训；要向合作的高职院校、学生（学徒）及其家长准确转达相关专业和岗位应具备的知识与技能；依据学生（学徒）的考评成绩合理选聘符合条件的毕业生，使其成功留岗就业；还要对那些在学徒培训过程中做出优良成绩的企业导师，给予一定的物质奖励或精神鼓励。

（3）学生及家长职责

学生及其家长应当转变思想观念，鼓励并支持学生报考自己喜欢的相关专业现代学徒制班，家长对学生的就业等问题进行思考商量后，给予适当的建议。学生（学徒）应严格遵循校企联合制定的人才培养方案，积极参加企业的各项实践活动，并自觉遵守现代学徒制模式下的各项规章制度，履行各项义务。

当前职业教育的改革不仅是为了职业教育自身的存在与发展，更是为了满足国家对劳动力素质的需求。无论职教如何改革，都应当重新审视职业教育存在的合理性前提。从这个意义上来讲，可以将现代学徒制的兴起视为对旧有职业教育办学思路的根本性颠覆，即打破一切以学校为主的职业教育办学思路。职业院校应当将学校职业教育与现代学徒制的关系看成现代职业教育体系中两条优势互补的发展路径，并在现代职业教育中构建一种新的体系，实现以学校为主的职业教育制度和以企业为主的现代学徒制的良性互补，真正满足国家对技术技能型人才的迫切需求。

2.行业协会参与，发挥主导作用

行业协会是一种民间性组织，是指介于政府与企业之间，商品生产者与经营者之间，并为其服务、咨询、沟通、监督、公正、自律、协调的社会中介组织。行业协会是政府与企业的桥梁和纽带，即国际上统称的非政府机构，属非营利性机构。行业协会代表行业企业，了解行业企业的需求和发展趋势。从国际经验来看，行业协会在职教发展中有着不可替代的作用。

在我国，行业协会分为国家、省、市、县四个层级，这些行业协会在行业自律、行业维权和计划协调等方面发挥了举足轻重的作用。目前，我国国家级行业协会有中国金融、商贸、保险、法律、财政等几百个行业协会，这些协会为政府主管部门制定行业规划、产业政策和立法工作提供建议等，以规范行业行为。

现代学徒制的发展离不开行业参与，因此行业协会应当承担起责任。在推进现代学徒制工作的过程中，应健全行业协会组织，发挥行业的领导作用。简单来说，政府可以将现代学徒制中的某些细节工作下放给行业协会。例如，依据国家职业资格标准，在充分调研基础上，充分发挥出行业协会的主导作用，由行业协会和企业共同设计真正适合本行业需要的职业标准。另外，充分发挥行业协会的监督管理功能，定期或不定期地对学校和企业的培训质量进行考核。由行业协会、高职院校和企业组织参与考评，凡是通过现代学徒制考核标准的学生（学徒），可最终获得由行业协会统一颁发的职业资格证书。

3. 校企联合培养，实现双赢效果

（1）认清自我，共赢校企利益

学校和企业是"现代学徒制"这一概念的两个重要主体。校企共同实施现代学徒制，两者的工作积极性将直接关系到试点工作的成败。就学校而言，其应当积极思考和面对现代学徒制试点实施的困难和问题，而不能完全抄袭国外模式，更不能一味地等待和依靠政府通过硬性出台相关政策法规来为现代学徒制铺就前进道路。学校应该明确自身发展定位，立足自身，树立品牌，服务经济，主动思考能为企业提供什么，重视对企业的"给予"。总之，学校应该积极了解当前行业发展需求，与企业合作制定人才培养方案。另外，还可以有效地联合企业积极参与办学，提升企业在育人过程中的主体地位，使之逐渐承担起教育者的责任和义务。

企业是实施现代学徒制的另一主体，因其主要从事生产技术服务，因而相对缺乏科研方面的力量，需要外在支援（如高职院校的科研平台）。学校为企业选拔符合要求的学徒，企业为学校选拔优秀的师傅，学校、企业都能从中满足各自所需。随着市场经济的快速发展，一个优秀的企业既是优秀产品的生产者，也是优秀员工和企业丰富文化的缔造者。因此，企业积极主动地与高职院校合作开展现代学徒制，也是扩大企业品牌效应的有效途径。

（2）变革管理，构建考评体系

职业教育作为一种开放的教育类型，必须同时遵循教育规律和职业规律，单纯在学校办教育或者在企业办培训的思维已经完全落伍，必须摒弃旧思维，形成一种"跨界"的、系统集成的理性思维。在实施现代学徒制的过程中，学校必须改革以学校为主和以课堂为中心的传统教学组织模式和管理体制。在"一切为了学生"的教育理念下，学校应依据学生发展的共性和个性需求来选择科学适合的教学组织方式，实行校企联合的"柔性化"教学管理模式，并让校企双方共同评价课程实施效果。此外，还须改革旧有的学校教学管理方式和方法。在"互联网＋"时代，现代学徒制也应紧跟时代步伐，在学校的教育过程中加入先进的互联网因素，打破时空限制，如加入慕课、微课等，以便能随时随地获取到全球院校与企业的教学或培训资源，更好地丰富学生（学徒）的学习资源。

要构建现代学徒制试点的绩效考核体系和学生（学徒）学习评价体系，高职院校应当结合办学理念和专业结构等特点，成立由院校领导、合作企业和双导师所组成的现代学徒制专门工作小组，建立并客观执行适合于自身的绩效考核体系。院校应在实施过程中，对试点专业的考核项目进行细化，强化对改革过程中的教学管理、教学实施、企业、教师及学生满意度等系数的考评。校企双方应该分析学生（学徒）成长成才的影响因素，寻求学生发展与职业岗位目标需求之间的契合点，建立起学生（学徒）学习（培训）的动态评价和激励机制，激发学生岗位成才的热情。

4.提高认识，加强宣传

一个国家的经济社会发展与职业教育休戚相关，因而高职教育实施现代学徒制，需要加强宣传、教育和引导，需要在政府、企业、学校、教师（师傅）、学生及家长层面营造有利于现代学徒制发展的社会氛围。

（1）政府的广泛宣传和鼓励

政府应当重视现代学徒制，正确审视当地经济发展与职业教育的关系，进行广泛的宣传和鼓励，积极号召和支持校企开展现代学徒制人才培养模式。此外，政府可以建立地方各级现代学徒制成果奖励机制，将现代学徒制成果计入学校和企业的绩效考核中，从物质和精神上对取得突出成果的个人或单位进行奖励。

（2）学校积极投身试点工作

高职院校管理层应摒弃"等、靠、要"的思想，积极主动地投身到现代学徒制试点工作中来，想国家和社会之所想，树立敢为人先的改革意识。高职院校要树立正确的育人观，着力提高人才培养质量，让高职学生形成一种在职业院校同样有出彩机会的观念。

（3）企业增强社会责任意识

企业应当增强自己的社会责任意识，清楚地意识到现代学徒制在行业企业和经济社会发展的深远意义。企业应将眼光放长远些，应该舍得前期人才培养的经费投入，要看到现代学徒制对企业"选、用、育、留"上的优势，以及企业扩大品牌效应的途径效应。

（4）校企双导师的理解

校企双导师应该深层次地认识并理解现代学徒制的内涵，明晰自身所承担的育人模块，重视现代学徒制的教学方式和教学方法。另外，作为企业导师的技术骨干应当是具备集实操经验和授课能力为一体的优秀师傅。只有双导师的协同育人，才能将现代学徒制办好。

（5）社会受众的宣传和推广

逐步扩大现代学徒制的社会影响力，适当通过报纸、电视、网络等媒介进行现代学徒制招生宣传和推广，对社会人员（包括学生及家长）潜移默化地植入学徒制培养观念，普及行行出状元的思想，以此扩大现代学徒制的大众影响力并提升其社会知名度。

三、"订单式"教育模式

（一）"订单式"教育模式的内涵

"订单式"人才培养模式是指职业院校根据用人企业对人才规格的要求，校企双方签订用人合同及培养协议，共同制定人才培养方案，企业参与整个培养过程，双方在师资、技术设备等方面深度合作，并通过学校与企业两种教育环境，将理论教学与实践教学相结合，学生毕业后经综合考核合格，直接录用到合同单位就业的人才培养方式。这一培养过程包括培养目标、数量和期限、课程设置、教学内容、实训实习、学生的考核与评价、企业的选拔与录用等方面。

"订单式"人才培养是一个复杂的、动态的过程，涉及诸多因素，其实质是校企合作共同培养人才，以市场需求、以学生的职业能力为出发点，实现生产、教学的有机结合，密切校企之间的联系，使学校教育以市场需求为导向，更好地为经济建设服务。

"订单式"教育模式的内涵包含以下几个方面的内容。

1. 企业全程参与"订单"培养

在"订单式"人才培养过程中，企业全程参与，这与委托培养、传统"订单"培养模式有着本质的区别。企业与学校共同探讨人才培养的规格、数量、期限等事宜，与学校一起制定人才培养方案；企业与学校共同选拔学生、利用双方的有效资源培养人才，共同评价考核学生；最后，企业录用合格的毕业生。另外，企业还要为学生提供实习场所，指导学生实习等。

2. 双方深度合作共同培养人才

在"订单式"人才培养过程中，学校利用优秀的智力资源、实验、实习设备和良好的教育环境培养人才，而企业为人才培养提供实习场地、实习设备，为学生提供实习岗位，培养学生的实际操作能力和实践能力。另外，企业的优秀技师还为学生的实训提供指导。总之，双方利用各自现有的有效资源，共同培养人才。

3. "订单式"教育模式具有很强的针对性

高职院校根据高职教育培养目标，根据企业的人才需求规格，结合市场经济发展的需要制定人才培养目标。"订单式"教育模式就是为企业"量身定做"人才，满足企业的人才需求。因此，"订单式"教育模式是以就业为导向、以岗位

（群）能力为本位的产学结合的人才培养模式。

4.企业安排合格毕业生就业

就业是"订单"培养区别于其他产学结合教育模式的一大特征。"订单"学生完成学习任务，经过学校的各种考试、考核和用人才单位的考核合格后，用人单位要安排合格学生就业。

5.学生也是主体

在"订单式"教育模式中，学校、企业、学生都是主体，在签订三方协议时，要将学生作为其中的一方，尊重学生的意愿。若忽略学生的主观意愿，就是忽略学生的学习主动性，会影响培养效果。

总之，"订单式"教育模式建立在校企平等互信、密切合作的基础上，为双方搭建了一个合作平台，为企业注入了活力。"订单式"教育模式重视对学生职业能力的培养，使学校提高了办学质量，使企业节约了人力资源成本，使学生实现了就业。可以说，"订单式"教育模式实现了学校、企业、学生的"三赢"。

（二）"订单式"教育模式的目的

"订单式"教育的最终目的是培养人才。学校是为了培养符合企业、社会需求的合格人才，而企业是为了培养符合自己企业需求的高素质的人才。从这一点上说，企业和学校都有共同的目的。然而，企业和学校是不同的主体，也有各自的目的。

首先，"订单式"教育模式促进学生就业。对于学校来说，"订单式"人才培养最直接的目的就是促进学生的就业。就业是高职院校的根本问题，是关系到学校生存的问题。出口畅，才能进口旺。学校按照协议约定，按企业要求培养人才，企业按协议约定安排合格学生就业。其次，"订单式"教育模式促使学校更好地发展。浅层次的"订单"目的就是为了解决学生的就业，而深层次的"订单"目的是促使学校更好地发展。学校可以利用企业的技术优势培养教师、学生的科研能力，利用企业的设备、生产环境培养学生的实际操作能力。学校有了特色专业，优质的教育资源，优秀的教师队伍，培养出优秀的学生，这样有利于学校更好地发展。最后，"订单式"教育模式促进企业用人质量的提高。"订单"培养的人才是为企业"量身定做"的，这些学生有更强的岗位适应性和社会适应性。对于企业而言，签订"订单"的最根本的目的就是招到符合企业需要的高素质的人才。企业通过提供实习岗位，让学生提前进入企业，了解企业文化，了解工作岗位，这样企业就有机会挑选优秀的人才。同时，这也省去了大量的岗前培训费用，并节约了时间。总之，企业利用"订单"培养招到了符合企业需要的人才，保证了稳定的人才队伍，降低了人才引进的风险，促进了企业用人质量的提高。

（三）"订单式"教育模式的特征

"订单式"教育模式是校企合作教育的一种，是学校针对企业岗位要求制订人才培养计划，与企业共同培养人才，确保岗位职业能力的培养方式。通过"订单式"培养，学校提高了人才培养质量，企业招到了需要的人才、节约了成本，学生实现了就业。"订单式"培养是一种不同于传统高职人才培养的新型的人才培养模式，它具有自己的特征。

1. 培养目标针对性

在"订单式"培养模式中，人才培养的目标、规格一般由校企双方共同商定。人才培养目标的确定，用人单位占主导地位；而人才培养规格的确定，一般由学校制定，因为人才规格的制定更专业、更复杂。因此，学校赢得了主动权，在制定人才规格时，学校会修正一些用人单位过分功利的要求。

这种培养模式既要符合高职人才培养目标的要求，又要符合企业的需求。这就要在满足高职培养目标的基础上，尽量满足企业对人才规格的需求。

2. 专业设置市场性

"订单式"教育模式的专业设置，要在充分的市场调查的基础上进行设置。同时，专业设置是否合理，在一定程度上影响着学校的发展。"订单式"人才培养的本质是按照企业的要求，为企业"量身定做"人才。因此，在专业设置之前，学校要充分调查社会需要什么类型、什么规格的人才，再结合学校的条件进行设置。

3. 课程设置职业性

课程设置直接影响着人才培养的规格和质量。一方面，课程要根据培养目标、教育教学规律和学生的身心发展规律来设置，以夯实学生的专业知识，培养学生的动手操作能力，提高学生的综合能力。另一方面，课程设置要围绕学生的职业能力，将岗位需要的知识、技能、态度等体现在课程中，通过课程来实现。

4. 教育资源共享性

"订单式"人才培养是为企业培养人才，企业自然也要参与人才培养，为人才培养提供条件。为此，校企双方都会充分利用现有的一切有利条件，充分整合教育资源，实现资源共享的最大化。在学生培养过程中，企业参与人才管理，将企业先进的管理方式及管理理念运用到人才培养模式中来，使企业管理与学校管理有机衔接，有利于提高学生对社会环境的适应能力；学校充分利用企业的场地、设备，培养学生的实践能力。

另外，企业可以利用学校的智力资源优势，解决企业生产中的技术问题；学校提供企业在职员工培训，与企业进行项目合作，实现资源共享的最大化。

5.双方合作规范性

"订单"培养与其他产学结合人才培养模式的最大区别就是合作的规范性。学校和企业在进行"订单"培养之前，都要签订人才培养及就业协议。协议是"订单"培养实施的一个保障，其具体规定了学校和企业以及学生的权利、职责、义务。学校、企业、学生都要认真行使权利，履行义务，严格按照协议规定履行各自的职责。换句话说，学校按照协议培养出符合企业需要的合格的人才；企业为培养人才提供一定的支持，安排合格学生就业；学生努力学习，通过考核。

6.毕业生就业定向性

"订单"培养的直接目的就是促进学生就业，所以在培养完成后，企业要安排合格的毕业生到企业工作，保证合格毕业生就业，严格遵守"订单"约定。因此，"定向就业"又是其区别于其他产学研结合人才培养模式的又一特征。

（四）"订单式"教育模式的提升对策

"订单式"教育模式的顺利实施离不开学校和企业的共同努力。接下来，从这两方面入手，提出几点"订单式"教育模式的提升对策。

1.学校方面的提升

（1）形成学校办学特色和专业优势

首先，形成学校的办学特色。没有特色就没有优势，没有优势就没有发展。应该说，每个学校都有自己的特色。有些学校在某些专业方面有特色，有些在管理上有特色。学校应该抓住自己的特色，努力凸显自己的办学特色，以赢得企业的信任和社会信誉。有了自己的办学特色，就更容易获得优质的"订单"，为校企合作提供平台，使双方更容易找到结合点。

其次，打造专业优势。专业优势也是获取"订单"的条件。学校某些专业很强，有优秀的师资、良好的实训条件，企业会主动寻求与学校的合作。学校应该把优势资源集中在优势专业上，打造自己的专业优势，获取企业的信任，赢得良好的社会信誉。有了办学特色，有自己的王牌专业，才能获取更多优质的"订单"，学校才能发展得更好。

（2）努力获取多种形式的"订单"

"订单"是"订单式"人才培养的首要问题，而企业的需求又是获取"订单"的前提条件。要想获取优质的"订单"，保证"订单式"人才培养顺利实施，高职院校就应该主动与企业联系，引导企业参与人才培养，加强双方的交流与合作。但是，学校在选择合作企业时应该注意两个问题。

第一，"订单"企业的选择。选择"订单"时既要考虑"订单"数量，又要保证"订单"质量。一方面，要保证"订单"数量。应该选择生产规模比较大，能够提供足够岗位的企业，这样的企业能保证"订单"数量，形成人才培养的规模效应。另一方面，要保证"订单"质量。订单质量是"订单"培养顺利进行的充分条件。学校可以根据三个方面来选择"订单"企业。一是选择知名度高、经济效益好的优质企业。这样的企业能为学生提供丰厚的薪酬和良好的工作环境，并能为学生提供良好的发展空间，促使学生珍惜岗位，努力工作。二是选择技术实力强、管理水平高的企业。这样的企业可以使学生能够在岗位上学到更多的东西，也有更好的发展空间。三是选择合作积极性高的企业，这是合作的先决条件。

第二，"订单"项目的选择。选择"订单"项目，要重视项目质量，同时要与学院的办学特色、优势专业、办学能力、办学条件等紧密结合，能使培养的学生顺利进入对口企业岗位工作。这样的"订单"项目既能突显出学院的办学特色，使学校获得良好的声誉，又能满足企业的用人需求，达到学校与企业的双赢。

"订单式"培养是一项长期工程，学校与用人单位必须结成长期、稳定的关系。学校应针对不同企业的合作要求，探索多种形式的"订单"，既有长期的、中期的、还有短期的，既有针对岗位要求、关键能力和企业文化等多种形式的"订单"，又有针对企业员工进行在职培训的"订单"。只有探索多种形式的"订单"，学校"订单式"培养才能获得长远发展。

（3）切实加强师资队伍建设

师资力量是影响"订单"培养质量的一个重要因素。教学质量的高低，与教师队伍质量密不可分。这就需要学校建立一支教学能力强、综合素质高、结构合理的教师队伍。这支队伍不仅要精通专业知识，还要有很强的业务能力，同时要具备较强的工程实践能力。

第一，建立"双师型"教师队伍。这里的"双师型"教师，指既要精通专业理论知识，又要有较强的工程实践能力。学校可以通过以下途径来培养"双师型"教师。一是注重培养。鼓励教师利用寒暑假、节假日去企业锻炼，承担科研项目，参与技术革新与改造，锻炼实践能力。二是注重引进。从社会上招聘一些技术能力比较强，工作踏实的人员作兼职教师，指导学生的实习、实训；或者从"订单"企业中引进，聘请"订单"企业中的高级技师、管理员、工程师作为学院的实训专职教师，专门指导学生的实训。三是组合教师。对于一些实践性较强的课程，由企业与学校同时选派具备一定资历的人组成任课教师小组，共同承担教学任务。任课小组单方可能不具备"双师型"教师队伍的条件，但两者结合可能产生出比"双师型"教师教学更好的效果。他们利用各自的优势完成教学任务，而且客观上可起到培养"双师型"教师的作用，使双方成为事实上的"双师型"教师。

第二，建立专兼结合的教师队伍。针对高职院校教师实践能力弱，"双师型"教师缺乏的问题，学校应该引进兼职教师来充实教师队伍。学校可以与"订单"企业协商，要求企业选派优秀的技术专家、操作能手到学校来指导学生。学校要本着"不求所有，但求所用"的原则，以及"结构合理、数量充足、相对稳定、流动充实"的思路，聘请行业、企业的技术骨干和能工巧匠来校兼职授课，拓宽兼职教师的来源途径，精心培育兼职教师队伍，让学校的专职教师与来自企业的兼职教师形成优势互补，动态调节。

首先，职业院校要对刚入职的兼职教师进行思想道德教育，使他们明确校企合作的深远意义，明确自己的职责，并全身心地投入到教学工作中。此外，对兼职教师还要进行职业道德、职业修养等方面的教育。其次，学院应该对兼职教师进行教学方面的培训。对兼职教师进行教育学、心理学、教育研究方法等课程的培训，还要进行教学理念、教学方法、教学艺术等方面的培训。最后，学校要为兼职教师建立良好的制度环境。学校要根据专业设置聘用标准，建立业务考核、职称评定等制度，建立起一套良好的人才选拔、引进、培养和管理制度，调动兼职教师的积极性。

（4）合理设置课程，加强实训内容的针对性

课程设置是一切教育活动得以展开的轴心，它体现着培养目标的要求。"订单"培养要根据高职教育培养目标和企业需要的人才标准来设置课程，选择教学内容、制订实施计划，才能培养出"适销对路"的人才。

第一，坚持课程开发主体的多元性。学校应该与企业、行业一起开发课程，设计课程，使课程开发从单一主体向多个主体转变。"订单式"培养模式与其他产学结合的培养模式的不同在于"订单"毕业生既要满足普通高职毕业生的要求，又要符合特定企业的要求。这就要求企业必须参与课程设计和开发。例如，学校与企业一起制订教学计划，进行课程开发，商定教学内容，制定课程评估标准，评估教学效果，发挥校外行业、企业专家在课程开发和建设中的作用。

第二，课程目标突出岗位就业目标。"订单"培养的课程目标既要符合高职教育的培养目标，又要满足企业的岗位要求，并明确岗位人才的人才规格、知识结构和能力结构。课程目标应该体现一般素质、职业能力和岗位技术，即体现三位一体。这种课程目标是根据岗位要求来设置的，岗位需要的知识、技能、态度都体现在课程中。这种课程目标与就业目标挂钩，大大缩短了学校教育与职业岗位需要之间的距离，增强了学生的就业适应性。

第三，课程内容强调职业能力和可持续发展能力。课程内容设置以就业为导

向，要求从知识本位向能力本位转变。首先，进行职业能力分析，分析出职业岗位需要的知识、能力、态度，再将职业岗位所需要的知识、能力转化为课程。其次，以职业能力为中心的课程，不追求学科体系的严密逻辑，不追求完整的知识体系，强调课程内容的实用性、有效性，知识以必须、够用为度。根据实际需要，学校可以设计理实一体化课程。理实一体化课程既让学生学习了必要的专业知识，又锻炼了其实践能力，是培养学生能力的理想课程。

第四，课程结构模块化。模块化课程是对某一专业能力进行分解，将其中的基本知识、基本技能和态度确定为各个具体工作岗位的技能，即选择性岗位技能，据此设计就业方向性课程。多个核心课程和就业方向性课程组合在一起，就构成了专业课程和专业方向性课程。核心课程相对稳定，体现了专业特征，具有培养关键能力的作用。方向性课程是变化的，体现了专业方向。课程结构因具有稳定性，同时也具有弹性，从而满足就业适应性。

实习、实训是培养学生动手操作能力、实践能力必不可少的环节。为提高教育水平和学生质量，高职院校应该加强实训内容的针对性。

首先，要建立校内实训基地。完备的实践教学基地是实行"订单"培养的一大保障，也是高职院校与普通高等院校在办学条件上的一个最大的区别。在有条件的情况下，学校应紧跟科学技术和经济的发展，尽可能配置可用于工程实际的实训软件和硬件。其次，建立校外实训基地。校外实训基地是"订单"培养的重要依托，学校通过多种途径与企业建立合作关系，利用企业的生产设备、生产场所作为学生的实习场所。校外实训是将校内学到的技术知识和掌握的基本技能应用于实践的最好形式。同时，学生能在企业实习过程中体验企业的生产环境，了解企业文化，增进对企业的认同感。最后，进行针对性的指导。在学生实习、实训过程中，专门的实习教师应对学生进行指导，解答学生实习过程中的问题，指导其操作要领，评价其实习效果。

2.企业方面的提升

在"订单式"培养模式中，企业作为"订单"培养的一个主体，应积极主动参与到人才培养中来。要想获得企业需要的优秀的人才，企业必须深度参与人才培养，主动为学生提供实习场所，提供资金支持，深度参与学校的教学计划制订、学校的管理等。

（1）加大投资力度，提供实习场所

在"订单式"培养中，企业消费了学校培养的人才，企业就应该为学校培养人才的费用适当买单。企业可与学校进行项目合作，由学校提供智力支持，由企业提供资金支持。企业也可为"订单班"的学生设立"优秀学生奖学金""贫困生奖学金""励志奖学金"等多种奖学金对学生提供资金支持。

另外，企业具有先进的生产设备、真实的工作环境，可为学生的实习提供实习场所。同时，在学生到企业实习期间，企业可以给予学生操作技能方面的指导。

（2）参与人才培养，评价反馈人才培养效果

"订单式"人才培养就是为"订单"企业培养人才，所以企业应该提出人才需求规格，参与人才培养方案的制定；学校根据高职教育人才培养目标，结合企业的人才需求规格，制定人才培养目标。因此，人才培养方案的制定应该由学校与企业一起制定。同时，该方案是学校根据市场变化、企业及学生的需求，与企业共同制定的符合三方（企业、学校、学生）利益的人才培养方案。

"订单式"人才培养的质量是校企双方共同关注的焦点。因此，学校应该与企业一起评价人才培养质量。首先，企业应该与学校一起制定学生综合评价方案、评价标准等。其次，企业应该参与学生的评价。尤其是学生在企业实习阶段，企业应该及时、准确、全面地评价学生，为学校最后的评价提供参考。

第二节　高职院校一般教学管理方法

高职教学管理原则是高职教学管理客观规律的概括和具体体现，是教学管理者遵循的基本准则，是根据我国国情、国家管理体制和高职教育发展规律以及高职教学管理实践经验来确定的。高职教学管理原则可概括为六点。第一，方向性原则。坚持社会主义办学方向，为我国社会经济发展培养适应生产建设、管理、服务第一线需要的，德、智、体、美、劳全面发展的高级技术应用型人才。这就是高职教育人才培养的方向，也是高职教学管理要始终坚持的方向。方向性原则要求高职院校在教学管理过程中要加强对学生的思想政治教育的管理，加强对学生技术应用型能力培养的管理，以培养学生正确的世界观、人生观、价值观、能力观。第二，科学性原则。科学性原则指高职教学管理要实行科学化管理。管理组织结构要科学，办学与管理的责、权、利相统一，管理人员分工合理，协作性强，管理上有章可依、有序可循、有据可查，制度实施简便易行；管理措施要科学，措施要得力，并与各项管理制度相应配套，并有相应的检查、督导及评价；管理手段要科学，要使用现代化的管理手段，建立标准化的管理系统，实施管理校园网公示化、信息传递网络化、办公管理现代化。第三，压力传递原则。现代管理理念认为，一个管理权威直接所管人员不宜超过10人，其意义就是管理上实行层级管理，一级管一级，下一级对上一级负责。

在教学管理上，高职院校要做到层层有责、层层负责、层层担责，从校长到教师，到每一个教学工作人员，人人都有任务、有权力、有义务、有责任、有压力，形成有效的压力传递，从而达到全员参与教学管理、关心教学质量。第四，师生互动性原则。教学过程是教师和学生双边互动过程，要使教学达到最佳效果，教学管理者所进行的一切工作都必须有利于调动师生双方的积极性和主动性，使师生双方不仅积极主动地进行教学和学习活动，而且使双方积极主动地参与整个教学管理工作。只有使教师的主导作用和学生的主体作用相互协调、相互促进、良性互动，才能最大限度地提高教学效益。第五，效益性原则。效益性原则指高职院校以最小的管理成本取得最优的管理目标、最佳的办学效益。办学效益包括社会效益和经济效益。社会效益指培养出来的学生能得到社会用人单位最好的认可。经济效益指通过最有效的管理，能充分合理利用职业教育管理资源，并以最有效的运行机制，降低管理成本，提高管理效率。第六，时代性原则。事物在发展，认识在发展，教学管理制度也必须随着时代对教育的要求发生变化，随着教育主体和客体各种状态的变化而变化。教学管理应与时俱进，适应社会对教学管理的需求，为教学改革保驾护航。同时，要不断深化教学管理制度和措施的改革，使一个学校的教学秩序既相对稳定，又充满生机、充满活力。

高等职业教育管理方法是实现高等职业教育管理目标、开展管理活动的具体手段和措施。管理方法是否得当，直接影响着管理效果。高等职业教育要实行现代化科学管理，不解决好科学管理方法问题，即使有正确的管理目标，有良好健全的管理过程，有现代化的管理手段，也不容易搞好管理工作。

一、调查研究法

调查研究法是高等职业教育管理者的一种基本功，是其必须具备的一种管理能力。调查研究是做好管理工作的基础。高等职业教育管理目标的决策各项计划的制订、管理过程的有效控制、管理效果的最终评估等，都要以调查研究为前提和依据。只有通过深入调查研究，摸清情况，使信息畅通，并能预测未来，管理工作才能成为有本之木、有源之水。常用的调查研究方法有直接观察法、报告法、个别访问法、开会调查法、填表调查法、通信调查法等。

（一）直接观察法

直接观察法是调查人员深入现场，亲自观察、测量、计数以取得资料的方法。这种方法取得的资料具有较高的真实性和准确性，但是这种方法需要较多的人力、物力和时间，而且有些资料是用直接观察法无法取得的。

（二）报告法

报告法利用现行的统计报表获取需要的数据资料，同时也可利用被调查单位的原始记录等资料。

（三）个别访问法

个别访问法是调查人员向被调查者逐一询问、记述以取得资料的方法。它的优点是由于调查人员对调查项目有统一理解，能按统一的口径询问和取得资料；其缺点是需要花费较多的人力和时间。

（四）开会调查法

开会调查法是为了研究某种问题，由调查人员有计划地邀请一些熟悉调查问题的人进行座谈讨论，以搜集所需要的资料的方法。由于这种方法可以开展讨论，因而有可能把问题了解得更深一些，同时还可能找到解决问题的办法。这种方法要求调查人员具有较高的水平，开会前要做好充分准备。

（五）填表调查法

填表调查法是调查人员将调查表送交被调查人，说明填表的要求和方法，由被调查者根据实际情况，按照表中栏目自己填写，然后由调查人员统一审核处理的方法。这种方法可以节省人力和时间，但是要求被调查者具有较高的文化素养和积极配合的态度，否则难以保证调查资料的准确性。搞民意测验、对科技成果评审等常用此法。

（六）通信调查法

通信调查法也是一种填表调查，但这种方法的调查对象可能分散在各个地方，调查者和被调查者采取通信方式进行联系。这种调查方式不受地区的限制，可以更为广泛地收集资料。

二、行政管理法

行政管理法是指高等职业教育管理者依靠自己的权力和高职院校的行政机构，运用行政手段，按照行政方式管理学校的方法。行政管理法主要采用行政手段、行政方式和依靠管理者的权力进行管理。行政手段是指采用决议决定、命令、指令性计划、纪律、规章制度、工作程序、标准、指标、定额、监督、检查等手段进行控制；行政方式是指以法律规定的行政强制力去直接左右被管理者的行为。

在高等职业教育管理中，行政管理法对于保证管理目标的实现是不可缺少的。但是，行政管理法如果运用不当，就会违背客观规律和人民利益，给高职院校工作造成危害。运用行政管理法应注意以下问题。

（一）不能滥用行政管理法

行政管理法最突出的特点是其强制性和权威性。由于带强制性的行政手段，是以国家政权的权威为后盾的，人人必须遵守执行，因此这种带权威性、强制性的行政管理法，应该是以客观规律为依据，从实际管理需要出发，反映群众的正确要求和愿望。它与违背客观规律和群众愿望的强迫命令、个人专断是不相同的。在管理工作中，不能把强制性与强迫命令相混同，也不能把个人专断当成权威性来执行。在高等职业教育管理中，不能任意扩大行政管理法运用范围，更不能滥用行政管理法，而应根据不同的情况和条件，在必要的和可行的范围内运用行政管理法，并不断改进和完善，使其更加符合客观规律和人民群众的愿望与要求。

（二）行政管理法要与其他管理方法结合使用

在高等职业教育管理中，其他管理方法的实施往往需要行政手段来实现。同样，运用行政管理法时，也必须与其他方法相结合，以弥补行政管理法的不足。行政管理法的局限，是与其特点相联系而产生的。行政管理法最根本的特点是其强制性和权威性所形成的集中统一性。这种高度集中，会因为管理层次多、垂直指挥等，造成各部门、各单位之间的沟通困难，出现下一级领导有职、少权、无责的现象。现代管理要求实行分权，信息传递迅速准确，沟通畅通无阻，便于子系统发挥积极性和创造性。为了弥补行政管理法的缺点，就必须与其他方法结合使用。究竟需要哪些方法与之相结合，则要根据管理对象的情况和管理过程的繁简情况而定。有些管理活动需要两种方法结合即可，有的则可能需要两种以上的方法结合使用。

三、思想教育法

思想教育法是指通过有针对性的思想政治教育来提高高职院校师生员工的觉悟，从而激发人们积极性、主动性的方法。思想教育法是高等职业教育管理的重要方法，而且对高等职业教育管理的其他方法的实施也有着重要的促进作用。运用思想教育法应做到以下两点。

（一）把思想政治工作渗透到教育的全过程和管理的全过程

高职院校的思想政治工作，应服务于教育体制改革，培养合格的社会主义建设者和接班人，这是教育的中心工作。高职院校思想政治工作要同各项工作结合起来：同教学工作紧密结合起来，寓思想政治工作于教学管理之中；把思想政治工作同后勤服务结合起来，以高质量的管理、出色的教学和优质的服务去教育学生，以全校教职工的良好形象和高尚道德品质去影响教育对象。总之，高职院校将思想政治工作与其他各项工作相结合，使思想政治工作真正渗透到各个方面，渗透到管理的全过程。

（二）科学地进行高职院校成员的思想政治工作

首先是思想工作目标的科学，即以科学的内容去教育学校全体成员，树立全心全意献身于教育工作的事业心和敬业精神；其次要以独具特点的丰富多彩的活动吸引教育对象广泛参加。

四、经济管理法

经济管理法是指根据经济规律通过工资、福利、奖金、奖品等经济手段，从物质利益上激励和调节教职工行为的方法。在市场经济条件下，运用适当的经济手段是必要的，但必须注意运用恰当，否则会起副作用。

首先，经济管理法必须与思想教育法相结合，同精神鼓励相结合。运用经济管理法的同时要注意讲奉献，讲敬业精神；物质鼓励和精神鼓励相结合，要以精神鼓励为主，这样才能提高政治觉悟和高尚的精神境界。

其次，经济管理法必须与行政管理法相结合。

再次，运用经济手段必须掌握"度"，物质奖励不是越多越好，而是要适度。

五、学术研究法

学术研究法是指在高等职业教育管理中通过运用科学研究，开展学术活动来管理的方法。该方法其优点是可以促进高职院校形成浓厚的学术氛围；增加学校科学研究的凝聚力；提高教师的科研能力，以科研促教学，改进教育、教学方法，提高教育质量。运用学术研究法应做到五点。第一，高职院校的管理者应重视学术活动，带头进行科学研究，在师生中起示范作用。第二，在教师和技术人员中广泛宣传，讲明开展科学研究的重要性和必要性，引导大家明确目的意义，积极自觉地参加科学研究。第三，组织科研骨干队伍，对年轻教师进行传、帮、带。骨干教师要带领一般教师和技术人员，建设一支老、中、青结合的科研队伍，以提高科研水平，为学校增加经济效益和社会效益，提高学校的知名度。第四，有计划地定期组织各类学术活动，开展科研成果交流活动，对科研工作成绩突出者和优秀者要给予物质和精神奖励，提高大家开展科研活动的积极性。第五，加强领导和指导。其一，应抓好科研过程的管理，一个比较完整的科研过程一般包括选题、调查、制订计划、搜集资料、整理资料、分析研究、检查结果、撰写报告或论文、成果鉴定等。管理者要认真做好每一方面的管理工作，以保证科学研究任务的完成。其二，要求科研人员认真学习有关科研理论，熟练掌握有关科研方法，以提高科研人员的科研能力。其三，科学合理地预算经费开支。其四，科研负责人要明确各自的职责，科研人员要有明确分工，同时还要搞好协作。其五，高职院校分管科研工作的领导应自始至终加强宏观指导，善于协调各方和各类人员的工作。

六、教育激励法

教育激励法是教育方法和激励方法的有机结合，是调动高职院校全体人员为实现管理目标而努力工作的自觉性和积极性的重要手段。运用教育激励法应做到三点。第一，一定要有求实精神。运用教育激励法，教育是前提，不进行教育，不解决思想认识问题，激励就失去方向，不能起到应有作用；运用教育激励法，研究了解人们的需要和现实生活中的矛盾是基础，如果不把解决实际困难和矛盾放在重要位置，教育就成了空洞的说教，达不到预期效果。第二，要掌握好"质"和"量"的问题。教育激励法采用了心理学、社会学、行为科学的许多理论，因此科学地运用这种方法，就要注意"质"和"量"两个方面。所谓"质"，就是要掌握准确、公道的原则。对问题要了解清楚，性质要抓准，采用的方法要

"对症"，教育才有准确性，也才能公道，以理服人。所谓"量"，就是激励要掌握适当的刺激量，刺激量太大或太小都不利于调动和保持积极性。第三，要讲究艺术性。所谓艺术性，主要表现在教育激励的时间掌握、形式变换、环境选择上。在时间掌握上，既不能对思想问题的解决急于求成，操之过急，也不能拖拉疲沓，把一项教育活动拖得时间过长；还要注意把教育和激励紧密结合起来，防止脱节。在形式变换上，要讲究形式多样，交叉变换使用，有形和无形的工作要互相结合，寓教育于闲谈、娱乐之中，切忌形式单一死板。

第三节　高职院校教学管理改革创新

一、高职院校实施教学管理改革的必要性及迫切性

高职院校的内涵式发展，一般来说要经历四个阶段。第一个阶段是以规模求发展，第二个阶段是以质量求发展，第三个阶段是以品牌求发展，第四个阶段是以文化求发展。目前，除极少数的示范性高职院校已进入第三阶段外，大多高职院校已经走过了第一阶段，进入第二阶段。在这阶段性转变过程中，高职院校教学管理面临着一系列矛盾和问题，因此必须进行教学管理改革创新。

（一）知识经济时代的特点要求教学管理改革创新

21世纪是人类走向知识经济，走向开放和全球化的世纪。知识经济时代的到来对高职院校教学管理提出了新的要求。知识经济是指"以知识为基础的经济"，而经济是建立在知识和信息的生产、分配与使用之上的。知识经济时代的特点是科学技术呈加速度发展，知识积累呈指数增长；学科领域在继续分化的同时，呈现出高度综合的趋势；自然科学和人文社会科学相互渗透，趋向融合；等等。这些特点给高等职业教育带来深刻的影响，特别是新的技术革命的开展导致工业化社会快速在向信息化社会发展。随着信息时代的到来，人类社会的生活方式、生产方式、学习方式、工作方式乃至思维方式都将从根本上发生改变，这无疑对高等职业教育提出了新的任务和要求。这使传统意义上高等职业教育的人才培养模式、教学内容、评价体系、师资建设等教学管理的各个方面都应顺应新的任务和要求进行改革创新。

改革的核心内容是由过分强调专业教育转向提高综合素质，由以学科教学为中心转向以人才培养为中心，改变传统的教学观念和教学方式，培养学生的创

新精神和实践能力，提高学生从事科学研究和社会活动的能力，鼓励和支持人才冒尖，为优秀人才脱颖而出创造条件，从而使其对社会经济发展发挥越来越大的作用。

（二）优化整体的质量要求教学管理改革创新

系统论里有一个基本观点，即"整体大于部分之和"，意思就是说一个系统的整体不等同于各部分内容的机械相加，而是应该具有新的功能和特征，产生新的力量，其奥妙在于通过有效的管理，对系统及其组成部分进行有机的综合。

高职院校的教学管理就是一个大系统，而在这个系统中实施教学管理改革创新，可以改变自身原有的缺陷，有效优化系统中的各个组成部分，提高管理的效能，最终整合教学管理并提高其整体质量。高职院校教学管理改革崇尚以人为本，并提供具体的激励机制，使教学管理乃至整个学校的能量得以整合并得到最佳释放。

（三）创新人才的培养要求教学管理改革创新

人才培养是高等学校的根本任务，21世纪教育的主旋律是培养创新人才，因此培养高素质技能型的创新人才是当代高职教育的逻辑起点。高素质技能型的创新人才除了要掌握创新知识和实践能力外，最重要的是具备创新精神和创新意识，而创新精神和创新意识不是仅靠课堂教学就能够在一朝一夕间形成的。因此，创新人才的培养要求高等职业院校教学管理改革创新。

传统的教学管理过分强调了集中统一，这种管理制度的不完善，日益不适应当代经济社会的发展需要。教学管理需要有统一的规定和要求，但是整齐划一、千人一面却不利于学生个性的发展，同时管理人员和教师按照统一流程为学生包办很多事情，也不利于学生自主能力的形成。然而，个性、独立性与创造性是密不可分的。学校要在整个教育教学过程中始终贯穿对学生创新精神和创新意识的培养，为学生创造一个有利于创新型人才成长的环境氛围，使学生在学习的过程中不知不觉地逐渐形成一种创新习惯，形成创新意识并提高创新能力，这就要求高职院校改革封闭僵化的传统教学管理模式，探寻科学的现代化教学管理制度和运行机制，让教师和学生都有一个自由的教与学的环境，在全校形成一个人人需要创新、人人能够创新、人人乐于创新的良好氛围，促进学生个性的发展和自主创新意识的养成。

在当代强调素质教育和创新教育的要求下，新情况、新问题不断出现。高等职业院校的教学管理工作就不再是一种简单的适应性工作，而是一种不断解决新问题的创新性工作。只有不断了解新形势下社会发展的态势，不断把握创新人才质量的新要求，不断更新自身的改革意识，不断增强现代管理的创新意识，不断改善工作中不合理的地方，不断鼓励教师和学生创造性地教与学，才能培养出时代需要的、与创新型社会相融合的创新型人才。

（四）高等教育的信息化要求教学管理改革创新

21世纪是信息化和网络化的时代。一个学校如果没有信息化的手段，没有网络化的条件，没有与现代化设备相适应的管理模式，必将影响办学质量，甚至在竞争中丧失机会。只有充分运用现代信息技术手段，完善教学管理、改进教学方法、提高教学质量，探索与发展全新的教育形式，以信息化为平台支撑的教学管理改革才能具有巨大的办学效益和影响力。

通过信息高速公路与世界联网，可以实现教育、学术资源的国际共享；通过建立通畅的信息网络，可以促进教学管理部门之间的高效协作；通过校园网络能扩大教学管理的信息资源，缩短与学校其他管理部门的时空距离，使教学管理更加开放。管理是一门科学，管理过程又是个动态过程，如果教学管理只是一味地墨守成规，不思索、不探求管理的新理念和新方法，那么管理的思路势必会越来越窄。一旦外界环境和管理系统要素发生变化而出现一些新问题和新情况的时候，就会缺乏必要的适应性，从而没有办法进行及时有效的协调和控制。总之，时代的进步和教育的发展促使着教学管理进行思维创新、方法创新、内容创新、手段创新。

二、高职院校教学管理改革创新的主要内容

（一）管理者思想的创新

高职院校教学管理的改革创新，首先必须以变革教育思想、确立现代教育观念为先导和动力。高职院校的现代性主要体现在办学条件、学校管理、教育质量、人员素质等方面，其中学校管理是关键。国家提出的"科学发展观"是主体和客体、人与自然相统一的发展观，其坚持发展的质和量的统一；强调全面发展、和谐发展，多维发展；强调以人为核心，以人为本。科学发展观为教育教学管理改革提供了强大的理论基础，对高等职业教育的改革与发展具有十分重要的指导意义。

教育思想观念的转变是一个过程，因此要使教学管理方式由过去的"经验型"转变为"科学型"，管理者就必须保持教育思想观念的不断变革和及时更新。这就

要求管理者要学习科学、先进的管理理念；掌握一定的管理知识，如教育行政学、高等教育管理学等；要树立系统观念、人才观念、信息观念、效益观念等；要从教师和学生的角度出发考虑问题，为他们提供人性化的服务，倡导由管理型工作向服务型转变。新的教学管理理念要突出"以人为本"，是管理与育人的紧密结合，可实现质效双赢的目标。

（二）教学管理体制的创新

合并升格后新组建的高职院校，为了加速推进各组建个体的实质性融合，促进学校的跨越式发展，实现建设特色鲜明的办学目标，就必须对教学管理体制进行全面的改革创新。目前，高校现有的基本管理模式有四种，即校—院—系三级管理模式、校—院—系—教研室四级管理模式、校—院（系）—教研室三级管理模式、混合型管理模式。结合高职院校的规模和特点，首先必须要建立一个适合本学校发展的管理体制模式，然后从学科发展、人才培养、管理创新、办学效益的视角考察，逐步推进教学体制的整体改革。高职院校的教学管理应该把重心合理下行，明确各级教学管理组织之间的职责、权力、利益关系，进一步简政放权，实行目标管理，责任考核配套，以充分调动教师与教学管理人员的积极性，从而实现管理目标。

第四章　高职院校信息化教学资源

第一节　信息化教学资源概述

一、信息化教学资源的概念

（一）资源与教学资源

资源其实是一个经济学名词，在经济学中"资源是指一国或一定地区内拥有的物力、财力、人力等各种物质要素的总称。资源分为自然资源和社会资源两大类。前者如阳光、空气、水、土地、森林、草原、动物、矿藏等；后者包括人力资源、信息资源以及经过劳动创造的各种物质财富"①。

《实用教育大词典》指出，教学是教师教授和学生学习的统一活动。《辞海》将资源解释为资财的来源，一般指天然的来源。随着信息时代的到来和知识经济的发展，资源的内涵也在不断发生变化。根据对教学和资源的界定，教学资源应该是指所有可以用来支持教师教学和学生学习的物质、能量和信息。

对于教学资源，在不同的时期有不同的理解。20 世纪以前的教学资源局限很大，但到了 20 世纪 30 年代，由于视听教育的兴起，各种媒体如雨后春笋般兴起，并且被大量应用于教学中，这导致了传统教育观的转变。在这个时期，教师被看成权威，媒体在教学中只起单向传递作用，学生只是接受教师信源发出的信

---

① 黄萍.自然资源使用权制度研究 [D].上海：复旦大学，2012.

息，处于被动学习状态。20 世纪 70 年代，人们认识到在教学过程中教师不再是主体，而只是教的主体，同时学生是学习的主体，且师生的相互沟通很重要，因此媒体自然成了师生沟通的中介，而只有师生的相互沟通才能促进教师自身发展和提高学生的学习效果。20 世纪 80 年代，学习心理学的发展推动了教育技术的进步，人们对媒体也有了更深入的诠释。它不再是信息流通的通道，而是构成认知活动的实践空间和实践领域，人们更加注意和关心媒体环境。20 世纪 90 年代，人们认识到"教育技术是对与学习有关的过程和资源进行设计、开发、运用、管理和评价的理论和实践"[①]。在这个时期，教学资源已经成为教学中至关重要的构成要素，而媒体只是教学资源的一部分。由于教学资源建设对教学质量的提高起了关键的作用，因此加强对教学资源的认识和研究是极其迫切的任务。

（二）信息化教学资源

教育资源是指支持教育的所有资源，包括教学资料、支持系统和教学环境等。信息化教学资源是指在信息技术环境下承载教育信息的各种资源，也就是指蕴含大量的教育信息，且能创造出一定的教育价值、以数字形态存在的教学材料，包括学生和教师在学习与教学过程中所需要的各种数字化的素材、教学软件、补充材料等。

信息化教学资源具有信息资源和教学资源的双重属性。首先，处理和存储的数字化。利用数字压缩和转换技术，可以实时地存储和处理文本、声音等教学信息，且经处理的信息体积很小，因而这一特性决定了信息化教学资源的存储大容量性。第二，呈现的多媒体化。教学信息的呈现往往以文本、图片、动画、声音、视频等形式结合，内容丰富。第三，传输的网络化。教学信息可以通过互联网进行传播，使学生突破原有学习时间和空间，通过各种教育网站等自主地学习知识，从而达到资源共享的目的。第四，内容组织的非线性化。这种组织方式符合人的思维特点，使信息以网状形式呈现，更加人性化，有利于联想和创新能力的培养。

二、信息化教学资源的特点

信息化是通过信息技术开发信息资源，促进信息交流和知识共享。通常认为，信息化教学资源属于信息资源的范畴，但是又包含了教学的属性，因此，信息化教学资源具有以下特点。第一，信息技术的表达。狭义地讲，信息化教学资源就是数字多媒体资源，可以通过各种信息技术媒介进行传播。第二，具有教育价值。

---

① 何克抗. 关于教育技术学逻辑起点的论证与思考 [J]. 电化教育研究，2005(11):3-19.

教学资源不仅承载着知识，而且承载着教学思想、教学方法、教学目的，具有很强的教育预期。第三，构建教学环境。这个教学环境不仅是指支持教学资源使用的环境，更多的是指学习氛围。通过对资源的设计、控制学习过程、反馈学习成果、构建教学环境，以服务于教学。第四，教学活动支持。在教学环境下，使用教学资源就形成了教学活动，因此需要实施什么样的教学活动，就需要什么样的资源。第五，共享性、交互性。不断进步的技术使资源共享越来越快捷，共享的内容也越来越丰富。并且，通过资源的信息化改变传统的教学模式，可促进学习者之间的交互。

通过以上对信息化教学资源特点的分析可以发现，资源建设不是一个单一的行为，不等同于传统的制造产业，也不等同于普通软件的开发。可以说，教学资源是融合了教育、技术、艺术的综合体，不仅需要教育的理念，而且需要技术的支持，更需要体现教学的艺术，是一个复杂的系统工程。尤其是在网络环境发达的今天，对资源提出了更高的要求，Web2.0的技术与思想也冲击着教学资源的建设。

从教学层面上看，信息化教学资源又包含以下五个特点。

（一）组织的非线性化

传统教学信息的组织结构是线性的、有顺序的；而人的思维、记忆是网状结构，可以通过联想选择不同的路径来加工信息。多媒体技术具备综合处理各种多媒体信息的能力和交互特性，为教学信息组织的非线性化创设了条件。

（二）处理和存储的数字化

多媒体计算机的数字转换和压缩技术，能够实时地处理和存储图、文、声、像等各种教学信息，既方便增加学习的信息容量，又能够提高信息处理和存储的可靠性。

（三）传输的网络化

网络技术的发展与普及，特别是各级教育网络的建立，使教学信息传递的形式、速度、距离、范围等发生了巨大变化，从而为网络教育远程教育、虚拟实验室等新教育形式的产生和发展奠定了基础。

（四）教育过程的智能化

多媒体计算机教育系统具有智能模拟教学过程的功能，使学生可以通过人机对话，来自主地进行学习、复习、模拟实验、自我测试等，并能够通过系统实时的反馈实现交互，从而为探究型学习创设条件。

（五）资源的系列化

随着教学信息化程度的提高和现代教育环境系统工程的建立，现代教材体系也逐步成套化、系列化、多媒体化，使人们能根据不同的条件、不同的目的、不同的阶段，自主有效地选用相应的学习资源，为教育社会化、终身化提供了保障。

三、信息化教学资源的开发

（一）信息化教学资源开发的原则

1.教育性原则

信息化教学资源的开发要符合教育教学规律，符合学生的认知水平，体现学生的认知特点，满足教学的需要，符合教学大纲的基本要求。因此，信息化教学资源在内容呈现上要脉络清晰、简明扼要，用合适的媒体元素恰当地表现教学的内容。

2.科学性原则

信息化教学资源既要生动、活泼、有趣，又不能违背科学的基本原则，更不能迎合低级趣味。因此，信息化教学资源中的各种操作必须规范准确：选用的材料、例证和逻辑推理必须是科学的、符合客观规律的；所表现的图像、声音、色彩都要符合科学的要求，不能为片面追求色彩的艳丽、声音的悦耳、画面的生动而破坏内容的真实性。

3.技术性原则

信息化教学资源的开发要符合技术质量标准，即图像清晰、声音清楚、色彩逼真、声画同步，运行方便、灵活、稳定，操作方便、快捷，交互性强，导航方便、合理，容错性好。开发者要熟练掌握有关技术，力求精益求精。

4.艺术性原则

信息化教学资源的内容力求反映自然和社会生活中真、善、美的事物；画面构图要清晰匀称，变换连贯，流程合理；音乐与声音要避免噪声，音乐要与景物动作相配合，声音要顿挫有致，使听者愉悦；光线与色彩要明暗适度、调配恰当，使学习者感到舒适。

5.开放性原则

信息化教学资源的开放性主要体现在开发人员的开放性、资源内容的开放性和结构体系的开放性等方面。开发人员的开放性是指教学资源开发人员既可以是教师、教育专家、学科专家，也可以是学习者及各类愿意贡献智慧和力量的人员；资源内容的开放性是指既要着眼于学校教育、正式教育，又要兼顾非学校教育、非正式教育，要适应泛在学习的需要；结构体系的开放性是指建设的教学资源应该力求立体化、系统化，并能及时更新、补充，具有多样的交互性，实现开放式共享利用。

6.创新性原则

信息化教学资源的开发一定要与时俱进，以紧贴时代的眼光开发建设教学资源。信息化教学资源创新主要包括理念创新、理论创新、内容创新、技术创新、模式创新、形式创新等方面。

7.经济性原则

信息化教学资源建设力求以较少的人力、物力和财力，开发出高质量、高水平的资源，切忌重复建设低水平的资源，要注意对现有资源的改造和利用，更不能为建而建。因此，信息化教学资源的开发要有周密的计划，避免浪费。

（二）信息化教学资源开发的内容

1.微课设计与制作

微课是指以视频为主要载体记录教师围绕某个知识点或教学环节开展的简短、完整的教学活动。微课只需讲述一个教学知识点或解决一个问题，以供学生自主学习使用。微课内容必须是需要讲述、呈现才能理解的，是学习过程中的重点、难点或易错点，也可以是以一个完整知识单元或一个专题为选题设计的系列微课程。微课时长一般为 6 ~ 10 分钟。近年来，1 分钟的知识点微课也逐渐受学习者的热捧，其设计基本步骤如下：

（1）确定微课知识点；

（2）撰写微课教学设计方案和微课视频脚本；

（3）收集相关素材包（如高清晰的图片和视频、评分表、任务单等）；

（4）制作微课视频。

微课的制作将会大大地提升信息化教学资源开发的力度，更是为后期开发整门课程的信息化教学资源打下基础。国家开放大学推出的"五分钟课程"就是最受学习者欢迎，也是在这个基础上去开发的适合自己实际教学的微课和微课程。

2.整门课程的信息化教学资源开发

整门课程的信息化教学资源也可视为连贯性的教学资源，是以课程为基础，以实际教学为主线，利用信息化技术手段设计系列的教学资源和相关教学的素材包。整门课程资源建设的主要步骤：第一，对课程各章节知识点中的重难点进行确定，做出系列微课设计计划表；第二，收集整理教学资源包，对课程教学所需的资源进行分类，为下一步教学资源的开发做好准备；第三，统一规范信息化教学的整体框架；第四，完成课程资源的开发；第五，课程资源在实践教学中应用，并不断地对其进行修改完善。

现下正流行信息化教材开发，即完成整门课程的信息化教学资源开发之后，通过扫描教材中各知识点或案例中提供的二维码，即可链接到所对应的微视频资源，方便学者自学。这是信息化教学资源开发的更高一步的目标，也是多年来推行信息化教学资源库建设所取得的最实在、最便捷的成效。

3.专业教学资源库开发

一直以来，全国各高职院校都在加强专业教学资源库开发，即研制具有资源集成、网络传播、用户服务功能的资源平台，建成职业教育特色专业教学资源库，并在全国各高职院校同类专业中有效推广使用，实现资源共享和持续更新。近年来，高等职业学校的信息化教学改革已形成常态，信息化教学资源库的建设也基本成熟。高等职业学校信息化建设将与时俱进，跟上时代步伐，推进专业教学资源库的开发，不断加深校企合作，汇聚企业、行业顶尖资源，通过系统设计、开放式管理、持续更新等方式，共同打造能够持续动态提升、持续辅教辅学、持续推进专业教改，构建企业、行业引领产业技术进步的专业动态教学资源库，利用互联网思维构建集教学服务、在线学习、就业服务于一体的互联网教育服务。

四、信息化教学资源的管理

（一）信息化教学资源的标准管理

目前，对于资源的标准版本有很多，在制定标准时，需要考虑四个方面的问题。第一，资源的建设规划。需要建设什么样的资源，达到怎样的目标，使用什么样的资源建设模式，这些规划决定了资源的标准。第二，资源的使用目的。使用目的不同，采用的标准也不同。例如，如果视频文件是授课视频，那么对其画面质量要求不高，对音频质量要求很高；如果视频文件是一个实验视频，那么对其画面质量要求很高，对音频质量要求不高。第三，资源的管理需要。标准需要适应自身的资源管理模式，如文件命名、标签分类等。第四，资源的存在形式。资源的存在形式不同，采用的标准也不同。例如，对于网络课程资源大类，首先就必须定义网络课程资源的标准，其次是网络课程组成单元资源的标准。

（二）资源建设的过程管理

过程管理在资源建设中是至关重要的，这是资源实现的具体过程，如果这一环节处理得不好，也无法建设高质量、高效率的资源。资源建设是将头脑里的思想和知识以数字化的媒体方式表达出来的一个过程，也属于制造的范畴，所以在管理过程中，流程化的管理必不可少。实施流程化的管理，在一定程度上可以提高资源建设的效率，并且对资源建设的质量也有着积极的作用。首先，需要根据学校自身的情况，制定一套详细的资源建设流程，这套流程的主要作用是帮助管理资源的建设过程，而不是宏观的建设思路流程。其次，需要仔细设计流程的环节。每个流程环节必须有专人负责，并且产生一定的反馈信息。最后，通过实际的运用情况，不断地修正流程。

（三）资源建设的质量管理

学校的资源建设情况不同于一般的制造企业，因为资源建设的主体是教师，其核心工作是教学与科研，建设资源对他们来讲是一个非职业内容。教学资源的质量不是一个单一的结果，而是要通过一系列的过程来保障资源的质量，才能称之为"质量保障体系"。流程化管理就是一个重要的质量保障方法，能够把握好每一个流程环节的质量，保证资源完成的效率和质量。因此，对于流程的设计需要考虑对资源质量是否有积极作用。

另外，要形成资源的评价机制。评价机制包含两个层面：专家评价和使用评价。专家评价主要是组织学科带头人、专业教师以及相关专家组成专家组，在内容组织、教学设计、表现形式、技术运用等方面对资源进行评定。使用评价主要是以学习者的学习反馈为主，而学习反馈分为主观意见反馈和学习结果反馈两个方面。

评价机制的实施需要考虑三个方面。第一，专家评价组的构成。由于教学资源是一个综合项目的结果，因此专家评价组需要多方面的专业人士，让其对自己熟悉的方面做专业评价，对不熟悉的领域做建议性评价。第二，差异化的评价指标。除了基本指标之外，需要差异化地强调教学应用取向来监控资源质量。第三，学习反馈的设计。反馈意见主观性较强，一般采用问卷式调查反馈的方式，且需要设计合理的调查项目，有利于筛选出有效的反馈意见。学习者使用资源的有效性反馈设计非常重要。目前，采用最多的学习反馈方法是访问记录。以记录访问资源的数量以及停留的时间作为资源有效性的核心依据，以量化的数据来评价资源。

（四）信息化资源建设的绩效管理

绩效管理是指资源建设的质量和工作量的总和，在资源建设过程中必不可少。从管理的角度来讲，有效的绩效管理可以对资源建设产生积极的影响；同样，低效率的绩效管理也会产生消极影响。由于资源的分类广泛，课程差异化很大，所以无法使用统一标准来衡量实际工作量。例如，要完成同样质量的一门工科课程资源，其工作量远远大于同质量的文科课程资源。评价体系只能评价资源建设的结果，无法评价工作量。如果忽略工作量的管理，那么对整个资源建设会产生非常消极的影响。其实，不用盯着"工作量"这个词，因为工作者决定了工作量，所以可以将此压力转移到工作者本身，并且将此压力分解，通过教学资源队伍建设与管理有效地解决这个问题。

第二节　高职院校信息化教学资源库

一、教学资源相关概念界定

（一）教学资源

教学资源的含义随着社会的发展、教育教学理念的发展而不断变化。尤其在进入网络时代、信息时代以后，教学资源就其数量、内容、媒体种类以及储存、传递和提取形式等都发生了很大的变化。

教学资源所直接面向的使用对象包括教师和学生。教师依据学生的学习兴趣、发展水平和发展需要对教学资源进行组织选取和加工，从而更好地促进学生的发展。同时，学生也能够根据自身的需要对资源进行选取和使用，以支持自我的学习和发展。职教课程专家徐国庆从资源的类型角度，对教学资源给予了定义：教学资源指教学所需要的所有材料、手段、器具、设备、场地等的总和。也有人从学习者的角度描述教学资源是指那些可以提供给学习者使用，能帮助和促进他们学习的信息、技术和环境。从教育技术的角度，美国教育与传播协会在对教育技术的定义中提出，"资源"是指在教学和学习过程中所利用的各种教学材料信息、支持系统、环境和人际等。由此可见，教学资源不仅包括各类信息资源，还包括支持学习的硬件资源设备、支持系统、技术以及学习环境、人机虚拟交互环境、人人的真实交流环境等。总而言之，教学资源是贯穿教学过程始终，服务于教师和学生，并应用于教学活动的各种实体资源材料、器具、设备、场地等和隐性资源信息、手段、技术、环境等的综合。

（二）教学资源库

1.教学资源库概念

基于对以往资料文献的研究，可以将教学资源库定义为，按照统一的符合国际标准的技术规范和课程内在逻辑关系构建，由全国优秀的数字化媒体素材、知识点素材及示范性教学案例等教学基本素材构成，可不断扩充的开放式教学支持系统。教学资源库的功能包括资源采集、资源验证和入库、资源检索、资源浏览和下载等。建设教学资源库是为了整合全国优秀的教学资源，从而实现资源的共享，达到提高教学质量的根本目的。教学信息资源库主要由素材类资源、网络课程类教学资源、教学资源管理系统、各类教与学的支持平台等组成。素材类资源库主要包括媒体素材库、课件素材库、案例素材库、试题库、文献素材库、常见问题素材库等。该类资源库表现格式为文本、图表、图形、图像、声音、视频、动画等，且每一种格式又有许多标准。媒体素材是传播教学信息的基本材料单元，包括文本类素材、图形图像类素材、音频类素材、视频类素材、动画类素材五大类。课件素材库是对一个或几个知识点，实施相对完整教学的用于教育、教学的软件。根据运行的平台划分，其可分为网络版和单机运行的课件。网络版的课件能在标准浏览器中运行，并且能通过网络教学环境被大家共享，而单机运行的课件可通过网络下载后到本地计算机上来运行。案例素材是指由各种媒体元素组合表现的有现实指导意义和教学意义的代表性事件或现象。试题库是按照一定的教育测量理论，在计算机系统中实现的某个学科题目的集合。文献素材是有关教育方面的政策、法规、条例和规章制度，对重大事件的记录、重要文章、书籍等。常见问题素材针对某一具体领域最常出现的问题给出全面的解答。网络课程类教学资源库，是按学科课程的知识结构组织起来的、涵盖学科课程内容领域的、能自成体系的教学软件，包括网络课程课件库、文件库、电子教案。电子教案是作为教学线索贯穿并展示于教学过程的网页、交互实验室、虚拟现实实验室等。

教育资源管理系统，包括教学资源的管理系统、课件制作系统、授课观摩系统、智能学习系统、视频点播系统、自助考试系统、电子备课室、电子图书馆、课件制作工具、系统组织与分析系统等各类教学系统支持平台。这些平台是为了使这些教学资源都要能在标准的浏览器上运行，包括教育资源网、信息发布系统、视频会议系统、教育督导系统、网络安全系统、校园网操作系统等。网络课程和素材类教学资源是建设的重点和核心，因此管理系统和教与学系统支持平台必须适应网络课程和素材类资源的具体内容的形式多样的变化。所有素材建设都必须围绕课程这个核心来进行组织，它是以课程为基本单位组织实施的，统一服从于网络课程建设的要求。特别是教育资源网这一平台的建设，它是学校师生共享教学信息资源库资源的平台，也是学校组织网上教学、发布各种教学信息、听取各类反馈意见的工具。

2.教学资源库的特点

（1）科学性

科学性即在误差允许的范围内准确地表述知识的内容，内容符合迄今为止自然科学与社会科学已取得的成果。知识内容应当是科学的，这是教育资源与一般娱乐性、游戏性资源的重要区别；同时不能有错误的观点，其运用的概念、选择的例证和做出的结论应该是正确的；所用的文本、图形图像、音视频等资料要真实正确、符合科学事实，能科学地反映客观事实。

（2）基础性

在科学技术飞速发展，职业岗位、工种变换不断的今天，职业教育既要教给学生作为社会中一名合格公民所必备的基础知识和基本技能，也要传授其今后继续学习所必需的知识与技能，即迁移能力的培养。职业教育的目的是使学生能够适应现代社会就业岗位不断变换的需求，这就是所谓的基础性。这里的基础性并不是指定理、概念、规则，而是指包含专业大类所对应的职业岗位群所需要的基本知识、基本技能。

（3）先进性

首先是教育理念上的先进性，其体现在"教师为主导、学生为主体的双主模式"，培养学生自己通过观察获得信息和通过自己思考加工信息、建立概念和发现规律的能力。其次是教育内容上的先进性。职业教育受社会发展、科技进步影响很大，如果不能及时地在教学资源库中吸收、涵盖新技术、新知识，则势必影响职业教育的教学质量。

（4）实用性

实用性指使用最流行的开发平台和软件，采用通用的文件格式、界面风格和操作规范，使系统不仅便于使用和维护，而且易于移植推广。系统应提供完备的系统维护和检测手段，确保资源系统安全、高效地运行。同时，教育教学资源库的建设要让使用者感到有内容、有新意，在使用上要做到实用性。

（5）服务性

教育教学资源库是为学习服务，为学生服务，为教学服务。这就决定了教育教学资源库必须为用户提供一个友好、简单明了的导航与操作界面，让用户通过简单的操作，在最短的时间内就能找到所需的资源，同时也要为用户提供一个搜索引擎，通过这个搜索为用户提供多种查询方式并能实现对资源的精确定位。

建设高质量、具有实际效用的教学资源库，是信息化、数字化校园的内在要求和基本任务。高职教学资源库的开发和建设，是高职课程改革、教学实施进行到一定阶段必须要面对的问题。这既是课程、教材改革尝试推进的需要，也是教师有效实施课堂教学的需要。现代化的网络技术发展成熟而迅猛，为资源库的建设与运用提供了可行的现实条件，但有的职教教学资源库的功能与实际使用的需要不匹配。因此，建设实用的、优质的、个性化的校本资源库，不仅是为了满足上述需要，同时也是为了实现现代教与学的方式的转变。快速发展的网络技术为教学资源库的开发提供了现实条件，使人类社会全面进入以网络为主要特征的信息化时代。网络越来越多地走入并影响着人们的工作和生活，也越来越深地影响着我们的学校教育管理、教育教学的活动和组织等众多方面。利用信息技术创造新型的数字化学习环境不仅改变了教师教学和学生学习的形式，同样也在不断改变着原有的教育思想观念。接下来，笔者以高职院校教学资源库的建设原则、内容分别展开分析论述。

二、高职院校专业教学资源库建设的原则

（一）总体设计思想及原则

1.体现高等职业教育的特点

高等职业教育是以能力（专业技能、学习能力、创新能力和社会基本适应能力等综合能力）为本位，培养高级技术应用型人才的教育。高职院校的毕业生必须具备与高等教育相适应的基本知识、理论和技能，掌握相应的新知识、新技术和新工艺，能以较强的实践动手能力来解决生产、服务、管理一线的实际问题，是一种专业理论够用，生产技术操作熟练和组织能力强的复合型人才。高等职业教育培养目标的复杂性决定了其培养手段的多样性。在教学形式上，不仅要有一定的理论教学，使学生掌握基本理论与基本知识，而且要有大量的实验、实习、

设计、实训等实践教学，培养学生的综合职业能力。在教学过程中实施双向化，即教师是学习的指导者、促进者、组织者和管理者，为学生学习提供资料、咨询等方面的支持，学生不再是被动接受者，而是主动探求者，教和学成为双向式教学过程。而普通的高职院校的学制都比较短，要保证学生能获得各方面的能力就必须重视数字化教学资源的建设，除了提供各专业"必须、够用"的各类型学习资源外，要特别提供有利于学习和掌握应用技能的资源类型，如虚拟实验、实况操作视频、情景视频等，以及相关专业的高新技术知识和各种最新动态、相关职业生涯和背景前沿等。

2.资源标准化和开放共享性

高等职业教育教学资源的标准化建设是实现资源共享与交换的前提和基础，在教学资源库建设时必须坚持标准化、规范化，严格依据 CELTS 的相应标准，进行资源库建设。例如，使用最流行的开发平台和软件，采用通用的文件格式、界面风格和操作规范等。这样不仅利于资源库的使用和维护，更利于资源的移植和推广。在建设高职院校教学资源库时，还应坚持资源库的资源开放与共享的原则。在底层技术标准上实现开放，采用模块化建设模式，同时调动多方面的积极性，拓展资源的来源。这样一方面可以最大限度地提高资源的利用率和价值，另一方面可以将更多的资源纳入资源库当中，丰富资源库的内容。如果所有高职院校的教学资源库都有这样的标准规范开发，必将为高等职业教育教学资源库的建设和使用打下良好的基础，将便于与国际资源库建设接轨，便于与国际社会交流与合作。

3.教育性与服务性

高职院校建设资源库的最终目的就是为教学服务，因而无论在内容上还是功能上都要考虑教学的需求，以学科教学服务为宗旨，让学生和教师能方便及时地获得所需的信息，以提高他们应用的积极性，从而提高资源的利用率。教学资源库应是一个实时交互系统，可以实现双向的交流活动。从技术上要考虑到用户不仅是一个信息资源的利用者，同时也可以是信息资源的生产者和提供者。也就是说，要考虑到用户不仅可以下载需要的资源，也可以上传他们制作和获得的资源。

（二）高职院校教学资源库设计与开发的指导原则

1.教育性原则

高职院校教学资源库设计与开发的核心功能是教学，最终目的是要为教师教和学生学服务，因此教育性原则是其设计与开发过程中首先要遵循的原则，而教育性也是它的根本属性。

首先，高职院校教学资源库的设计与开发要遵循现代教育教学的客观规律，其平台的搭建、结构的设计、功能的实现等都要考虑到教师教学和学生学习的特点和需要。其次，资源库内资源的选取一定要慎重，要以教育性为第一要务。某项资源能否入库，要以一定的评价标准为依据，这就要求开发者在开发过程中要建立相应的资源评价体系，且评价指标中要包含教育性的成分。再次，库内资源的组织要有利于教师的教和学生的学，当教师和学生在利用资源库系统时，要能够方便快捷地找到所需的资源。最后，根据建构主义学习理论，教学资源库的开发要有一定的建构性，能够为教师和学生创造一定的教学情境，提供信息交流的平台，以方便教师和学生。总之，从每一年的高职院校专业教学资源库的申报数量上不难看出，现如今高职院校在专业教学资源库的建设工程中，都有着高涨的建设热情，并从理念上明确了建设对各自专业教学及学校的深远影响，但在实际建设中还存在一些问题。对于专业教学资源库的需求是极为迫切的，但是如今可提供的资源确实相对匮乏，这也正是高职院校未来进行专业教学资源库建设的核心问题。

2.科学性原则

高职院校教学资源库设计与开发的科学性原则主要包括两个方面：一是资源库设计与开发的方式、方法要科学；二是库内资源的选取和组织要科学。设计与开发方式的科学与否直接影响到高职院校教学资源库的使用效率和效果。特别是各种技术手段的选择一定要科学，彼此之间要能够互相支持。另外，资源库系统前台和后台的设计要协调统一，各种功能的设计也必须要科学，既能够在技术上实现，又能够方便、灵活地供用户使用。

库内资源的选取和组织非常重要，因为这些资源最终要为高职院校教学所用，所以在对资源进行筛选时一定要保证库内资源的科学性。对库内资源进行科学合理的分类和组织，可以极大地提高资源的利用效率，如先将资源按照学科门类分为农业科学、自然科学、医药科学、工程与技术科学、人文与社会科学五大类，再按照一级学科进行分类，如将农业科学分为农学、林学等，接下来进行二级学科和知识点的分类，最后按照资源类型将其分为视频类、音频类、图像类、文本类等，这样可以帮助用户非常方便、快捷地检索到自己所需的资源。

3.系统性原则

高职院校教学资源库的设计与开发是一项长期、复杂的系统工程。虽然根据西蒙的分解理论可以将其分解为若干个子任务，但要时刻注意它们是一个不可分割的整体，所有子任务的完成最终都要服务于资源库的整体设计，都要有利于资源库整体功能的实现。另外，还要综合考虑软硬件配置、人力、物力、资源建设及未来发展等多方面的因素，使它们相互联系成为一个整体，共同为高职院校教学资源库的开发服务。

资源库内的各种资源并不是相互独立的，而是相辅相成、密切联系的。在对资源进行收集、分类和组织时要时刻地注意到这一点，使库内的资源联系成为一个整体、一个系统。例如，当对同一个知识点进行阐述时，可以结合文本、图像、视频等共同进行，使其成为一个整体的教学系统，以方便教师和学生的使用。

4.技术性原则

计算机技术在高职院校教学资源库设计与开发中占据着举足轻重的地位，资源库系统所有功能的实现都要以计算机技术为手段。技术性原则主要包括以下几个方面。

（1）先进性

计算机技术的发展日新月异，在对资源库系统进行设计时就要充分考虑未来技术发展的需要，不仅操作系统、开发软件的选择要具有先进性，而且数据库的设计、数据格式的转化及资源的组织分类等都要考虑到先进性的问题。因此，应广泛吸收国内外的成功经验，最大限度地采用当今世界最先进、最成熟、最有前途的开发技术，以便日后对资源库系统进行升级，保持其强大的生命力。

（2）标准性

资源库标准化建设是实现资源共享与交换的前提和基础，是目前国内外资源库建设研究的重点。在资源库建设上必须坚持标准化、规范化的原则，严格按照相应的国际、国内标准和行业标准进行。

（3）开放性与共享性

资源库是以网络环境为支撑的，而网络最大的特点就是开放性与共享性，所以在开发资源库时应坚持资源开放与共享的原则，采用模块化的设计方式，并广开渠道，拓展资源的来源。这样一方面可以最大限度地提高资源的利用率，另一方面可以将更多的资源纳入资源库中，丰富资源库的内容。

（4）安全性

由于资源库是运行在互联网上的，是远程的、开放的，这样就使得资源库的安全性问题显得尤为重要。首先要保证资源库系统的安全，一方面在服务器端安装先进的防火墙和杀毒软件，防止黑客攻击，另一方面，要限制用户的权限，以保护库内资源不受损失。其次，还要保证用户信息的安全性，如用户密码、用户个人信息和资料不外泄等。

5.服务性原则

高职院校教学资源库开发的最终目的就是要为教学服务，这是它的核心任务。为此，在资源库开发的过程中就要处处以服务为中心，以为用户提供方便、快捷的服务为指导方针，最大限度地提高资源库的使用效率。首先，库内资源的内容要充实，形式要多样，以满足不同用户的需要。其次，保证库内资源的质量，不仅要保证资源的科学性、教育性，还要保证资源具有较高的清晰度。再次，要为资源库系统建立一个高效合理的导航系统，以方便用户浏览库内资源。最后，要为用户提供一个先进的搜索引擎，帮助用户快速、准确地找到他们所需要的资源。

（三）高职院校教育资源建设原则

1.精品化、标准化原则

首先，教育资源精品化必须要坚持以就业为导向，切实解决从事职业岗位所需要的专业能力的培养，为高职学生继续教育和人本教育提供优质服务；其次，要以坚持培养学生能力为主，让学生懂得"怎么做"，并且"能做、会做"；再次，高职教育资源必须打破传统学科型课程的知识结构体系，推进以解决实际问题能力为主要目标的实训主导型改革，将理论知识、实务操作、技术解决方案和案例分析融于一体，以此来进行整合，切实把握好理论够用为度、实训实践为主的改革方向。教育资源标准化能促进资源最大限度的共享和数据更深入的交换。国内外很多标准化组织在网络教育资源标准化领域做了大量的研究工作，并取得了可喜的成果。通过研究发现，这些标准和规范在很大程度上都是相通的，只有在具体应用过程中才会略有不同。教育部组织按照不同的资源类型，制定了一系列规范和标准，其中包括《教育资源建设技术规范》、资源标准、资源库功能标准、资源质量的评价指标体系等，统一了学校开发教育资源的标准，规范了资源开发行为，使各学校的教育资源能够最大限度地共享，促进了现代远程教育资源的建设。通过制定教育资源的元数据规范用于描述数字资源，从而有效地开发资源、管理资源、增强资源的互操作性。高职院校教育资源网络共享系统是共享开放型的系统，所以每位注册用户都可以进行资源的上传和下载，要想使教学资源精品化，在做好自身特色建设的同时还需严格按照《教育资源建设技术规范》进行建设，必须做到在上传资源时对资源进行优化审核。上传的资源只有经过优化审核才能进入共享系统，这样就要求推行并严格遵守"教育资源准入制度"，避免了盲目重复的开发，避免了人力、财力、物力的无形浪费。

2.集成化、系统化原则

本书中的集成化、系统化是指将高职院校各专业的教育资源在共享系统中汇聚集成，采取一定的标准方式，定期更新系统使专业资源不断地丰富、多样，对已经掌握的教育资源进行系统归类、整理或者加工，使其集中起来做系统的排列，以便学生系统化地浏览、查阅、学习。集成并不是简单地增加教育资源的数量，而是要改变资源的组合方式、优化资源之间关系和运作流程、建立高职院校教育资源管理机制，使教育资源的作用得到最充分的发挥，在提高资源的使用效率、降低系统运作成本、提升系统整体竞争力的同时，也使教师在专业化发展的国际趋势下，不断地提升自身素质和拓宽知识视野，朝着"双师型"教师努力。"双师型"是高职院校教师的类型，也是高职教师的特色，其彰显了高职院校致力于提高教育质量、培养学生创新和实践能力的高职教育特色；对于高职学生而言，"双师型"教师可以让学生不断汲取新的知识和技能，培养了他们的实践动手能力和协调工作能力，使其朝着面向职业化的方向可持续发展。

3.专业化、个性化原则

对高职院校教育资源专业化的理解，笔者认为专业化的发展应不断丰富教育资源，针对用户的多样化、个性化需求，对高职院校的各专业整体、有序地进行开发。与此同时，要重点突出专业资源特色，以专业学科、专业培训、专业地位、专业管理等作为支撑，使专业资源能满足系统用户个性化需求。通过对专业教育资源的深化加工、资源准入、资源设置和管理等制度以保障资源的优质和专业化。

4.资源共享、可持续发展原则

高职院校教育资源共享可以提升教育资源以及共享系统的利用率。从理论和实践出发，统一规划，考虑学校之间、学校内部专业之间、用户之间的数据标准以及资源共享，避免出现"资源孤岛"。"资源孤岛"会使教育资源无法有效地整合和利用，成为教学资源共享的一大瓶颈。共享还应该包含社会共享的意义，教育服务社会的功能客观上要求其接受社会的投入包括监督、检查、管理。最关键的，社会资源是无限的，一定程度上可以在与高职院校教学资源相融合，实现共享。应该建设一个开放式、资源共享式的管理系统将各高职学校不同平台、不同结构的教育资源（库）进行汇总、整合和统一，并定期更新，这样资源才能为所有高职教师和学生提供直接、快捷、方便的帮助。对于教育资源网络共享系统而言，可持续发展原则作为一种发展的理论，服务对象很广泛，故笔者将可持续发展原则也引入该系统中。国际社会明确提出，可持续发展是指既满足当代人的需要，又不对后代人满足其需要的能力构成危害的发展。高职院校教育资源网络共享系统建设工作不可能一蹴而就，我们要用重新构建发展的价值评判标准，用更多具体的内容加以丰富，不断更新、优化教育资源，使系统具有可伸缩性和扩展能力，确保高职院校教育资源的可持续发展。

5. 整合学习原则

高职教学资源库的建设应根据学校师生的知识结构、学科特点、技能掌握的程度以及中等职业教育教学规律进行设计，按照循序渐进、标准化、开放、共建共享等一系列基本原则进行开发，才能建设好符合教学特点和需求的网络教学资源。

（1）循序渐进原则

高职教学资源库的建设是一个周期长且规模大的系统建设工程，并不是一朝一夕能够解决的事情，必须统筹规划，分类循序渐进地实施。因此，开展教育资源库建设工作时，先征得学校领导的支持，做好总体规划，然后分步实施，做到"定目标、明思路、细步骤、常检查、勤指导、多交流"，并且在培训、建设与应用三方面紧密结合，形成一个线性的规划—实施建设—培训—应用评价的流程，分期、分步、分任务来实施教育资源库建设工作。

（2）标准化原则

创建网络教学资源的目标是使资源能够得到充分利用与共享。因此，必须保证资源的一致性和完整性，并考虑与区、市乃至国家级网络教学资源库相衔接的具体要求，采用国家颁布的《教育资源建设技术规范》来建设高职教学资源库，统一资源信息描述的标准，规范媒体格式和评价标准，保证资源质量，才能使创建的资源得到充分利用与共享。

（3）学科性原则

资源库建设必须具有学科性，要考虑资源的学科性质，按照各学科知识的特点来进行资源分类和建设，紧紧围绕学科知识点来组织所需的资源。资源要能够直接支持教学，并可通过方便、快捷的浏览器很容易地找到所需要的教育教学资源，以实现教学的最优化。此外，结合学校特色教学开发组织成网络教学资源对外公开发布，遵循"开放、共建、共享"原则，使学校的教学资源库也能成为对外宣传的窗口。"开放"是指获取和上载资源的途径要开放，任何教师和学生都可凭借自己的账号和密码在校园内任何一台计算机上使用教学资源库，并申请提交最新的信息和自己的作品。同时，素材资料是以可独立使用的基元方式入库的，使用者可根据自己的教学需要添加、删减和重组，体现了使用方式上的开放性。"共建"就是要发动整个学校的师生，共同参与建设，形成"资源建设、人人有责"的意识。"共享"就是指教师设计开发、搜集整理的网络教学资源能够供全校师生免费使用，这样可以充分发挥资源的效益。

（4）易用性原则

资源库是庞大的教学资源集合，为避免使用者可能因信息量太大而产生如

"网络迷航"的现象，在各大版块都设置了网站地图及跳转方式，在资源库的检索方面，设计了分学科、分类别、分层次或关键字等多种搜索方式，真正做到简单、快捷、易用。

（5）交互性原则

资源的建设是为了在网络教学中的应用，把教育资源放在网上并不等于网络教育资源建设的结束，还应注重它在教育中的应用效果如何，建立友好的反馈和交流系统，不断地从学习者处得到反馈信息，调整信息资源的内容，加强其教育实用性。在学校生源质量并不乐观、学生的管理难度较大的情况下，如果能多倾听学生的话语，提供给学生一个情感交流和宣泄的空间，对学生管理而言是大有益处的。

（6）安全性和稳定性原则

由于教育教学资源库中有许多素材如课件、视频是大数据量或超大数据量的，因此系统必须支持大数据量的记录，保证大数据量的吞吐访问。同时，对资源的访问和上载必须分级设置权限，使之不能被访问者随意添加、修改、删除，同时也不会给用户带来病毒，造成危害。

系统在用户资料存储和传递过程中，对密码全部进行不可逆加密处理，有效保证了系统及用户资料的安全检查应用于每一处代码中，自动阻止了恶意访问和攻击，从而全面防止了注入攻击、密码猜解、上传木马等各种攻击手段。数据库服务器采用的自动备份、双机备份和经常进行手工备份，最大化保证了系统和数据的安全和稳定。

三、高职院校专业教学资源库建设的内容

（一）素材类教育资源库

遵循《教育资源建设技术规范》，整合各种媒体素材（包括文本、图形／图像、音频、视频、动画）、课件、试卷题库、文献资料等。这些素材类教育资源可以为系统用户的网络"教与学"提供优质的教育资源。其中，在教育资源范畴内的"积件库"能够在应用层面为用户提供更优质的资源。人们的知识点、能力点不同，那么在此过程中通常依据学生专业和就业岗位的不同采集数据，并进行系统处理。积件作为制作教学课件的基本单位，在制作教学课件过程中，利用其本身的完整性，可大大减少再加工的时间，精简了课件内容，同时提升了课件的通用性，增强了课件的实用性。使用时可以采用网页制作中建立超级链接的方式，也可以与教学模板相结合，将积件简单拼接就可以形成风格各异的课件。

（二）网络课程建设

教育部高等教育司指出，网络课程是"通过网络表现的某门学科的教学内容及实施的教学活动的总和，它包括两个组成部分：按一定的教学目标、教学策略组织起来的教学内容和网络教学支撑环境"。网络课程能够为用户提供交互、开放、共享的学习资源，是一门用户可直接用于网上学习的完整的课程。

（三）平台建设

基于校园网的高职院校资源平台能够满足系统运行和管理的双向需求，因此在平台建设方面必须结合各高职院校的教育特色。对于网络教育资源库的建设应该重点体现在几个方面：与专业对应的岗位知识和技能资源；专业与岗位对接绑定，不断更新技术标准等内容，使学生通过平台系统学习专业知识，能定向了解、掌握岗位最新作业程序和量化指标；与学生的经验积累、社会进步、科技发展紧密相关的各学科以及综合性的人文、社会、经济、自然、科技等方面的资源；提高教师的教学思想、教学方法、教学能力所学需要的教学案例、学科科学史、教育技术、信息技术、学科最新进展等方面的资源。

（四）高职特色的多媒体素材资源

这里所讲的多媒体素材主要指与高职专业学科有关的文本、图形、图像、音频、动画、视频等，目的是提供直观形象的资料。围绕高职专业学科建设多媒体素材，可以避免素材性资源无层次、无系统、针对性差的弱点，能给教师提供制作专业课件的素材，帮助学生认识、了解、掌握高职专业知识和技能，如机电、机械专业需要的机械结构图片、常用的零部件模型模具实物图片，工作原理或加工等过程的三维动画，旅游专业需要的景点风光视频等。这些高职特色的多媒体素材资源可以从市场上购买，也可以从网络上下载（如高职高专教学资源网上提供的资源库），也可以从教材的随书光盘上获取。此外，因为专业性较强，该类多媒体素材的建设也可以由任课教师来辅助完成，如旅游专业的教师利用出差、旅游等一切机会拍摄自然、风土人情照片，从而积累了大量图片资源。涉及的技术性工作由专业技术人员协助完成，但收集、确定内容等工作必须由专业教师完成。若通过培训使教师自己掌握简便易用的素材制作工具，效果更好。

1.高职特色的多媒体课件资源

多媒体课件资源是指基于计算机技术，将文本、图形／图像、声音有机结合，对一个或几个知识点实施相对完整的教学，辅助教师与学生的教与学，完成特定教学任务的教学软件。在高职院校的教学资源系统中建设多媒体课件资源，可以整合学校的优秀课件资源，改善学校课件一盘散沙的局面，为学校教师、学生提供优秀的课件资源，通过网络共享成为学校的共享教学资源。教师可以通过网络借鉴、使用其中比较优秀的课件资源，取长补短，学习先进的教学思想、教学设计，学习先进的制作技术，从而提高教学课件的质量；学生也可以通过课件资源网在任何时间、任何地点自主学习，实现课堂教学的延伸。多媒体课件资源有课堂演示型、操练型、模拟实验型、教学游戏型等多种类型，体现高职教学特色的多媒体课件资源主要有模拟实验型多媒体课件和教学游戏型多媒体课件。

2.模拟实验型多媒体课件

高等职业教育对学生实际操作技能的训练要求高，需要学生通过实验真切深刻地掌握知识原理，通过实训操作掌握熟练的技能。然而，目前大部分高职院校让学生亲自动手操作的条件和时间是有限的，有的实验实训由于资金问题，仪器设备不足，只能几个人为一组，有的学生动手的机会很少；学时有限，辅导教师人员不足也影响了实验实训效果，所以要特别重视虚拟实验室、虚拟设计、虚拟实训等课件资源的建设。这种资源可以利用计算机多媒体技术、网络技术等模拟真实实验实训的交互环境，使学生如身临其境，对学习者的不同操作给出与现实环境相符合的反馈。教师可以利用这样的资源进行演示教学，学生可以利用这样的资源在实际操作前进行反复模拟实验、设计、操作、演练等，以便在实际操作时提高准确率并缩短掌握技能所需的时间，从而节省仪器设备材料的损耗，节省大量经费。这种模拟实验型多媒体课件对某些特殊专业尤为重要，如建筑工程、数控模具加工、服装设计、电气工程、医药化工、汽车工程等专业。如果利用模拟汽车驾驶训练课件训练驾驶汽车技术，除提供训练一般的操作技能外，还可以提供各种复杂路况、紧急情景，从而训练学员的应急处理能力。通过这样全方位的模拟训练，学员到了真实环境中会迅速掌握实战技能，其效果是非常显著的。

3.教学游戏型多媒体课件

电脑游戏的一些特征能被用来教授高水平的思考技能和激发学习动机，且游戏中采用的认知策略，使学生在游戏中获得思考、计划、学习、技术等方面的技能。教师、家长经常慨叹"学生什么时候像痴迷于游戏那样热爱学习就好了"，由此不难理解游戏于教学课件中所能发挥的强大作用。针对部分高职学生基础相对薄弱、学习热情不足等特点，应该建设包含游戏功能的教学游戏型多媒体课件。例如，在游戏中比拼学生数控仿真设计、服装设计等技艺和创造力，给予晋级、奖品等激励，从而激发学生学习的热情。教学游戏型多媒体课件需要恰当地利用游戏的特征——模拟、探险、互动以及协作等，需要思考如何构建合适的游戏化学习环境。目前，开发趣味性和教育性兼备并有相当的复杂程度和高水准的游戏课件有相当大的难度。一方面，教师不具备复杂的编程技术，而且开发教育游戏课件耗资巨大；另一方面，如果让开发商来开发，他们又不懂得教育规律和真实需求。所以，可以让学校教师与开发商合作，让专业教师参与公司的开发工作；或由教师列出需求表，尽可能详细地列出在该学科领域中一些相关知识点细节的处理，让公司来实现技术开发工作。

4.高职特色的视频教学资源

在多种多样的数字化学习资源中，高职院校的学生比较喜欢的就是视频教学资源。视频中真实的情景、真实的操作、真实的教师手势、体态和面部表情等，既能够传达教学内容，又蕴涵情感因素，加上语言，既能传情达意、感染学生，又能帮助理解、引发兴趣，使学生进入学习状态快，维持学习时间久。在高职教学中应用好视频教学资源可以有效促进高职院校培养高质量的高技能人才。视频教学资源主要来自购买的 VCD、DVD 教学片，录制的卫星电视教学节目，拍摄的讲座、课堂教学、实验实训教学实况和专门制作的教学片等。高职院校需要重视以下几种视频教学资源的建设。

（1）示范操作视频教学资源

高等职业教育培养的是实用型技能型人才，所以特别注重实践操作。为学生提供标准规范的操作示范，使学生能够反复观摩、领会要领，是非常重要的教学方法。高职院校的师生一致认为，实训教学录像片可以将教师无法在课堂讲清楚的内容，尤其是一些烦琐的流程或抽象的概念原理清晰地展示出来，教学生动形象，有助于加深学生的感性认识。

高职院校教学资源系统中的示范操作视频教学资源的收集除购买相关的优秀示范录像视频资源外，还要充分利用本校的优秀教师资源，由他们结合教学需要进行实际演示。在拍摄时，可以分解放大重难点部分的动作细节，强调其关键技巧和需要避免的错误；由技术人员录制后，转存到资源数据库中，以便于老师和学生在网上随时随地观摩领会。对于难以掌握的要领，学生可以将动作反复揣摩直到掌握。这种示范性视频资源可以精心设计成教学片，也可以随堂拍摄。高职院校要特别重视这项资源的建设，由学科教师规划、撰写分镜头稿本，电教人员拍摄、制作，争取建成本校所有专业的关键操作技能资源库。

（2）优秀课堂视频教学资源

高等职业教育的定位，决定了其教师队伍的要求不同于普通高校。高职教师除了要具备一定的专业理论知识，相关的教育学、心理学知识和教师的基本技能外，还要具备较强的应用意识、较强的实践技能和适应市场需要的多专业教学能力，这就是高职教师队伍的特色——"双师型"教师，而"双师型"教师是实现高职培养目标所必需的。目前，就整体而言，高职教师队伍最为缺乏的是实践技能和适应市场需要的多专业教学能力，因此，高职院校要重视将优秀教师的课堂教学视频建成网络教学资源，使其他教师和学生可以随时随地观摩学习，尤其是学生可以重新学习课堂上没有完全掌握的重难点。

（3）提高科学人文素养的视频资源

高等职业教育的学生除了需要了解本专业应用行业领域的最新科技成果外，还需要加强文化、道德、法纪等方面的修养，使他们走上工作岗位后甘愿吃苦耐劳、刻苦钻研、改革创新，成为生产管理方面的能手。实现这样的培养目标，仅靠在课堂上说教传授是无法达到良好效果的，所以高职院校要重视利用校园网络资源库，有目的、有针对性地建设相关资源，并引导学生学习，这样对提高学生的综合素质将大有裨益。

第三节　高职院校信息化资源共建共享

建设资源是职业教育信息化的核心，是信息技术应用的灵魂，是职业教育信息化的基本保证；建立网上学习环境，是实现信息技术的前提和基础课程整合的重要条件。优质资源共享就像信息技术手段一样，仍然只是手段，不是目的。尤其对于拥有 1 000 多所高职高专院校、高职教育招生数和在校生数均占高等教育的半壁江山的我国来说，通过政府、社会、学校、师生等多方资源共建，实现共享，推动信息技术与课程教学深度融合，实现教与学方式方法的变革，提高教与学的效率和效果，显得更为重要。只有达到深化高职教育改革的根本目的，才能在优化高等教育结构体系、促进高等教育大众化、培养高技能人才等方面发挥出至关重要的作用。

一、高职院校信息化资源共建共享目标

（一）总体目标

依托计算机网络和其他先进的信息技术，建立一个融信息资源共建、共享于一体的高职教育资源服务体系，促进公共信息资源共享和开发利用，提升公共服

务信息化水平，最大限度地满足用户对高等职业教育信息资源的需求，推动高职教育信息化水平不断提升，带动高职教育现代化，为培养具有综合职业能力的，为生产和管理第一线服务的应用型、技术型人才的高素质就业者服务。

（二）具体目标

（1）建设高职教育资源池。高职教育资源具体包括高职教育专业学习和社会服务资源。专业学习含有专业、课程、微课堂、培训和企业案例、资源中心等教学资源；社会服务含有校企结合、文献信息导航、社会服务几大部分。

（2）教育信息化公共服务平台建设的核心理念是公共服务，因此在技术的选择上，需要聚合依托先进的网络技术，多终端、广覆盖，开展高等职业教育资源建设，服务多元化的学习用户，真正使现代信息技术深度融入高职教育教学，让高职师生在课堂用、普遍用、喜欢用。

（3）制定公共信息资源开放共享管理办法，推动信息资源开放，推进优质教育信息资源共享，实施教育信息化"三通工程"，提升民生领域信息服务水平。资源信息是推动教育现代化的重要举措。在教育信息化的过程中，形成的资源信息共享模式的数字化是基础。依托先进的云 IT 专业资源整合职业教育、培养学生的道德和其他资源投入到数字资源库，有利于对学生的全面教育和培训，能更有效地服务于今天的高职学生和教师。

二、多媒体教学资源共建共享

（一）多媒体教学资源介绍

教学资源是指所有能够改善、促进学与教的人、媒体、策略、方法以及环境等，因而多媒体教学资源的定义是指以文字、图形、图像、声音、动画和视频等媒体形式存储在一定的载体上并可供教学利用的资源。根据多媒体教学资源的定义可以看出多媒体教学资源具有以下三个明显的特点。

1.资源具有丰富的表现力

多媒体教学资源是以文字、图片、声音、图像动画和视频等媒体呈现的教学资源，可以更加形象真实地表现现实中的视听世界，而且还能模拟表现宏观、微观世界中无法观察的现象，使教学过程更加容易进行。

2.资源具有良好的交互性

多媒体教学资源不仅在内容上非常丰富，而且能在交互上面进行教学设计。

根据特定的任务设计一定的交互控制，让学生能根据交互所得反馈进行个性化的学习，满足自己的学习需求。

3.资源具有极大的共享性

随着信息技术的不断发展，多媒体教学资源可以在网络上自由传输，让资源共享成为可能。随着网络的普及，用户能在互联网上获取大量的多媒体教学资源的同时也能贡献已有的资源与他人进行共享。多媒体教学资源在教学中具有重要的作用：能为学生的学创造特定的情境，激发学生的学习动机；能改善教学的表现形式，让课堂更生动有趣；能进行交互，提高教学效果；等等。

（二）多媒体教学资源云共享平台优势

多媒体教学资源云共享平台在资源存储、资源管理、资源安全、用户体验等方面具有一定的优势。

1.技术优势

多媒体教学资源云共享平台借助云服务商提供的云服务平台进行搭建，将构建好的多媒体教学资源云共享平台架构到云服务商提供的平台上，云服务商为平台提供硬件、硬件管理维护、平台数据安全管理等服务。同时，也给教育资源管理人员提供一个资源管理 API 接口，让教育管理人员对资源、账户、服务等的管理工作更加方便与自动化。现有的云服务平台的最大特点是利用虚拟技术提供商（VMware、Xen 等）提供的虚拟软件来实现硬件资源的虚拟化管理、调度及应用。这样，通过多媒体教学资源共享平台来使用网络资源、技术资源、数据库资源、存储资源等，就像在操作自己的计算机进行计算、存储。但这并不意味着对自己的 PC 机性能要求很高，相反，对数据的调用计算以及存储等都是在云端的服务器完成的，所以对本地 PC 机的要求极低，这对用户来讲可以大大降低维护成本和提高资源的利用率。

2.高可靠性和安全性

多媒体教学资源云共享平台将用户数据及多媒体教学资源存储在云端服务器上，应用程序以及计算任务均通过云端服务器来处理。云服务提供商在云计算服务器端提供了最可靠、最安全的数据存储中心，有专业的团队来管理资源，有先进的数据安全技术来保存资源。云平台严格的权限管理策略可以帮助用户放心地与相应的用户进行数据共享。另一方云服务器端的数据被复制到多个服务器节点上，使存储在云里的数据即使遇到意外删除或硬件崩溃的情况都不会受到影响；而且所有的服务分布在不同的服务器上，如果某台服务器由于硬件或其他现问题而导致运行终止，系统会自动再启动一个程序或节点来自动处理失败节点，保证应用和计算服务的正常进行。用户在使用相关服务的时候不必担心没有对资源进行备份，只要调用恢复命令，云端服务器会自动恢复处理失败的节点。

云服务商通过购买高性能、大容量云存储系统和数据中心为用户提供数据备份和容灾服务。用户可以利用云服务商的数据中心提供的空间存储服务和远程数据备份服务功能，建立自己的远程备份和容灾系统，以保证当本地发生重大的灾难时，可以通过远程备份或远程容灾系统进行快速恢复。

3. 资源管理优势

基于云计算的多媒体教学资源共享平台提供可调整云主机配置的弹性云技术，平台实行自动化进行管理，不需要专门聘请人员对平台进行手动管理，当用户需要增加新的服务时，部署管理模块自动为用户准备服务。自动化管理会根据服务需要按需对资源进行分配，以保证资源得到有效利用。如果在访问高峰时期，原有对该服务的资源支持无法满足高峰期的用户需求，平台会自动扩展该服务所需服务器，以满足用户的需求。基于云计算的多媒体教学资源共享平台整合了计算、存储与网络资源的 IaaS 服务，具备按需使用和按需即时付费能力的云主机租用服务，呈现一个真实的虚拟计算环境，用户使用 Web 服务在几分钟内快速地建立、部署云主机，并控制、维护自己的云主机及资源，这一切都不需要人工对资源进行手动调控，这种自动化的管理方式使资源平台管理更加灵活、方便、可控。

因此，多媒体教学资源云共享平台，在灵活性、可控性、扩展性及资源复用性上都有很大的优势。用户可以在任何时间、任何地点，采用任何设备登录到云计算系统后就可以进行云计算服务，云计算云端由成千上万甚至更多服务器组成的集群具有无限的存储空间。

4. 用户体验优势

多媒体教学资源云共享平台能让用户使用移动设备或者 PC 机随时随地获取多媒体就教学资源，使用户得到多媒体教学资源服务，满足用户的教学或者学习需求。另外，多媒体教学资源云共享平台更注重用户间的互动交流，让用户在获取资源服务的同时能与其他用户进行无障碍交流。同时，云共享平台能为用户提供更加个性化的资源服务，能根据用户的搜索喜好为用户量身定制信息服务。

三、高职院校信息化资源共建共享发展对策

面对新的经济形势下职业教育发展的要求，高等职业院校可以通过建设信息资源共享平台、推送优质教育资源、完善机制，更好地服务于高职教育教学与管理，形成信息技术与教育教学相互支撑的良好局面。

（一）完善系统设计

高职教育信息化资源建设在整体设计时，应全面考虑内容功能、使用方法等，要完善资源搜索，提供普遍性与个性化相结合的服务。通过对学习者学习记录的测评，推送适合的资源，辅助其学习。建设资源时，要注意丰富其属性，使其便于检索、适合网络传播、适合数字化学习和理解，这就是系统化设计。

资源库与资源池建设相结合。资源库是结构化的资源集合，能够提供示范引领专业资源建设。资源池是颗粒度较小的非结构化的资源素材、碎片的集合。由于其颗粒度较小，可以方便组合，因此易于被建设者和使用者利用。示范性课程是资源库的骨架，能够按照某种逻辑把碎片化的资源串接起来。这个逻辑编排是否合理，反映了教学改革是否到位，是否符合学生的认知规律和习惯。资源池所提供的资源，一定要远多于教与学所调用的资源，既能支撑资源使用者直接共享资源，又能支持其自主组合资源，使其成为资源的建设者，服务于其他用户。

（二）坚持需求导向

在高职教育信息化资源建设方式上应以需求为导向，坚持应用驱动，规范专业化流程。这方面可以借鉴加拿大的资源建设做法。成立课程专家、教学和科研人员组成的专业团队，开发制作资源；以第三方评价与反馈体系定期评估资源内容与用户需求的符合度；另外，还设有负责支持服务的专门团队，解决技术问题，确保资源建设高效开展。

信息化资源建设的最终目的是能够为学习者所应用。因此，信息资源库要提供可以随意组合的知识，形成颗粒度较小、海量存储的资源池，通过不断丰富网上资源池，实现资源按需进行重组与整合。特别要立足于高职教育特点，构建以岗位需求为依据的实训资源平台，为高职教育的实践教学提供条件和保障。在此过程中，要鼓励教师与信息化技术人员积极合作。

同时，各高职院校间畅通信息化资源互换渠道，探索资源交换、交流、交易机制，可以组建共建共享联盟，即由与高等职业教育教学资源建设、应用有关的单位，诸如院校、学会、协会、研究机构、行业企业等，在自愿的基础上组成战略联盟群体。联盟内院校基于资源库实现学分互认，鼓励学生使用资源库学习，在学生统一测评、考核通过后认定其学分，以此推动资源库的广泛持续使用，避免资源的重复建设而造成人力、财力的浪费。此外，联盟内的成员单位还能发挥互补、协同、集成、融合的优势，共同推进高职教育信息化资源的共建共享。

（三）遵循资源生成原则

资源公共服务平台是汇聚共享教育资源、衔接建设与应用的重要载体。由于高职教育的特殊性，教与学的互动过程中、网络教育社区的交流中，都会形成大量的生成性资源。为此，要按照若干原则生成与应用这些资源，才可能最大限度地实现资源的集约共享，推动资源建设与使用良性互动，形成面向课堂、面向教学、面向师生的资源服务云模式。

1. 开放性原则

共建共享的开放性表现在面向全部学校，即每个学校共享自己的优质资源，打破学校、地域间的壁垒；面向全社会，即吸引非教育部门和大众的参与，如科研、博物馆、科技馆、图书馆、出版社、非教育技术企业等；面向全球，即使用全球范围内的（免费）优质资源，不重复开发；面向各种技术平台和资源类型（如课件、教案、学生作品、汇报、教学日志等的共享），便于整合；免费（或低价）。高职教育信息化资源的共享可以采取多种形式，最重要的是共享机制的实现。

2. 可持续性原则

提高教育资源信息化整体应用水平，避免孤立、短命的开发立项，彻底消除信息孤岛。资源采集采取分布性；资源建设要吸收用户参与；资源的共享在使用中生成用户评价和推荐，在使用中评估教育要素和数据共享。

3. 创新性原则

以新型资源支持创新学习，将资源的创新性建设与共享作为开发和研究的重点，支持学生学习、支持教师学习。通过资源共建共享，教师能够基于探究，成为共同学习者和合作思想家；学生能够了解、分析各自在各学科领域的学习理解和进展结构，为知识建构搭建支架；在创新性原则的指导下，师生能够增进对资源生成与应用的理解和实践，推动教师的专业成长与学生的全面发展。

4. 合法性原则

资源可能涉及版权、个人隐私及内容分级，因此在资源建设中应遵循合法性原则。对于涉及版权问题的资源，在高职资源建设中应严格遵守版权法规，对版权的使用应持谨慎态度。对于优质资源，可以采取购买版权的方式。如果经费紧张，还可以使用自由版权等。随着信息技术的发展，以及我国高职教育改革的逐渐深入，高职教育信息化资源建设方式、手段必将不断丰富，信息化资源建设的步伐也将持续加快。

（四）促进资源均衡共建

高职教育信息化资源的建设与共享需要关注并应用云计算和大数据等核心关键技术。基于大数据进行数据挖掘与学习分析，以云计算为架构、平台集中管理，资源共建共享，摒弃信息孤岛，形成教育大数据，对其进行收集、分析和整理，推测出更精确的数据可以为因材施教、个性化学习提供支撑。围绕创新人才培养开展大规模在线开放性研究性学习平台建设，构筑智慧教育核心组件，为未来大数据挖掘和完善服务体系提供了技术支持和资源保障。

云的核心特征是资源共享、弹性计算、自服务、普适性和基于应用定价；私有云、公共云和混合云是云部署的三种常见形态。应用云计算可以提高信息化资源的整合力度，降低资源建设的基础设施费用和运营成本。这一过程需要经历构建云环境、管理和整合云环境以及传输云服务三个环节。最终目的是汇聚最佳云解决方案，帮助组织获得信息资源服务，真正实现高职教育信息网络的互联互通，提高资源的利用效益和安全稳定性。

大数据的主要价值在于帮助人们做一些现实中不可能做到的事情。例如，在资源共享时采用"数据分析成熟度"的模型，将数据分析的成熟度定义为数据采集和基本分析、数据整合和统一、业务报告和分析、预测分析和认知分析五层，这五层呈现出上小下大的金字塔形状。这五层的目的就是从各种各样的数据类型中萃取有价值的内容，通过分析共享资源的用户行为及其应用数据，能够预测其未来应用走向，从而实现资源服务的主动推送，更大程度地发挥资源效益。大数据所展现出的惊人的分析和预测作用，能够推动教育信息化资源的更有效应用。

目前，全国已经建设了一些数字化教学资源库。从高等职业教育国家级专业教学资源库项目获取的数据，经统计分析可知，加速建设国家教育资源库，才能实现全国互连互通，资源共享。作为国家级资源总集，必须是结构合理、重点突出、更新及时、共享高效的，而且应该覆盖重点专业课程、高等职业教育各类院校的主要专业门类，以及行业企业在职职工培训、社会成人教育等多方信息资源。

（五）构建资源共享机制

资源共享机制是指实现资源共享目标的过程或方法。高职教育信息化资源建设是一项复杂的系统工程，必须形成政府、企业、学校多方参与的有效机制。其中，政府是主导，所以统筹规划的职能必须由政府担当起来。

政府应高度重视，提供公共服务，促进区域高等职业教育资源数字资源总体规划及均衡发展。从国家层面而言，要合理配置现有职业教育信息化资源，就需要加大对西部的扶持和资助，缩小东部和西部教育信息资源之间的差距，通过政策引导，发展职业教育；将指向使用资金的软件和信息化建设的硬件的发展水平同时提高，平衡教育资源，制定职业教育信息资源建设标准。从省级政府层面而言，要研究相关政策和标准，探索建立可持续的运行和维护机制，采取购买资源服务的方式，促进高职教育领域资源共享。此外，政府还要协调高职院校和企业之间的关系，引导社会力量参与教学过程，共同开发课程和教材等教育资源。

政府应该通过引入市场竞争，提供更多的机会使社会企业能够参与提供公共服务，降低成本。多元主体的全新供给体系，能够较好地实现风险规避。

另外，教育信息资源建设的主体是高职院校。高职院校只有充分发挥学校为基础的资源，才可以实现共享，甚至实现全国、全球范围内的职业教育信息技术资源的共享。要在全省发展分布式学习资源中心和省级补助分布式学习资源的各类教育机构，以支持全省高职学院，并通过建立的服务体系，为学习提供更多的支持。例如，在版权上运行宽带视频可以通过政府出资购买，校方免费使用。鉴于学校目前已经开发了一些资源，建立了自己的平台和学习管理系统（LMS），因此要避免重复建设。

专家的角色在于教育资源质量的控制；企业能为职业教育信息资源建设注入新的活力；整体来看，政府主导下的高职教育资源建设应注重覆盖基本与核心需求，要鼓励各方积极参与信息化资源建设，同时给市场留有余地，发展市场相互关系，构建多方参与的和谐格局，避免脱离实际的教学资源转化为人力和财力的巨大浪费。为了确保资源建设的资金，教育资源的开发和推广费用应由地方政府统一安排，而各级政府应加大投入力度，建立合理、平衡的多渠道投入机制。教育信息化机构或学校承担教育资源课件的研发经费时，可以采用适度的奖励模式，能够最大限度地发挥教育资源建设资金的效益，对教育资源的建设发挥促进作用。总之，只有发挥中央、地方两个积极性，予以经费支持，才能更好地建设资源，完善共享机制，体现出教育资源建设经费使用效益的有效性、受益性。

第五章　高职院校信息化教学平台

第一节　高职院校网络教学资源建设

一、网络教学资源的概念

网络教学资源又称"数字资源""数字化教育资源"，是指经过数字化处理，可以在计算机或网络上运用的教学资源，是在教育信息化发展的背景下应运而生的教育资源类型。与传统教学资源相比，网络教学资源有着截然不同的处理技术和处理方式。此外，网络教学资源在表达和展示方式上更立体化、富媒体化，更具有可交互性，在信息化教学里能发挥更大的作用。

余胜泉教授认为，目前存在的网络教学资源主要是媒体素材、题库、课件与网络课件、案例、资源目录索引、常见问题解答、网络课程和文献资料。他将这八种网络教学资源进行概括，分成三大类型：素材类资源、集成类资源和网络课程。多媒体素材类资源，包括文本、图形图像、音频视频和动画类素材；教学成品类资源，包括网络课件、案例、题库、常见问题解答；网络课程，包括精品课程网站上的视频、爱课程网站上的精品资源共享课视频和其他网站上的网络课程视频，以及数字图书馆里的电子图书和期刊。

网络教学资源的来源主要有两种形式。一种形式是本校的教师进行开发和制作，汇集教师的力量和才智，或者是学校自建自筹，如图书馆电子资源库、特色数据库等。另一种形式是购买、下载和整合网络上的资源，或从专业的资源库和优质资源提供方那里购买、引进资源。比如，购买商用数字资源库、中国知网、万方数据库等。

二、高职院校网络教学资源建设内容

（一）文本类素材的建设

文本是文字、字母、数字和其他各种功能符号的集合，通常以字、词、句子、段落、节、章为单位，一个文本可以是一个句子、一个段落或一篇文章。文本存储在计算机上被称为文本文件。文本文件除了换行和回车外，不包括任何格式化信息，它是 ASCⅡ码文件。与其他媒体相比，文字是最容易处理、占用存储空间最少、最方便利用计算机输入和存储的媒体。文字是多媒体课件中非常重要的视觉元素，也是学习者获取知识的重要来源。

1. 常见的文本文件格式及特点

文本文件中，若不在文字上附加任何格式或排版信息，称之为纯文本文件。若对文字附加了格式或排版，则称之为格式化文本文件。不同的文字处理软件支持的文本文件格式不同。

2. 文本素材的获取

文本素材的获取相对简单一些，其获取方法主要有七种。

（1）键盘输入

通过外部文本编辑软件（如记事本、Word 等）用键盘直接输入。多媒体开发软件一般都能提供文本输入的功能，但是由于集成工具软件对文本的处理能力不强，主要用于文本量较小的情况，所以对于大量的文本信息一般不采取在集成时输入，而是通过其他方式在前期预先准备好。

（2）利用网络获取

①利用专业网站或专题网站检索

通过搜索专业网站和资源网站，可以高效地找到教学资源和素材。目前，互联网上各个学科都会有成百上千家教学资源网站。这类网站数量众多，既包括教育门户网站，又包括各种学科资源网、教学网、主题网站……

②利用网页搜索引擎检索

搜索引擎实际上也是一个网站，只不过这个网站主要提供信息搜索服务。常见的搜索引擎有谷歌（www.google.com）、百度（www.baidu.com）、搜狐（www.sohu.com）、新浪（www.sina.com）、搜狗（www.sogou.com）等。

搜索引擎种类繁多，品牌各异，但操作基本相同。搜索引擎都有一个关键词输入栏，在该栏中输入要搜索内容的关键词即可。需要说明的是，由于互联网上的信息太多，其中夹杂着很多无关的信息，如何迅速、有效地找到需要的信息，还需要进一步掌握搜索引擎的使用技巧。

③利用分类目录和网络资源指南检索

严格地来讲，分类目录和网络资源指南检索并不是真正的搜索引擎。按照目录分类的网站链接列表，用户完全可以不用关键词进行查询，仅靠分类目录就可以找到需要的信息，如国内的搜狐、新浪、网易等。

④利用专用搜索软件检索

有许多专门的软件用于搜索特定类型的素材资源，如图片搜索、流媒体搜索等。

⑤利用专业数据库检索

很多专业的服务机构开发了大型的教学资源数据库，并且将这些教学资源有偿地向广大网民提供服务支持，如美国教育资源信息中心（ERIC）数据库全文检索系统、中国知网、万方数据知识服务平台等。

（3）语音识别输入

通过语音识别软件、麦克风进行文字输入。语音识别输入需要正确地读出所输入文字的读音，如果普通话不标准，可用语音识别软件提供的语音训练程序进行训练，让软件熟悉用户口音后，就可以通过语音来实现文字的输入。

（4）笔式手写输入

通过手写板进行手写输入。手写输入方法使用的输入笔有两种：一种是与写字板相连的有线笔；另一种是无线笔。无线笔携带和使用均很方便，是手写输入笔的发展方向。写字板也有两种：一种是电阻式；另一种是感应式。

（5）扫描识别输入

如果要将印刷品上的文本资料变成 Word 文档后进行编辑加工，最直接的方法就是重新打字输入，这显然很不方便。这时可以利用扫描仪从中提取文字，再用光学字符识别（OCR）软件自动将其转换为 ASCⅡ字符，获取所需的文本。常见的 OCR 软件有清华紫光 OCR、尚书七号等。

（6）利用图形图像处理软件制作

利用图形图像处理软件（如 Windows 画笔、三维文字制作软件 Cool 3D、Photoshop 等）来制作，然后在多媒体开发工具中用插入图片的方式调用。这种方法制作的文字比较美观，但修改麻烦。在制作时，最好预先设计好文本区的形状和大小。

（7）文件插入

对于由大段文字组成的文本（如课件中的说明文字），可先用字处理软件

（Word 等）输入并编辑为相应的文件，然后用集成创作工具把整个文件载入多媒体教学课件中。与键盘输入相比，文件插入可获得快捷、出错率低的版面效果。

（二）数字图像资源的建设

图像是指各种图形和图像的总称，是人类社会活动中最常用的一种信息载体。在计算机中，图像是以数字方式来记录、处理和保存的，所以也被称为数字化图像。

1. 图像文件的格式及特点

图像包括静止图像和动态图像，如照片、绘图、插图、视频和动画等。图像信息是形状和颜色信息的集合，这些图像信息在计算机中是以矢量图和位图予以表现和存储的。

位图又叫点阵图，它是由许多点排列组合成的图像，这些点被称为像素。当许许多多不同颜色的像素点组合在一起后，便构成了一幅完整的图像。位图文件保存时，需要记录下每一个像素的位置和色彩数据，因此图像像素越多，文件占用存储空间就越大，处理速度也就越慢。常用的工具软件有画图、ACDSee、Photoshop 等。矢量图也叫平面对象绘图，是用数学向量的方式来记录图像的内容，色彩变化少，文件所占的存储空间较小，也很容易进行放大、缩小或旋转等操作，并且不会失真。常用的工具软件有 Flash、CorelDRAW、CAD 等。

2. 图像文件的获取

图像素材的来源很多，通常获取图像资源的途径有六种。

（1）用扫描仪扫描

扫描仪是一种计算机输入设备，主要用于将印刷品、照片等纸质资料中的内容扫描成能在计算机中存储和处理的数字图片。

用扫描仪获取图像的过程比较简单，其操作步骤如下：按照扫描仪的说明书，将扫描仪和计算机连接好，并安装相应的驱动程序；接通扫描仪的电源，运行图像编辑软件（如扫描仪自带的软件 Word、Power Point、Photoshop、ACDSee 等）；打开扫描仪的上盖子，将要扫描的图像正面朝下放入扫描仪中，并将图像的位置放正，合上盖子；启动扫描仪，运行程序后，单击"文件/扫描图像"菜单命令，调出对话框，对扫描图像的分辨率、扫描模式保存位置等参数进行设置，然后选定扫描区域开始扫描，最后保存文件，或者将图片粘贴到其他需要的地方即可。不同的扫描仪，连接设备、驱动程序及安装操作有所不同，用户可参考设备使用说明，这里不再详述。

（2）用数码相机拍摄

用数码相机获取图像是一种非常灵活、方便的方式，可随时得到能在计算机中存储和处理的图像。使用时，只需通过连接线将数码相机标准接口和计算机标准接口相连，或者将可拆卸的存储器直接与计算机相连，然后利用厂方提供的转换软件，即可将拍摄到的照片保存在计算机中。

（3）从光盘获取

从 CD-ROM 光盘或者磁盘上存储的图像库中获取图像。

（4）用抓图软件获取

①键盘截图

若要捕获全屏，则直接按键盘上的"Print Screen"键。若要捕获特定窗口，则按"Alt""Print Screen"组合键，然后粘贴到图像编辑软件或其他软件的目标工作区即可完成。

② QQ 截图

利用 QQ 软件也可以实现屏幕截图。

③抓图软件获取图像

常用的抓图软件有 SnagIt、HyperSnap、红蜻蜓抓图精灵等，利用这些抓图软件可以很方便地获取图像。

（5）用图像图形软件绘制

对于具有一定绘画水平的用户，可通过图像图形软件自己绘制图形和图像。

（6）网络下载

①下载网页

下载网页的常用方法比较简单，只需要在 IE 浏览器的菜单中选择"文件 / 另存为"菜单项，弹出"保存网页"对话框，从中指定文件保存的路径以及文件的名称，然后单击"保存"按钮即可。

有一些网站为了防止别人复制下载网页上的内容，保存网页时提示无法保存，网页右键被锁定，不能选择、复制，这时可以采用如下方法。其一，使用百度快照进行下载。在百度中找到要保存的网页条目，单击"百度快照"链接，此时打开的网页内容和原网页相同并且可以保存。其二，使用源文件功能下载。此功能只能保存被禁止保存网页的文字，单击"查看 / 源文件"，复制需要的文字即可。其三，用菜单支持的软件编辑。单击 IE 窗口中的"文件"菜单，选择"使用 Microsoft FrontPage 编辑"（有的为"使用 Microsoft Excel 编辑"或"使用 Microsoft Word 编辑"）在 FrontPage、Excel、Word 中复制。

②下载网页文字

对于网页上的文字，通常是先选中，再右键复制，然后打开记事本软件或Word软件，选取"编辑/粘贴"或右键粘贴即可。另外，在粘贴文本到Word文档时，经常会出现表格框或其他格式，可以通过"编辑/选择性粘贴"中的无格式文本来完成。

③下载图片

下载网页中的静态图片以及背景图片，只需在图片上右击鼠标，选择"图片另存为"菜单项，然后在弹出的"保存图片"对话框中指定保存的路径、文件名以及选择保存文件的类型。

对于网页上无法下载和保存的图片，可以使用"Print Scring"键、QQ截图或用抓图软件抓取图片后再保存。

④下载声音

下载网络上的声音常用的方法是将鼠标指针移动到要下载的声音文件的网络路径上，单击鼠标右键，在弹出的快捷菜单中选择"目标另存为"菜单项，然后在弹出的"保存文件"对话框中指定保存的路径和文件名，单击"保存"按钮即可。

⑤下载应用软件

通过搜索引擎或其他途径找到了所需要的软件，且网页中提供了下载链接，可以通过网页浏览器的下载功能下载该软件，其方法和下载声音一样。

⑥使用专用下载工具

当前比较流行的网络教学资源专用下载工具有网际快车、网络蚂蚁、迅雷、超级旋风、电驴等。

值得一提的是，在成为网络资源的获取者并从中受益的同时，我们也要成为网络资源的建设者。网络最大的优点就是实现了资源共享。在条件允许的情况下，每个人都应该尽可能地在网上发布自己的教学资源，供大家交流使用。积极参与网络资源建设的过程，本身就是一个自身素质不断提高的过程，只有亲自参与网上资源建设，才能更深切地体会网络资源的特性。

（三）数字音频资源的建设

1.音频的基本知识

音频是多媒体资源中的重要元素。人耳能听到的声音的频率范围为20～2 000 Hz。音高、响度和音色为声音的三要素。音高又称音调，与声音的频率有关，频率高则声音高，频率低则声音低。响度又称音强，即声音的大小取决于声波振幅的大小。音色则是由混入基音的泛音所决定的，每个基音又都有其固有的频率和不同音强的泛音，从而使每个声音具有特殊的音色效果。多媒体教学资源建设中常用的音频资源包括语音、效果声和音乐三种形式。语音指人们讲话的声音。效果声指声音的特殊效果，如雨声、铃声、机器声、动物叫声等。它们可以从自然界中录制，也可以采用特殊方法人工模拟制作。音乐则是表达人们思想感情、反映现实生活的一种艺术化声音形式。

2.音频文件的获取

多媒体教学资源音频文件的来源广泛，主要有以下四种方法。

（1）直接录音

利用声卡和相关的录音软件，可以直接录制 .wav 格式音频文件。为了保证录音文件的质量，除应选择高品质的声卡和音箱外，还应选用足够高的采样频率和量化精度。在 Windows 环境中运行的录音软件 Sound Recorder 是最常用的录音工具之一。

（2）使用专用录音棚录音

在专业录音棚内录音，可明显减小环境的噪声，获得相当于 CD 唱片的高保真音质。但这种方法的成本较高，课件制作一般很少使用。

（3）从数字音频库中提取音频素材

像数字图形、图像库一样，可提取存储在 CD-ROM 光盘或磁盘上数字音频库中的音频。但要注意，CD 中的音频在计算机光驱中打开时找不到具体文件，因此无法用复制的方法存储下来，需要用专门的软件"抓轨"。常用的"抓轨"工具有 Windows 系统自带的 Windows Media Player（WMP）播放器，其转轨速度很快。首先，打开 WMP 软件窗口，把默认的外观模式切换成完整模式；然后，打开 CD，开始播放；接着，单击"翻录"，勾选需要转存的歌曲；最后，单击"翻录音乐"，被选中的歌曲就会逐一被转换，并存入电脑指定的文件夹。另外，利用 RealPlayer 播放器菜单中的"工具"项中的"CD"项中的"保存 CD 曲目"功能也可以很方便地"抓轨"，从 CD 中提取出音频素材。

（4）从视频文件中把音频分离出来

如果要用到视频中的音频素材，可以使用专门的软件把音频分离出来，如格式工厂工具软件常常用于各类素材格式之间的相互转换，可以用于分离出视频中的音频信息。

（四）数字视频资源的建设

1.视频基本知识

视频由连续的画面组成，它是指拍摄、记录或再现真实人物、事物和景物的电影及电视画面，具有很强的感染力和表现力。视频文件是由一组连续播放的数字图像和一段随连续图像同时播放的数字伴音共同组成的多媒体文件。其中的每一幅图像被称为一帧，随视频同时播放的数字伴音被简称为伴音。由于视频中包含声音信息，因此在对视频进行压缩时，也要对其中的声音信息进行编码和压缩。

2.视频素材的获取

视频素材获取的途径主要有三种。

（1）自行拍摄

通过数字摄像机及带录像功能的数码照相机、手机等直接获取数字视频图像数据。

（2）从资源库中获取

从教学光盘、电影光盘、卡拉 OK 光盘等获取视频素材。

（3）屏幕录像

使用屏幕录制工具录制远程教学视频、电脑屏幕播放的视频。屏幕录制软件很多，可以在网上下载，如屏幕录像专家、EV 录屏等。

三、信息化时代网络教学资源整合

为顺应资源整合发展趋势，提高学生学习及教师教学的效率，国家、地方政府、高职院校、相关企业必须通过一体化、数字化、信息化顶层设计及指导，构建资源共享的信息系统，形成整体化的支撑应用环境，促进多级平台的有机整合和协同合作，共建共享科学、高效、优质网络教学资源综合应用平台。

（一）尊重资源共享者利益，加强知识产权保护

网络教育资源的共享与整合，应首先关注资源创作者的知识产权，采取必要手段为高职院校之间、个人之间共享资源提供解决路径。一方面，高职院校之间资源共享应引入外力资金支持，减少学校共享资源的成本，打消优势学校的成本顾虑，同时加强对校域间共享资源的行政干预和监督，组织优势学校共享教学资源，洽谈具体合作条件，开展多轮对话与博弈，帮助高职院校间达成具有双方约束力的合作协议，并愿意共同遵守双方利益，促成共享资源目标的实现，确保各类学校在共享中获得应有效益。另一方面，教师作为版权所有者时，为保护版权

所有者的创作激情和成果，实现更多网络资源共享，也需加强对其知识产权的保护。高职院校或相关机构应建立网络资源协议储存数据库，根据版权所有者的要求创建共享协议并进行资源储存，需求者与版权所有者相互约束，既保护了教师的知识产权，也实现了资源共享。

（二）提升教师信息化水平，打造专业化队伍

网络教学资源的整合与共享离不开教师主体的力量，因此，高职院校必须加强教师信息化水平的建设，并提高其对信息化资源重要性的认识，打造既具有学科扎实功底，又熟练掌握信息技术的教师资源开发队伍。首先，高职院校要充分调动一线教师参与共享资源建设的积极性，为优秀教师颁发任命聘书，肯定其学科优势和责任优势，积极带头主持学科栏目的网络化共享建设。其次，高职院校应定期组织信息化建设培训，提升教师的信息化水平，帮助教师明确网络规范，了解最新网络共享制度，并掌握网络教学资源的后台管理和多元化操作，促进教师信息化水平的不断提高。最后，高职院校还应加强对骨干教师的激励和考核管理，促进多学科教师的联合交流与互动，共同为网络教学资源的整合与共享建言献策，打造一支专业化、多学科的网络共享团队。

（三）拓展学科内容特色化建设，强调资源分层整合重要性

网络教学资源的整合与共享除了要树立整合意识和全局思想以外，还要注意各系统之间的差异性，尊重学科的专业性，建立不同的学科专业化模块，并沟通模块之间的联系。整个数据库的共享与组合建立在各业务模板的整合基础上，首先要尊重各自模块的独立性，才能实现数据集成与应用，实现跨系统的信息内容关联、管理流程关联、信息服务关联，形成既独立又集成的应用环境，支撑起学生主体的数据查找、数据学习、数据分析等功能建设。同时，提升学生主体对不同学科模块的熟悉程度及选择利用能力，使其在最短时间完成对学科的自主选择和有针对性内容提取。此外，资源共享还要强调资源系统间的结构性，把握每个系统的主体地位及责任，通过分层整合实现系统的优化管理，实现软件、硬件、管理、数据服务、数据安全等多系统的一体化构建，既保持联系，又相互独立，最终服务于学生群体及其他参与主体。

第二节　高职院校信息化教育云平台

一、云教育和教育云

不管是云教育，还是教育云，学界都没有展开过非常系统的探讨和研究，特别是我国的云教育还处于示范和发展的初期阶段，云教育的理念和实践都没有成熟的结论。因此，我们目前所接触到的有关云教育的定义及争论显得非常单薄，只有一些 IT 业界的说法或者是部分学界人士对云教育的态度和看法。

（一）云教育

关于云教育，《著云台》的分析师团队对其定义是，云教育是指基于云计算商业模式应用的教育平台服务。在云平台上，所有的教育机构、培训机构、招生服务机构、宣传机构、行业协会、管理机构、行业媒体、法律结构等都集中云整合成资源池，各个资源相互展示和互动，按需交流，达成意向，从而降低教育成本，提高效率。这样一个云平台，也就是我们常说的"教育云"。北京师范大学信息网络中心主任刘臻认为，云教育就是将教育服务的资源通过云计算的模式提供给用户。它实质上是与以前在高校信息化中建立集中化管理模式和资源整合，建立公共的 IT 服务及资源应用的平台是相关的，是一种集成和发展。

简而言之，云教育其实就是一个云计算技术在教育领域的应用而衍生出的概念，它本质上是一种教育方式，是教育信息化、网络化的表现。

（二）教育云

与"云教育"同时出现的是"教育云"的概念。佛山科学技术学院教育科学学院系主任李新晖曾经表示，教育云是一个教育信息化服务平台，通过"一站式"应用和"云"的理念，打破教育的信息化边界，让所有学校、教师和学生拥有可用的、平等的平台。

中山大学网络与信息技术中心主任郭清顺表示，教育云是将教育技术理念、学习支持服务的理念、创新思维的理念等多种思想和技术融合，为用户提供优质教育服务的平台和方式。

无论教育云穿上什么样的"外衣"，它的实质都是以云计算架构为基础，深度集成整合各种资源、系统、服务，按需向用户提供租用或免费服务，满足用户在学习、科研、管理、生活、娱乐、社交等方面的需求。用户只要拥有网络和终端设备，就能够像使用水和电一样，随时随地随需地"信手拈来"教育资源。

云教育和教育云虽然都指向云计算与教育的联姻，都是基于云计算在教育领域的迁移，但语义范围还是有所不同的。云教育也可被称为云时代的教育，或者说基于云计算技术展开的教育活动。教育云则是教育的云计算技术运用，或者说云计算技术在教育领域的运用，具体可表现为以云计算方式来提升教育效率和质量，降低教育成本的一个云服务平台，这个平台实现了教育数据的云化。如此来看，云教育是广义的，教育云则是狭义的。

（三）教育云平台的技术特征

1. 专业的用户细分

就目前所公开的教育云平台来看，云教育是针对教育系统的独特性研发出的一套专业的用户系统，根据用户单位类型、地区、身份、部门、角色、岗位、职位、科目、年级、班级等分类归档，并赋予不同功能和权限。专业的用户细分提升了教育的针对性。

2. 严格的权限和隐私设置

一般在教育云平台上，用户可为自己发布的内容和上传的资料快速设置或详细设置读写权限。详细设置可将权限赋予指定地区、身份、年级等细分用户和指定好友等，同时还为用户提供私密保护。设置为私密的信息，除了用户本人，其他任何人甚至包括平台管理员也无法查看该信息，最大限度地保护了用户的隐私。

3. 简单快捷的网站生成

教育云平台提供了操作更加简单的网站生成系统。该系统由向导引导开通，只需要简单的几个步骤就可以生成教育部门、学校、班级、教师、学生等群体的不同专业网站。在这个过程中，用户还可以选择各种已经设置好的、风格多样的模板，或利用提供的工具自定义设置自己喜欢的个性页面，打造独特的风格网站。

4. 开放通用的信息中心

接入到某一云教育平台的学校，使用的是同一标准的系统，所有学校资源及信息都可以与其他学校共享，这样就形成了一个超级教育资源库，落后地区与发达地区形成对接，实现资源对等。

5. 扩展性强、更新速度快

教育云平台的背后有专门的研发团队负责技术跟进和产品研发，可提供诸多应用，做到技术和理念与世界同步，并不断开发出最新的软件供学校使用，自动升级，无须做更多的设置就可以使用到最新的功能，获得顶尖的服务。

6. 对用户端设备要求很低

教育云平台所提供的一切服务对用户端的设备要求很低，学校师生可以使用原有的旧电脑或采用性能一般的低价笔记本电脑以及智能手机就可享受教育"云"服务，因此学校能极大地节约计算机硬件购买和维护的成本。

7. 高存储力、超强计算力

教育云平台可为用户提供海量的存储容量，可保存用户的所有信息和资源，并提供永不丢失的备份。另外，教育云平台为由成千上万台服务器集群做计算，相当于一台超大型的计算机，能赋予学校前所未有的计算能力，这是目前任何一所学校都无法做到的。

8. 强大的应用服务支持

教育云平台提供的教育应用引擎使更多的开发人员可以在该平台上开发并运行教育应用软件为用户提供服务，且软件不限于教学课件、教学工具、教务管理、教学游戏等，从而拓展了平台的功能。

（四）教育云服务的现实意义

1. 保障信息安全，数据集中管理

任何一所学校在加大力度投入信息化建设时，都会积累大量的数据资源，其中还会有一些至关重要的核心数据。云计算服务提供了安全可靠的数据存储中心，把网络上的服务资源虚拟化，整个服务资源的调度、管理、维护等工作由专门的人员负责。将数据存储在云端，不仅能保证数据高效安全地存储，更能进行快速的数据加密和解密，以及及时启动防御攻击的硬件辅助保护功能，有效提高安全性。因此，使用教育云服务能够保证数据安全，师生无须再担心个人电脑因病毒和黑客的侵袭以及硬件损坏所导致的数据丢失问题。

2. 简化基础设施，降低建设成本

教育云服务对云用户端的设备要求很低，只要拥有可以上网的终端设备、一个浏览器，将终端设备接入因特网就可实现，不用再投入大量资金购买昂贵的硬件设备，负担频繁的维护与升级。同时，采用云计算可以减小计算能力对终端的限制，师生可以使用一般的电脑或采用性能一般的笔记本电脑及当前比较普遍的智能手机接入云服务。这样可以极大地减少教育信息化建设的投入，降低学校在信息化建设中的软硬件成本。

3. 接入方式灵活，便捷开展教学活动

教师与学生可随时随地通过手机、笔记本电脑等获得云服务，如学习电子教案和视频、在线提交作业和提问、参加网上考试等，教师可以通过终端设备更新电子教案、网上答疑、在线评卷等。所有数据都可在云端解决，云用户可以方便地利用这些资源。这样的教学活动就摆脱了过去教学对空间地点如教室和机房的限制和要求。

4.规范应用模式，实现资源共享共建

用户可以通过云应用平台定制私有云服务，将多个应用现有的信息资源共同加入一个"云"中，更大化地将各机构的优质资源挖掘和发挥出来，并利用其所提供的强大的协同工作能力实现教育信息资源的共享与共建，从而提高信息化建设效率，有效地整合数据资源，减少重复性建设，从而保障了数据的一致性。

二、高职院校教学云平台设计

（一）云平台总体设计

1.方案的设计

云平台的核心是云计算技术，云计算的核心理论是服务，因此资源与软件都以服务的形式进行公开发布。利用互联网，学生可以随时随地使用"云服务"进行学习讨论。云平台为教师和学生搭建了一个教学资源管理系统，而这个系统要具备强大的教学功能、教学资源功能，主要包含学习模块、教学模块、交流模块、资源模块、评价模块、管理模块等。学生通过这些模块可以实现自主学习，教师通过这些模块可以实现互动式教学。

2.总体架构设计

云平台的总体架构设计基本上是相同的，主要把平台分为三层进行设计研究，分别是 Web 控制层、数据访问层、HDFS 文件系统。每个学校根据自身的需求可以在此基础上完善平台架构，实现自己独有的云应用。

各高职院校可以根据自身办学特点和行政内容搭建满足学院需求的云计算平台，在此平台上主要实现各专业教育教学资源共享和跨系相关联专业云计算应用的研究。先是搭建云平台硬件部分的建设内容，如云计算各服务器（存储单元数据服务器、存储节点数据服务器、视频点播服务器、云桌面应用服务器）；在具备硬件的基础上完善学院特色的软件平台内容的建设，如云计算存储软件系统、云计算应用软件系统、云平台视频点播系统、云计算测评系统等。经过实践运行与完善，云计算平台在学院的应用，从而提高教学质量和教学水平，并在分析测评数据的基础上改变教学手段和方法，促进教师授课的积极性调整，形成良性循环。

（二）云平台功能设计

云平台主要包含以下基本功能。第一，存储。云平台除了能够通过传统的硬盘物理存储器方法存储，还能够通过云存储，把教学课件、教学视频、试题库、习题库等资源存储到云端。第二，访问。云平台能够满足教师、学生、管理者在同一时间对大量数据的访问。第三，云盘。教学者和使用者都能够根据自己的权限申请相应大小的云盘空间，把自己讲授或学习中出现的问题及时存储到云盘中。第四，云桌面。云平台能够虚拟出桌面进行不同应用和管理。第五，云笔记。学生能够随时截取知识点，并把自己不会的问题上传，教师根据云笔记有针对性地解答。第六，评价。云平台能够对学生掌握学习的情况进行评价，也能够对教师的教学进行评价。同时，教师可以通过对学生学习情况的分析提高教学质量。

三、高职院校教学云平台的作用

基于"教学云平台"的模式，把传统教学和云教学统一结合形成一种非常适合高职院校课程改革的混合教学模式。通过这种混合式教学模式，教师每次课前设置教学任务，从任务出发引导学生自主学习。教师在运用云平台进行课中教学时，可以将学生分成小组，每个小组作为一个团队进行交流、学习、讨论等。通过这一过程，学生对学习更具有主动性和积极性，更能够做到在做中思、做中悟、做中学。每次课后，学生通过完成的任务能够知道自己所学习和掌握的理论知识和技能知识。

（一）云平台优化教学过程

教师在利用云平台教学的过程中，把以前传统的单向性教学变为双向性教学，把封闭式教学变为交流式教学，把课堂上教师对学生的灌输式教学变为个性化教学。通过云平台，学生构建了自己的网络学习环境。在这个学习环境中，学生不受时间和空间的限制，可以随时随地登录私有的学习空间进行自主学习。在云平台上，学生可以阐述自己的观点，学生之间可以交流学习经验、学习难点，并就某些知识点展开讨论，教师则根据出现的问题进行及时辅导和解答，从而形成了互动教学的良好环境，营造了良好的学习氛围，激发了学生的学习兴趣，也提高了学生利用网络等工具进行自主学习的能力。

（二）云平台虚拟化实验实训环节

高职院校注重实验实训环节教学。一门课程中有多个实训项目，每个实训项目考察多个内容，而教师要根据不同学生变更考察内容，因此教师花费了大量的时间在此环节上。实验实训环节的增加，为学生提供了实际工作中真实的学习、工作环境，也使学生的知识和技能得到很大的提升，学生也很愿意加入到这种教学活动中。然而，由于高职院校的资金有限，不能很好地保证每一门课程都有如此多的真实实训项目，但虚拟化实验实训教学可以解决高职实训教学环节中设备不足的问题。

（三）云平台记录成长轨迹

在使用云平台进行学习的过程中，学生的每一次登录学习、交流都会形成自己的大数据。学生的学习步骤、学习讨论发言、日志、个人作品等都被记录下来，形成一个非常清晰的表，而每一个学生的兴趣、学习状态、合作能力等都为教学评价提供了有利依据。这个表中也记录了学生的学习历程，体现出了学生学习能力的变化，为将来学生就业提供了有利的参考。学生可以根据这张大数据表看到自己的变化并发现自己的不足，据此弥补知识和技能。

教师可以通过分析每个学生的大数据来完善教学内容和教学方法，也可以通过辅导过程、辅导内容等自己的大数据来完善自身的教学能力、语言表达能力、教育科研能力和教育技术能力等。

高职院校的教学云平台，基于当前最流行的云计算和大数据技术，不仅实现了教学资源的共享，还为教师和学生提供了互动学习的平台。不仅能够对教学效果进行合理评价，还解决了高职院校技能课程较多、由于经费等限制个别实训室建设跟不上等问题。资源共享让技能学习不再空洞乏味。教学云平台的应用，加强了高职院校的内涵建设，提高了院校的核心竞争力。不过，如何设计云平台框架结构、功能，采用什么样的云平台管理方式和平台分析策略仍是需要进一步研究的问题。

四、高职院校教学云平台改进策略

（一）强化服务能力，完善教学资源云平台建设

一是要加快现代教育技术配套设施建设，实现高速互联网校园全覆盖，为教育信息化建设提供物质基础和先决条件；大力推进智慧校园建设，加大物联网建

设力度，建设具有泛在学习、高效管理和便捷服务的智慧校园，实现师生学习工作方式的信息化、教学管理方式的智能化和服务方式的现代化；二是进一步提高教学资源建设的合理性和科学性，重点开发与应用微课资源、网络考试中心等立体化课程资源，培养一批具有较强信息技术水平的师资队伍，并结合高职教育的特点和对岗位的需求进行匹配的课程教学设计，实现各专业课程的信息化、网络化，逐步完善平台资源建设。

（二）强化应用导向，提升教学资源云平台价值

进一步强化教学资源云平台的自主性和泛在性应用。一是创新自主教学活动方式，建设一批弘扬传统文化、民族文化、校园文化、企业文化和专业文化的特色空间，如心理咨询特色空间、书法特色空间、专业建设特色空间、课程建设特色空间等。构建基于云空间、微信等方式的推送体系，主动提供适合学生学习能力、兴趣、进度的学习任务和资源，包括文稿、视频等，实时测评学习效果，反馈教学质量；为教师主动推送课件、教学评价、考试测验分析等；根据每个学生的学习进展，统计学习情况，帮助教师改进教学方式，提高教学质量，引导学生快乐学习、自主学习，实现个性化培养，提高平台空间的效率和价值；二是深入推进顶岗实习应用，将基于云空间的顶岗实习应用——"微信课堂"进行顶岗实习过程管理、实施教学活动以及实习考核，有效推进工学结合和校企合作，使之成为培养高素质技能应用型人才的重要途径；三是深化融合教学管理应用，利用教学资源与平台实时记录、交互便捷的特点，以教学管理中普遍性问题作为管理碎片化探索的切入点，基于教育云平台的流程再造教学管理体系，进一步规范管理流程，实现教学大数据的实时采集、传输、整理和分析，实施精细化管理和针对性教学，提升管理效能和教学质量。

（三）强化激励与考核，进一步推广教学资源云平台应用

一是建立健全长效的激励和考核机制，分阶段逐步推进教学资源建设，从高职院校的管理层到执行层实施层层督导与考评，鼓励广大教师进行课程资源的建设和应用研究；二是依托云平台拓展职业教育重点建设项目管理、人才培养工作评估、学生专业技能抽查、教师培训等项目的开展，加大教学资源云平台的应用领域，使之成为职业教育的网络主阵地。

第三节　高职院校信息化移动学习平台

一、移动学习的概念与特点

（一）移动学习的概念

移动学习通常是指借助移动设备，如手机、平板电脑等，在任何时间、任何地点，学习任何想学的知识。对于移动学习中的多媒体课件，通常需要借助智能手机应用软件，通过在移动设备上安装和运行该应用软件来实现。移动学习是通过社会和内容的交互、使用个人移动电子设备进行跨情境学习，强调学习者的移动性，即学习是移动的、持续的活动。在移动学习环境下，学生可以根据自身的学习需要随时随地选择不同的方式进行学习，不再受时间和空间的限制，极大地满足了学习者个性化的学习需求。

移动学习具有移动性、便携性、资源共享性等优点，这增加了学习者在学习时间和空间上的灵活性，使学生能够充分利用课外时间进行学习。移动学习具有交互性和情境性，这是移动学习的特色。移动学习不同交互距离和社会化程度的学习活动，会影响移动学习者在学习过程中的学习效果和体验。将移动学习与翻转课堂教学有效结合，学生可以在课前自主选择移动学习的时间和地点，根据自己的学习进度，充分利用空闲时间，以实现学习目标。

（二）移动学习的特点

1.学习时间、空间的不固定性

在移动学习这种新型学习方式中，学习者可以随时随地借助无线移动设备进行学习，使移动学习不受时间和空间的限制，跨越了地理空间和动态时间，符合学习者的地理空间移动性和弹性的学习时间需求，真正做到了在空间上移动的学习，在任意时间上移动的学习。这就意味着学习不仅仅发生在课堂中的上课时间，放学回家的公交车上、吃饭的时候、晚上睡觉前都可以进行学习，打破了课堂学习的壁垒，使学习可以发生在任何时间和地点，有利于学习者的个性化学习。

2.学习内容丰富多样、碎片化

移动学习的学习内容不同于课本，由于移动学习是在任何时间和任何地点发生的学习，移动性这一特点也与学习者注意力的分散性相关联，因此导致学习者无法长时间将所有的注意力放在学习上。这就要求移动学习的学习内容要有很强的吸引力，保证学习内容的丰富多彩，使学习者可以根据自己的兴趣爱好，选择学习内容进行学习，尽量增长学习者将注意力集中到学习内容上的时间，提高学习者的学习效率；同时也要求移动学习的学习内容不能过长，在保证学习内容的完整性和连贯性的前提下，对学习内容进行合理的调控和分割，尽量在学习者集中注意力的有限时间里，呈现出完整的、连贯的学习内容，提升学习者对学习内容的吸收率。

3.学习工具的移动性、互联性

随着无线移动终端设备和无线网络技术的发展，智能手机、iPad、笔记本等无线移动终端设备在社会群体中已经有了相当高的普及率，无线网络在人们生活中的覆盖面积也在不断地扩大，手机4G/5G网络也在不断地升级、提速和降低资费，这为移动学习提供了设备和技术支持。学习工具的移动性和互联性使学习者可以随时随地获取信息、处理信息，学习时间和学习地点无限扩大，可以使身处异地的学习者或教师相互联系，方便学习者与学习者、学习者与教师之间的交流互动、共享学习资源。

4.学习过程个性化、自主化

移动学习以学习者为中心，在整个学习过程中，学习时间、学习地点、学习内容都不是固定的，由学习者自由选择。学习者可以根据自己的学习需求、学习习惯和兴趣爱好，在合适的时间和地点选择自己喜欢的方式对感兴趣的内容进行学习和互动，没有外在因素的限制，充分体现个性化学习优势。移动学习强调发挥学习者自主学习意识，体现学习者的主体作用，从而要求学习者需要有较强的自我控制能力，才能自主进行学习，合理调控学习进度，并进行自我反馈和评价。

5.学习主体全民化

移动学习的学习主体不仅仅是在校学生和教育工作者，也包括社会各行各业的工作人员，没有学历、年龄、区域和民族等限制，只要满足移动学习条件，每个人都可以进行移动学习。这也符合终身学习的要求，使学习变成一种社会行为，从一种单纯的求知向社会生活方式转变，促进了学习型社会的建设。

6.学习形式多样化

现代无线移动终端设备为学习者提供了多样化的学习方式，不再单纯地依靠课本内容和教师讲授，既可以通过阅读文字获取信息，还可以观看视频、收听讲座、在线讨论、语音交流、网上搜索等多样化的学习形式进行知识的获取和加工，以及学习者与学习者、学习者与教师之间的交流互动。

二、移动学习平台微课程资源建设

（一）基于移动学习的微课程资源建设原则

1.移动微课程内容应满足职业教育的需求

微课程的特点是用最短的时间讲解最实用、最精炼的教学内容。这就需要教师对教学环节进行设计，做到主题突出、结构优化、教学效果显著，能够在最短的时间里给学生带来丰富的学习内容，同时也要对学生有很大的吸引力。移动学习环境下的微课程，其文件格式一定要是能够在现有网络系统平台下在线播放的流媒体格式，真正让学生做到随时随地开展移动学习，学生利用各种碎片时间能够在移动智能终端进行个性化的学习，做到想学就学，遇到问题立即解决。

职业教育教学的特色是基于工作过程或者工作任务、项目等载体开展教学，因此职业技术院校微课程建设一定要以实际工作问题的分析、解决为主线，相应的微课资源要能解决学生遇到的各种专业技术问题或者知识点等疑难问题，使其不仅成为学生的移动学习资源，而且成为学生的"工作手册"。因此，微课程的课程设计特色要能够符合高等职业教育的特点，并且能够满足职业教育移动学习的重点需求。

2.移动微课的建设应便于教师灵活开展教学

微课既是学生学习的重要资源，又是教师开展教学的得力助手。教师可通过制作适合移动学习的微课程，整合教案、讲义、课件、课后练习等重要的学习资源，使之既可单独拿来作为某个学习单元的讲解，也可组合成一门完整的课程资源。同时，微课程也可以对教师课堂讲解与复习起到引导作用。总之，微课程一定要成为教师手里的"万能钥匙"，使教师能够灵活地开展课上与课下的教学活动。

3.移动微课的学习应该激发学生课后学习的热情

以往的网络教学视频有自己的缺点：在线视频通常以一个学时（45分钟）为单元，时间较长；其内容设计完全是课堂教学的录制版，不利于学生课后主动学习；网站视频文件由于时长较长，其容量也比较大，不便于网络传输，在学生学习的时候容易出现播放中断等一系列技术问题。移动微课则不同，其内容都是教师精心设计，形式不限于课堂，一般场所多设计在工作环境，内容精炼，时间不足10分钟，学生更愿意用手机去浏览，学习目的明确，学习效果更好。

4.移动微课应该满足学生对新知识、新技术的个性需求

由于微课程的制作特点的原因，微课程应该不仅完成课堂常规教学内容的介

绍，更应该及时更新流行的新知识与新技术，以此满足学生强烈的好奇心和对本专业新技术的探索，因此移动微课程的教学内容也应该及时更新或拓宽领域。

5.移动微课的建设应提高职业院校教师执教能力

在移动微课的建设过程中，职业院校教师通过参加微课程研讨会、微课制作技术培训项目、微课程建设经验交流、全国高等职业院校微课教学比赛等各类活动，自身的专业知识、教学能力、信息化教学手段有了很大的提高，进而促进其执教能力的提升。

6.微课程移动学习应具有社会服务的能力

高职院校担负着服务社会的重任。随着实践的发展，移动微课必将成为新的社会服务载体。借鉴和推广微课程移动学习在职业院校开展的研究成果，如农民的农耕技术学习、残疾人的创业学习等，能够满足社会不同学习者的需求，提高职业院校社会服务能力。

（二）基于移动学习的微课程设计标准

1.课程选题设计

完成一门课的微课程，其目标要明确，须对本门课程知识点进行准确的分解，最小的学习单元必须满足每次微课的学习容量；其设计要有课程导入、内容讲解、重难点分析、课后拓展等环节；其表现形式可以是技能操作，也可以是理论讲授、教学演示等。

2.教学内容设计

微课程的授课时长一般以10分钟之内为宜。教学过程要包括教学问题的提出、教学问题的解决、教师教学活动的安排、学生合作探究解决问题等环节；课程引入要精彩，要符合本节课的教学内容，也要引起学生的学习热情；教师在录制微课之前一定要设计好脚本，教学内容要简短完整，语言要精炼，知识点罗列要清晰，讲授思路要清晰，围绕主线要突出重难点、课后总结要精炼，让学生清晰地感受到本节课的学习目的。

3.教学资源设计

微课程讲解的过程中，教师应使用教案、多媒体教学课件、仿真软件等教学资源，以此构建微课程教学资源环境。因此，在微课程录制完毕之后，应该形成以微课程视频为主，其他资源为辅的教学资源包。

4.讲授语言设计

教师在微课程录制过程中一定要使用标准的普通话，做到语言准确、精炼，富有感染力，这就需要教师在录制前一定要多次演练，强化语言表达能力。

5.移动微课的制作标准

制作微课可以采用录制电脑屏幕边讲边做或者教师出镜等多种形式，要有片头、片尾，显示微课程名称、作者、单位等信息。考虑到移动微课的传播载体主要是智能手机或者平板电脑，因此最终的视频格式一定要设置符合智能手机或者平板电脑的屏幕分辨率，声音要清晰响亮，使用标准普通话。

三、移动学习平台的介绍与应用

（一）微信公众平台

1.微信公众平台的功能

微信公众平台的高级功能分为编辑模式和开发模式。在编辑模式下，使用者可以通过微信公众平台向用户群发文字、图片、语音和视频等信息；可以对消息、用户和素材进行管理；可以通过简单的操作实现用户信息的自动回复。在开发模式下，使用者需要拥有一台连接到公网的公众账号服务器，在微信公众平台通过Token认证链接到这台服务器，通过微信公众平台提供的九大接口，实现微信公众平台的二次开发。例如，微网站、微论坛、微活动和微分享等，已经实现了一种主流的线上线下结合方式，更加方便移动学习者对资源的获取和掌握。

微信公众平台对移动学习的主要支持功能如下。

（1）群发推送

教师可通过公众平台向所有学习者推送课程信息，也可以针对不同学习者的需求推送他们需要的相关内容。

（2）自定义回复

微信公众平台可以根据课程和学习者的需要制定丰富的关键字以及相关的回复内容和回复规则。学习者只需通过输入特定关键字，便可从公众平台获取所需学习信息和资源内容。

（3）自定义菜单功能

定义菜单可以使微信公众平台的界面更加丰富，为不同级别的自定义菜单设置响应动作，增强了学习者与微信公众平台的互动。为学习者提供学习支持服务和引导，可以让学习者更好更快地理解微信公众平台拥有的相关功能，从而有效提升学习者的学习效率。

（4）微网站

教师可以将课程内容和资源制作成适合在手机微信客户端浏览的网页，形成微网站，通过微信公众平台将学习者引流到微网站，使微信公众平台更像一个

APP 应用，极大地丰富了微信公众平台，也方便了学习者的使用。

（5）微活动

教师可以设计投票、游戏、测试等微活动辅助教学，提高学习者的学习兴趣，同时为了解学习者的学习状况和倾向提供了多样化的途径。

（6）数据统计分析

数据统计分析包括学习者分析、图文与消息分析、菜单分析和接口分析等功能，可实时获取学习者的学习状况和学习者的学习需求和学习倾向等信息，有利于教师根据统计结果对所推送的信息和资源进行及时调整，改善教学设计并调控整个学习过程。

2.微信公众平台的特点

（1）门槛低，规范化

微信公众平台的注册要求很低，无论是个人还是企业都可以进行注册，人人都可以成为平台的开发者和使用者，且涉及领域也很广泛。为了规范公众对微信公众平台的使用，腾讯公司推出了账号认证服务。认证过的账号拥有更高的使用权限，享受更多的功能和服务，可以进行深度的二次开发，这也使微信公众平台的使用更加规范化。

（2）基于微信，区别于微信

微信公众平台是微信最重要的功能模块之一，是在微信基础上开发的面向群体的自媒体，其拥有微信庞大的客户基础，继承了微信的用户为中心、个性化、互动化和自由度高等特点。在此基础上，微信公众平台又根据平台需要设计了独特的资源信息分享、传播和推送机制，以及强大的二次开发能力。基于微信又区别于微信，集优点于一体，使微信公众平台成为新兴自媒体平台中的佼佼者。

（3）账号分类，功能明确

微信公众平台账号分为订阅号、服务号和企业号三类。不同类型的微信公众平台账号功能不同，针对的人群也不同。当运营主体为组织，可以选择注册企业号、订阅或者服务号；如果运营主体是个人，则只能选择注册订阅号。不同类型的账号有着不同的用途，具体的功能也稍有不同：订阅号旨在为用户提供信息，服务号旨在为用户提供服务，企业号则为企业的组织和经营提供帮助。

（4）开发者中心

开发者中心是微信公众平台的核心之一，为微信公众平台的二次开发提供支持，使微信公众平台的功能拓展有了无限的可能。启用微信公众平台的开发者中心，需要有自己的服务器资源用于放置开发的程序文件，通过平台提供的各种接口向用户提供各种有效的个性化服务。

3.微信公众平台的优势

（1）运行文件多样性

微信订阅公众号不仅仅可以传播文字、图片、声音与视频，也可以创建一些链接。学生可以在微信平台学习微课、拓展其学习资源；教师可以随时在微信服务器上传微课程等各种多媒体文件。

（2）师生交流实时性

微信平台为用户提供了语音识别接口，使学生在学习过程中遇到疑难问题或想与教师交流时，就可以通过微信语音功能与指导教师进行对话交流。这种交流可以很快地解决学习过程中遇到的各种问题，方便学生解除疑难问题，提高学习兴趣，而且可以实现"学习—交流—再学习"的教学模式。

（3）学习管理透明性

在后台的管理功能中，微信公众订阅号具备对学生用户名、性别等个人信息的管理，同时也可以实现对学生学习过程的记录和管理，使教师能够掌握学生实时的学习记录，达到实时追踪学生学习的目的。同时，微信公众平台可以在后台将学生分成不同微课程学习小组，根据小组进行微课程教学管理，这样既可以进行分组教学，又可以分开管理。

4.微信公众平台开展微学习的运行策略

（1）以学生为主组建微学习社区

教师作为微学习平台的主要创建者，应组织部分能力稍强的学生组建微信服务团队，挑选出组长辅助教师进行日常信息的发布和反馈信息的整理，协助教师完成日常微学习任务。具体来讲，教师将学生分为不同的学习小组，建立微信群，通过群内沟通、交流形成学习圈，将平时休闲娱乐的朋友圈变成大家探索知识的学习圈，进而组建微学习社区。

（2）构建内容丰富的学习资源库

教师通过公众平台上传学习内容和知识模块（如教学案例、学术报告、精彩博文、课堂教案等），不仅包括文字、图片等文本内容，而且还包含视频、音频等多媒体学习资源，从而构建学习资源库，方便学习者自主选择与学习。其中，语音和微视频的运用可以拉近师生之间的距离，图片和文本交互结合能加深学生对相关知识的理解与掌握，调动学生学习的主动性和积极性，从而发挥学生主体的作用。

（3）形成有效的自定义回复机制

在丰富的学习资源基础之上，创建容易记忆的自定义回复机制，将不同方向的学习资源进行分组、关键字的编排，进而创建当学生输入一种问询标识，微信公众学习平台就能及时回复对方所需的学习资源，使学生可以根据系统自动回复的资源文件获取自身所需的学习资源的机制。这样的机制可以激发学生自主学习的热情，便于课后开展移动微学习。

（4）建立微信学习平台的推送功能

微信学习平台作为学生一种自主学习平台，在功能上要构建一种合理科学的学习主线，定期地推送一系列学习资源。推送的资源可以是一个工作任务的技能演示，也可以是一个知识点的系列讲座。总之，要让学生养成每天都要在微信学习平台开展学习活动的习惯，使其成为学生课程学习、答疑解惑、课后学习测验等的移动学习平台。

（5）注重个性化的学习需求

教师可以通过微信讨论群组功能与学生进行群聊、讨论，从而满足大部分学生的学习诉求。针对部分学生对交流有害羞和恐惧心理的学生，教师可开展一对一的个性化教学；针对学生在微信学习平台的反馈信息，教师可利用微信中的私聊功能进行一对一的帮助，随时解决学生学习中的问题，调动学生学习的积极性。

5. 微信公众平台学习资源的设计

数字学习资源多数为文字、图片、声音或者视频的形式，形式较为多样。如果想让学生在多样化的学习资源中取得最好的学习效果，那么还需要对这些多媒体学习资源进行优化、重组。此外，数据流量的大小也是决定学习资源传播的重要因素，因此，在学习资源设计中，既要考虑到学生学习兴趣的需要，也要便于网络播放与使用。

（1）移动学习资源设计

微信学习平台中要以微课程资源为主。微课程视频是开展微学习的主要资源，但是考虑到图文类的学习资源在网络传输中数据流量消耗低、呈现方式快、分享复制便捷的特点，因此应在学习平台的微课程视频学习过程中，配有图文类学习资源来支持微课程教学内容。

（2）移动微课程类型设计

移动微课程的制作手段要区别于传统微课。传统微课程有课堂教学视频录制类微课、电子交互白板录制的微课、动画制作类微课、PPT 录制类微课等形式。移动微课的学习环境是基于微信公众平台，其展示的平台是手机或者手持设备，因此微课的制作画面与音频要更加清晰。其中，课堂教学视频录制类微课不适合作为移动学习微课资源，其画面不能很好地在移动环境上突出课程内容；而在移动环境下，电子交互白板录制的微课、动画制作类微课、PPT 录制类微课等形式能更好地展示教学内容。

（3）移动学习测评设计

在微信公众平台上，当学生完成某个知识点或者技能的学习后，应该对学生开展评价测试，进而对学生的学习效果进行跟踪和反馈，及时发现教学中的各种问题，以便解决学生的学习壁垒。一是针对微信学习平台的设计构建中存在的问题进行修改，让学生可以在学习平台中完成考核任务；二是让学生在微信公众平台中使用"阅读全文"的功能，跳转到测试网页，完成知识的考核，进而提升学习平台的学习效果。

（4）移动学习服务设计

在移动微学习系统中，学生会在学习微课程过程中遇到各方面的疑问和困难，因此在系统中要设计学习支持服务模块。这一模块不仅能为学生提供所需的学习辅助资源，而且能及时对学生的疑难问题进行反馈。微信学习平台可以接入微信群、朋友圈为学生提供交流互动，也可以在微信后台设置自动查询帮助。学生可以使用关键字自动回复功能解决问题；教师可以利用云功能，将详细的学习资料上传云空间供自行下载，也可以在微信后台使用开发者功能对微信公众平台的自定义菜单进行设计，随时随地帮助学生解决疑难问题。

微信几乎成为所有智能手机的必备工具，其技术非常成熟。教师可以轻松地完成微信账号的注册与使用，学生也无需安装任何工具就可以直接访问资源，这使微课的推广变得轻松、方便。以此构建的微学习系统能够充分地使用现有的网络资源，便于学习者通过移动设备开展高效的学习。

（二）超星学习通平台

1.超星学习通平台的特点

该平台由超星集团设计开发，是基于"互联网＋教育"背景下，由移动终端加入课堂的理念设计而来的移动端的教学工具，该平台有四大特点。

（1）海量资源，让资源获取与分享更便捷

在学习通平台上，借助超星300万册图书、16万集学术视频、报纸杂志、专业期刊、论文数据等海量资源，均可实现一键导入课程，一键分享给学生，可以创作个人专题和笔记，分享学习心得与见解。

（2）及时反馈，让教师了解学情更方便

教师利用学习通发布签到，一键确认出勤率；发布随堂测验，快速了解学生掌握情况；发起课堂讨论，在交流中彼此促进；发布、收集作业，并及时给学生反馈。

（3）更多沟通，让师生互动更容易

教师利用学习通发通知，学生实时得到信息；学习通还相当于"学习版的微信"，可让教师和学生成为好友；通过笔记"朋友圈"，关注同学的学习动态；利用直播，教师与学生分享见闻。

（4）大数据，让考核评价更轻松

学习通在学生完成课程教学视频、签到、阅读、作业、讨论等一系列学习活动过程中，对学生的学习进行过程性评价。通过专业的大数据分析，可以了解学生学习的实时进度、学习活跃度、成绩分布、综合测评、教学统计，并可以生成一份专属的数据报告。

2.超星学习通的功能

利用学习通平台APP，可以在课堂教学与在线学习间建立桥梁，实现覆盖教学全过程的互动。学习通的主要功能分为两大模块，分别是课程管理模块和教学活动模块。通过合理使用每个模块的功能，可以为整个教学过程提供崭新的交互体验。在课前，教师利用学习通APP把相关学习资源和学习要求等材料推送到学生的手机移动端；在学生按要求完成学习后，学生可以获得学习情况的反馈，而教师可以获得学情的反馈。在课堂教学上使用学习通APP进行实时的答题、选人、测验等教学活动，可以为传统课堂教学增加更为有效的互动形式。在课后，教师通过提供一些课外材料和组织一些讨论活动，可以加深学生对知识的理解、拓宽学生的视野。同时，学习通平台的统计功能会记录学习的全过程，为整个教学活动提供完整的数据支撑。此外，根据教学需要，更多的新功能不断被开发出来，如云阅读、云盘等。教师可以根据自己的教学需要对平台的功能进行管理和扩展。

3.超星学习通混合式课堂网络平台的构建

（1）课前知识传授

针对教学团队校企合作制定的教学大纲，授课教师要明确课程培养目标，熟悉并掌握课程的每一个章节和知识点，然后根据班级学生的实际情况，制定学习任务与要求、在线自测作业等，并形成导学文案。教师把课程分成需要学生掌握的多个教学知识点模块，并录制教学视频、制作课后作业包等相关资料。借助超星学习通发表导学文案及视频等资料，以供学生在线学习或下载使用。

课前，学生加入教师在超星学习通平台上创建的班课，进去后完成老师布置的各项任务。由于在录制视频中，考虑到学生可能为了完成视频而产生敷衍的学习态度，因此在视频剪辑时，每5分钟会提出一个问题，必须正确回答完问题，才能继续学习视频，中间不能快进。通过这种方式，可以引发学生思考，进行自主学习。在学习过程中，学生产生疑问后，可以通过学习通与同学或老师进行交流。老师在学习通上可以查看学生学习时间、学习视频的完成度、在线回复学生提出的问题、作业完成情况、收集疑难问题等。既能提高学生自主学习的质量，又能促进师生互动交流、学生协作学习。

（2）课中知识内化

课中，教师利用超星学习通辅助功能进行一键签到，与传统点名方式相比，节省了很多的时间，又能快速了解学生的到课情况。翻转课程改变传统大班课堂教学模式，采用分组的形式进行团队式学习。小组的成员人数为3名，成绩包括优、中、差。通过小组学习，可以提高学生的自主学习和团队合作能力。与传统的满堂灌授课方式不同，翻转课堂上，教师主要对课程的重难点进行讲授，针对学习通平台上学生反馈的问题组织讨论，并将反馈的学习知识点分为四类：一般问题、共性问题、个别问题和疑难问题。通常一般问题和共性问题进行组内讨论，教师摇号提问；个别问题和疑难问题先进行组间讨论，有了初步的解决思路时，教师再进行详细讲解，达到知识内化的目的。

（3）课后测验评价

课后，教师借助学习通进行问卷调查，及时掌握学生对课中知识点的内化情况，从而调节教学的进度以及难易程度。对学生提交在平台上的问题，教师课后抽时间进行集中答疑指导。每周做一个面对面的视频交流，将本周的重要知识点梳理后进行线上直播，总结反馈学生学习的情况，以巩固学生的学习成果。这种方式可以解决课后学生遇到问题无人解答的情况。

4. 超星学习通平台教学应用优化策略

（1）构建师生教与学的协同机制

教学活动是师生双方互动的过程，如果任何一方不能积极参与和及时回应，那么整个教学活动就是不完整的、低效的，甚至是无效的。因此，在教学过程中，要达到最优的教学效果，就必须充分调动师生双方的主观能动性。移动教学平台设计的初衷之一就是弥补传统教学师生互动不充分的缺点，希望通过移动教学平台各功能的应用增加师生互动。因此，线上教学应充分调动学生的积极性，使学生积极参与到课程建设中来，让学生争做移动教学平台的积极参与者、建设者，而不是旁观者，或仅仅是成果的享有者。具体来说，教师可以利用学习通平台的分组功能，将学生分为数个学习小组，并为每个小组布置一定的课程建设任务。例如，教师发动学生为即将学习的课程内容搜集课程案例等课程资料，并组织学生在小组内开展案例讨论，然后根据每个小组搜集资料的质量和讨论的情况及时给予评价和激励，以此激发学生的参与热情。

（2）加强线上教学的考核管理

虽然学习通平台的使用为师生的教与学提供了便利，但是缺少相关的管理与考核，而加强线上教学的管理与考核是保证教师教学质量的重要步骤。考核管理主要包括测验、考试和成绩统计等，如教师可以建立试题库，从题库中随机生成试卷，还可以采取限时测验的方式，并在测验后及时将结果反馈给学生。如果需要采取网上考试的方式对学生进行考核，则需要加大监考过程的监控力度，在采取多种手段加强监控的过程中，严密监控学生周围的考试环境，以保证线上考试的公平、公正。虽然采取严格的监控形式，但是线上考试仍然存在着诸多不确定因素，如学生考试过程中是否真正做到自觉考试，考试成绩是否真实，因此教师还需要采取其他的辅助方式进行考核。例如，提高平时作业成绩比重、课堂表现方面的成绩比重，降低考试成绩比重或取消考试等。

第六章　高职院校信息化教学模式

第一节　信息化教学模式概述

一、信息化教学模式的内涵

　　"信息化教学模式"是教学模式在信息化时代条件下的新发展。一般认为，"教学模式"是在一定的教学思想和教学理论指导下，以丰富的教学经验为基础，为完成特定的教学目标和内容而围绕某一主题建立的较为稳定的教学结构理论体系及其具体可操作的实践活动方式。苑永波从信息传播论的视角认识信息化教学模式，认为信息化教学模式是根据现代化教学环境中信息的传递方式和学生对知识信息加工的心理过程，充分利用现代教育技术手段的支持，调动尽可能多的教学媒体、信息资源，构建一个良好的学习环境，在教师的组织和指导下，充分发挥学生的主动性、积极性、创造性，使学生能够真正成为知识信息的主动建构者，达到良好的教学效果。南国农认为，"所谓信息化教学模式，就是指在现代教学思想和理论指导下，师生之间运用现代教育媒体而形成的较为稳定的教学策略、结构和程序的活动范型"。钟志贤不仅继承了教学模式是教学环境的思想，还强调学习环境设计理论在教学模式构建中的基础地位，认为信息化教学模式是基于技术的教学模式或数字化、信息化学习模式，是指技术支持的教学活动结构和教学方式，是技术丰富的教学环境，是直接建立在学习环境设计理论与实践框架基础上包含相关教学策略和方法的教学模型。由此可见，信息化教学模式是依赖于现代教育技术手段和学习环境设计理论支持的教学策略、结构和程序等的活动范型，涉及教育思想或理论、教学目标、教学程序、教学方法、教学结构等多方面的内容。

二、信息化教学模式的优势

与普通教学模式相比，信息化教学具有非常显著的应用优势。第一，这种教学方式有利于教师合理创设课堂情境。在引入信息化技术以后，课堂情境的创设可以引入图片、音乐、视频等多种元素，使教学情境的感染能力更加出众，使学生可以获得更强的浸入式体验，切实提高情境教学的最终成效。第二，这种教学方式有利于开展一些个性化教学活动。计算机本身就具有较强的交互性特征，如果教师能够结合不同学生的实际特点和学习现状，那么就能够通过信息化技术针对不同学生提供最适合他们的学习计划，同时也可以让学生自主选择学习进度，最终也就可以显著提高他们的学习成效。第三，这种教学方式的贯彻应用可以较好地培养学生的创造力。对于学生来说，信息教学技术的引入可以提高学生的信息处理能力，同时也可以让学生逐步学会如何自主学习。在这个过程中，学生的创造性思维就可以得到较好的激发，增强学生的创造力。

三、信息化教学模式的意义

信息化教学模式通过调整相应的教学方式、评价方式等，推动学生学习、适应信息时代背景下的知识、能力和素质，从而更好地适应时代对教育教学改革的要求。

（一）发展学习者适应信息／知识时代所强调的素质

进入知识经济时代后，人才素质的结构逐渐偏向于知识劳动者，进行知识信息的搜集、处理和加工，传统的产业工人就相对减少。国内十年来的调查数据显示，信息时代对知识劳动者的相关知识、能力、情感和素质等方面将会有更高的要求。

（1）从 3R 素养走向 3T 素养：以往的时代主要重视"3R 素养"——读（reading）、写（writing）、算（arithmetic）；信息时代更加强调"3T 素养"——技术运用（technology）、团队协作（teaming）、迁移能力（transference）。

（2）对因特网、电子邮件、文字处理软件、知识管理、制图软件等一系列相关的计算机软技术进行学习和掌握，并能熟练地运用。

（3）对团队协作与组织能力、信息技术素养、问题解决能力、决策能力等多种适应生存与发展的技能进行学习与内化，转变为自身所具备的生存技能。

（二）变革学习方式

信息化教学模式的重要旨趣之一就是变革学习方式，即在信息技术提供思想和方法支持下创建新型的学习方式。

1.走向创新性学习

在进入信息化时代后，传统的继承性学习已经满足不了时代的需求，因此要逐渐走向创新性学习。创新性学习的内涵体现在两个方面：一方面是学会，即对自然科学和社会科学的必要知识进行学习掌握，同时对一些相关的知识、技能、态度、方法以及道德品质进行学习、培养与提高；另一方面是会学，俗话说授人以鱼，不如授人以渔，讲的就是要想有源源不断的收入，就要掌握根本的学习能力，包括思维、观察、动手等各项学习能力，其中最关键的是培养思维与创新能力。实现创新性学习一般要遵循的原则是：其一，准确快速地筛选和存储所需要的信息；其二，根据这些信息进行实践活动，并能成功地解决某些问题；其三，运用自身的创新意识，在拆分重组的过程中提出新颖的观点与看法。

2.走向自主学习

信息化教学模式主张摆脱传统学习模式下学生被动地接受知识的状态，培养拥有自主学习能力的学习者，不断发展和提升学生学习的主体性、能动性和独立性，让学生能主动地根据时代的变化，逐步更新自身的知识与能力结构。另外，重视自主学习的主体性和参与性的特征，让学生自觉积极地参与社会和集体组织的活动，保证这种自主性的合理合法性。这也符合我国新课程改革倡导人的主体性、能动性和独立性的学习宗旨。之所以如此强调自主学习的重要性，是因为其作用主要体现在两点：第一，每个人生理和心理发展的必然趋势就是实现行为的自主性，同时行为自主性也是决定一个人是否成熟的关键因素。第二，拥有了自主学习的能力，就为个人的终身学习、个性化学习以及教育终身化提供了相应的保障，才能跟上时代前进的步伐，有效地融入团队合作，实现自我的可持续发展。

3.走向个性化学习

由于每个学生的天赋和理想不同，因此想要实现个体的成功，就需要重视每个人的个性化需求，这是保证学生充分发展的前提。如今，信息化时代已经为每位学生提供了其所需的各种学习条件，因此学生要努力抓住这个机会，运用自身独特的学习方式，各取所需，充实自身的个性化需求。另外，教师也需要以学生为中心，因人而异地进行针对性引导，帮助学生实现个性化学习。

4.走向基于技术的学习

信息时代强调的就是在信息技术的支持下，进行自身的自主、协作、反思和探究性学习，充实自身的知识和能力。学生要在掌握并能熟练运用这项生存技能的前提下，主动利用网络提供的多样化的学习平台，包括丰富多样的环境，如开放学习环境、建构主义学习环境等实现时间、空间、内容、对象等的开放化学习模式。

四、典型的信息化教学模式

随着教育信息化进程的不断深入和发展，学者们针对不同的教学内容和教学目标，依据不同的教学指导思想，构建出了若干千差万别的信息化教学模式，其中比较典型的有 Web Quest 教学模式、基于项目的学习、基于问题的学习、基于资源的学习、基于网络协作学习的教学模式、基于案例学习的教学模式、情境化教学模式、基于概念地图的教学模式、基于电子学档的教学模式、基于多元智能的个性化教学模式等。本节主要介绍前四种模式。

（一）Web Quest 教学模式

Web Quest 教学模式是在网络环境下，利用互联网资源并由教师引导，以一定的目标任务驱动学习者对某个问题或某类课题自主地进行建构、探索和研究的学习平台，由美国圣地亚哥州立大学教育技术学院教授伯尼·道奇（Bernie Dodge）和汤姆·马奇（Tom March）于 1995 年开发，是建构主义学习理论在网络学习中的实践表现。Web Quest 教学模式主要由导言、任务、过程、资源、评价、结论六个模块组成。其中，导言是对任务的背景说明，其作用是创设有意义的问题情境，激发学生的探究热情；任务是能够体现课程内容的、真实的、可以完成的、有趣的开放性任务；过程是为完成任务而设置的步骤和支架，以教师为导航，帮助学生进行思考和行动；资源是教师为学生整合的一些与主题探究有关的网站和文字，既可为学生提供开阔眼界、处理信息的机会，又可有效避免学生网络迷航；评价用于检验学生的学习过程与学习结果，其主体可以是教师，也可以是学生和家长；结论用于提示学生反思自己的问题解决与任务完成过程，促进学生的元认知发展。

（二）基于项目的学习

基于项目的学习（PBL）是学生围绕复杂的来自真实情境的主题，在精心设计任务、活动的基础之上，进行较长时期的开放性探究，最终建构起知识的意义和提高自身能力的一种教学模式。它由选定项目、制定计划、活动探究、作品制作、成果交流、活动评价六个环节组成，强调使学生融入有意义任务的完成过程中，让学生积极地学习和自主地进行知识的建构，以现实中学生生成的知识和培养起来的能力为最高成就目标。基于项目的学习要求项目主题来源于现实生活，与学生现有知识经验、能力水平和学习兴趣相吻合，并能够融合多门学科知识。在活动探究前，学生要制定出详细的活动流程规划；在活动探究中，学生尽最大努力收集和加工处理信息，寻找问题解决方案；在活动探究结束后，学生发挥个人想象力和创造力，运用所学知识和技能动手实践，完成作品创作，并通过作品的展示交流互相分享收获、经验和体会。作品制作是基于项目的学习与其他教学模式的最大区别。

（三）基于问题的学习

基于问题的学习（PBL）是一种以学习者为中心、以问题解决为导向的教学模式，即将学生置于结构不良的、开放的、真实的、有意义的问题情境之中，并让学生成为该情境的主人，通过探究、发现与合作来分析和解决复杂的生活实际问题或真实性问题，促进学生深入理解隐含于问题背后的科学知识，进而提高学生的探究学习能力和问题解决能力。基于问题的学习强调真实性问题的创设与解决，继承了"做中学"和发现学习的教育理论，其强调教师的支持与引导，鼓励自主探究和协作学习等特点则在很大程度上体现了建构主义的思想。基于问题的学习可以简单划分为创设导人、问题解决、总结评价三个阶段，在不同阶段，教师、学生和问题扮演着不同的角色。

（四）基于资源的学习

基于资源的学习（RBL）是学习者借助各种类型的学习资源进行探索和实践，以获取课程知识和信息读写能力的教学模式。与基于项目的学习和基于问题的学习相比，基于资源的学习强调学习资源环境的创设和学习资源的使用，适用于不同类型的学习风格和课程领域，体现出信息化环境下学习的开放性和共享性。这种模式鼓励学生借助多种媒体资源展开主题式任务研究来学习，学习者以信息搜集者和加工者的身份利用信息技术工具获取知识，并在运用知识解决实际问题的过程中自主完成知识的意义建构；教师负责教学主题的开发以及探究活动的设计和组织，以学生学习的督促者和帮助者的身份出现；信息技术为整个过程提供极为丰富的学习资源、工具、情境、方法和策略等方面的支持。尽管基于资源的学习意味着为学习者提供丰富多样的学习资源，但是强调资源的丰富性和多样性并不意味着内容越多越好，而是强调资源要有针对性，能够突出与学习主题的相关性。

五、信息化教学模式的应用与优化

（一）信息化教学模式的应用

1.信息化教学模式的应用流程

（1）做好教学准备工作

在开展信息化教学模式的时候，教师也应该能够积极做好各类准备工作。这也需要教师能够在平时备课的时候，就充分考虑课程内容与学生兴趣的契合程度，同时还要梳理好课程内容的重点与难点，进行教学编排，保证整体教学的合理性。在这个过程中，教师也要通过互联网等各类途径获取一些信息化教学资源，如互联网课件、名师讲解、视频演示资源等。在获取这些资源以后，教师不能盲目套用互联网环境中的各类现成资源，而应该结合班上学生的实际情况，以及学生自身的兴趣爱好内容，对搜集到的教学资源进行调整。特别是在构建教学情境的时候，一定要融入学生容易理解的内容，或者加入学生平时娱乐生活中常见的案例，使学生可以更好地感知教学情境。

不仅如此，在信息化教学背景下，教师也要在课前时间里通过信息平台将部分知识发送给学生，使学生能够对后续课堂教学内容有一定的了解。在这个过程中需要注意的是，教师课前给学生发送的内容应该比较简洁，具有高度概括性，不能因为发送内容过于烦琐与复杂，挫伤学生的学习积极性。另外，高职院校应该具有长远的发展目光，积极进行信息教学基础设备的建设，给教师后续开展信息教学打下一个坚实的基础。

（2）完善教学实践过程

为了更好地明确信息化教学模式在高职课堂环境中的具体应用，下文将全面分析教师使用信息教学模式的整体过程。

首先，教师做好各项准备工作以后，就可以考虑通过一个趣味短视频引出教学内容。由于之前学生已经通过教师发送的资料对于课堂教学内容有了初步的了解，因此趣味短视频也就可以强化课前资料的作用，并让学生的注意力放在课堂环境中。

其次，在短视频导入以后，学生对于课堂教学内容的注意力就可以被充分调动起来，这个时候教师则需要结合后续教学内容选择合理的教学方式，具体有情景教学法、名师讲解法、小组合作法等。通常来说，对于一般重点内容，教师可以通过多媒体等工具在课堂环境中构建一些浸入式情境，提高学生对于这些教学内容的理解与掌握水平；对于一些难点内容，教师在自身讲解的基础上，也可以引入名师讲解法，使用名师资源切实提高课堂教学成效。

再次，在引入信息化教学模式以后，教师在课堂环境中应该给学生留下一定的自主探索时间，但同时也应该能够适时地与学生进行互动，积极进行教学指导。这也需要教师能够充分把握好整个课堂教学活动的进行现状，明确教学介入的时机，提高每个学生的学习成效。

最后，信息化教学引入到高职院校教学体系中以后，课堂教学活动也开始向着课外环境蔓延。在信息化体系中，教师既可以通过慕课等专业网络教学渠道让学生进行教学内容的巩固，同时也可以通过微信、QQ等各类互联网社交平台与学生进行及时沟通，解决学生在课下自主学习过程中遇到的各类问题。这样以后，整个信息化教学模式就能够实现课堂教学的课下延伸，并逐步培养学生的创新探索能力。

（3）做好教学评价反思

教学评价与反思是整个教学的重要部分，在很大程度上决定了信息化教学模式能否取得较好的成效，以及在后续时间里能否得到不断的提升。在全面引入信息化教学模式以后，课堂教学评价也应该进行一定的调整，应该将其重心放在学生的学科能力上，而不是学生学到的知识内容。在具体教学评价上，应该充分发挥学生的主体地位，引导学生进行自评、互评，同时还要让学生对整个信息化课堂和教师教学指导进行评价。通过这个方式，教师就可以站在学生角度来思考信息化课堂的运作现状和存在的问题，更有利于后续进行完善、深入的教学反思工作。

2.信息化教学模式的应用保障措施

（1）提高教师的综合素养水平

在当前信息化教学模式下，应对高职院校教师的综合素养水平进行针对性的提升与改善。这也需要教师在平时的时候不断提高教学方法的最终成效。从信息化教学模式的角度来看，各个教师也应该逐步强化自身的信息判断与处理能力，同时还要灵活使用各类信息化教学硬件设备，提高自身教学课件的制作水平。在教学过程中，教师也要充分利用各类信息化资源，发挥每一个学生的潜力，充分发挥信息化教学模式的最终成效。

（2）强化学生学习的主动水平

在教学过程中，教师应该充分提高学生参与教学活动的主动水平，发挥信息化教学模式的整体价值。这也需要教师在使用信息化教学方法的时候，能够留给学生一定的自主操作与探索时间，同时还要引导学生正确使用各类信息技术，提高他们的信息处理能力。事实上，在全面引入信息化教学技术以后，学生本身就可以通过互联网通信技术与其他同学进行合作学习，具有较高的自由度。因此，教师更应该提高学生的学习主动水平，培养他们的创新思维。

（3）做好信息化基础资源建设

在全面引入信息化教学模式以后，各个高职院校也应该加快信息基础设备的建设，给信息教学的开展提供全面的支撑。在这个过程中，高职院校也应该结合学科课程的实际需求，购买一定数量的硬件设施；在软件建设方面，则应该加快自身与其他高校和教育机构的合作，拓展自身的网络教学资源库，最终促进信息化教学体系的正常开展。在软硬件的支持下，高职院校就可以全面开展信息化教学体系。

（二）信息化教学模式的优化

1.针对高等职业教育特点，筛选信息化教学资源

高等职业技术教育与其他高等院校在教育方面有着不同的特点。第一，高等职业院校培养目标是培养技术型人才，而学生在毕业步入社会后都具有相应专业的具体实践能力。高等职业院校在人才培养方面更注重的是学生是否具备解决实际问题的能力，而不只是简单对专业有所了解，即能够在岗位上解决实际的生产、服务或者管理一线的实际问题。因此，高等职业院校走出的人才都是具有实操经验的、工作组织能力较强的多面手人才。第二，高等职业教育培养手段多种多样。高等职业教育培育出的人才都是实战型人才，因此在教学过程中，除了理论知识的传授，教师会带领学生进行大量的实习、实践活动等。在高职院校短短三年的学习时间里，教师需要通过不同的教学方式，让学生全方位地了解自己所学的专业，而了解的最好办法就是到工作的一线岗位去亲身体验一下。当然，课程的不同，教师的不同，教学的方式也不尽相同。目前，在课堂信息化教学建设逐步推进的情形下，教学手段更多地采用了现代化的计算机技术、多媒体技术等。

高职院校对高职课堂教学信息化建设，除了提供专业"必需、够用"的每种类型的学习资源，更重要的是提供对资源型学习和掌握技能的应用，如虚拟实验场景视频和现场操作视频，以及在最前沿的动态的相关专业技术等。总之，对于高职学生"零距离"就业岗位的目标和信息化课堂教学资源的建设，高职院校必须紧密结合高职教育的特点，发挥其在高等职业教育中的作用，促进高职院校学生就业。

2.信息化教学过程优化，使教学课程立体化

高职院校的信息化课堂教学无法充分满足学生学习的需要是当下高职院校的信息化课堂教学中存在的一个重要问题，因此，除了建立和组织学习内容外，设

计有效的信息形式（资源型）和交付（交互），也是重要的影响因素。如何优化内容和流程设计，保证高职院校的信息化课堂教学有效性，保证高职院校的信息化课堂教学能根据实际需求进行资源配置，需高职院校在信息化课堂教学的建设中做到以下三点。

（1）从系统方法角度，认识高职院校的信息化课堂教学的开发和利用

对高职院校的信息化课堂教学的设计、实施方案，采取宏观调控的方式，以明确相应的步骤、操作标准并符合相应的规范，以保证整体的施工质量。从高职信息技术教学的发展和利用的广度、深度和高度，探讨高职院校课堂教学的信息化建设和使用中的技术选择，并具体实施。

（2）从内容体系的高度，对高职院校信息化课堂数字教学方案进行改进

教师和学生在教学和学习中的角色定位在数字和网络化的教学环境中的作用已经完全改变。高等教育教学内容体系建设的指导思想影响着资源。因此，在建立、组织信息化教学资源和高等职业教育体系内容的同时，还要关注学生的学习过程，让知识管理理论成为指导思想，建立学生和学科建设的后现代课程观、对话理论和现代教育理念，这充分体现在资源内容设计的每个环节中。

（3）重视高职院校的信息化课堂教学的情感互动

在实际教学过程中，由于教师过度强调学生知识和技能的目标，而往往会容易忽视学生情感、态度和价值观的目标。信息化的课堂教学更是如此。大多数的网络教学，由于自身固有的局限性，通常会导致教师偏知识传授，少情感互动。然而，这种纯粹的知识讲解，容易使学生产生倦怠情绪，从而影响最终的教学效果。以学生为中心的课堂教学，应充分调动学生的积极情绪和情感体验。只有学生积极参与学习，对学习的内容抱有一颗好奇心，积极探索，善于发问，与教师进行情感上的互动，才能真正激发自己的学习兴趣。信息化课堂的授课教师应科学合理地组织教学内容，设计教学互动情境，注重对学生的情感启示，使学生保持主动学习的状态，这样的教学才能被称为高质量的教学。

3.实训视频实时交互，增强课堂教学互动性

高职院校三维网络教学资源建设的目的是有效地辅助课堂教师教学，促进学生的学习。基于主题教学视频的实践，能为教学的实施和学生自主学习的发展起到很好的促进作用。将传统的实训视频变为可以进行实时交互的实训视频，可以提高课堂教学的互动性，也可以为校企合作、社会资源共享提供前提和基础，不失为一种有效手段。

（1）实训视频使信息化课堂教学更具专业性

高职院校的课程开设是根据专业的不同而分门别类地进行设置的，相关专业

的教师对于本专业的教学内容和课程特点应当十分清楚。在进行课堂信息化教学建设时，专业课教师对于专业知识的重点和难点能够通过网络的运用来更加直观地对学生进行讲述，在对学生进行答疑解惑时也能更具有针对性和适用性。另外，在备课阶段选择辅助学生学习的资料时，也能准确地挑选一些实用性的视频资源或是图片资源等。

（2）实训视频资料对立体化网络教学的意义

视频教学是一种非常直观的学科知识教授形式，特别是对于高职院校的学生来说，多数的专业技能需要通过不断的实际练习才能掌握。实训视频的建设，是学生学习本专业相关技能时一种简单有效的教学方式，对于一些语言表达不清楚的实际经验，实训视频可以解决这一难题。总之实训视频，对于提高网络教学的学习效率起着巨大的作用。

信息技术与传统的课堂授课相结合，可以让学生对书本知识有了更加深入的了解，加上学生对新鲜事物的往往更感兴趣，从而使学生对教师所传授的文化知识和实用技能能够更好地吸收与运用。高职院校培养的学生，走出学校就要面对社会，因此能否培养出毕业就能身怀技能的学生，是每一个高职院校所面临的问题。

（3）实训视频建设有利于立体化网络教学资源环境的建设

培训视频需要不断优化和改进，以供给和刺激需求，因此需要对不同学生的需求进行调研，建设培训视频资源，促进网络环境的立体化教学资源建设。

第二节　基于问题的探究式教学模式

一、基于问题的探究式教学模式认知

（一）探究式教学

关于探究式教学，不同的学者从不同的角度出发，提出了不同的定义。施瓦布认为，探究式教学是指让学生通过自主参与知识的获得过程，掌握研究自然所必需的探究能力，同时形成认识自然的基础——科学概念，进而培养探索世界的积极态度 。

任长松在《探究式学习——学生知识的自主建构》一书中指出，探究式学习是指学生围绕一定的问题、文本或材料，在教师的帮助和支持下，自主寻求或自主建构答案、意义、理解或信息的活动或过程。

石文研究认为，探究式教学的指导思想是教师为学生创建能够促进自主构建知识的学习环境，以教师为主导，学生为主体，让学生自主探究新的知识、发展新的思想、形成新的理论，培养学生批判性思维和创新精神，提升学生自主学习、自主研究的能力，其主要特征是讲授学科原理的形成过程，以及师生互动的教学过程。

笔者结合相关学者的论点认为，探究式教学是指教师根据课程内容和教学目标，构建合理的教学环境，提供给学生可选择的事例或问题，或者学生自己选择合适的问题，让学生以观察、思考、交流等方式开展独立的探究活动，通过自主学习或合作交流的形式自行发现并掌握相应的原理及结论的方法。探究式教学注重学习的过程，具有自主性、交互性、探究性等特点。自主性强调的是学生自己探究问题、解决问题，从而获取知识；交互性强调的是学生探究过程中的自我反思，与他人的交流与协作；探究性强调的是整个学习过程中，学生通过亲自参与探究活动，不仅能获得知识和技能，还能体验学习过程。

（二）基于问题的探究式教学

基于问题的探究式教学改变了传统的课堂教学将知识从生活中分离出来的弊端，让学生在真实情境中学习，将知识和技能直接迁移为解决现实问题的能力，使学习从此变得有意义。"探究"就是"通过质疑寻求真理、信息和知识的过程"，探究式教学就是让学生投入问题活动之中。这些问题提供有意义的活动机会，让学生在真实的背景中解决问题，培养高级思维。探究性教学模式的学习对象（学习主题）是教材中的某一个或某几个知识点，且任何教材都是由一节节的课程内容组成的，而每一节课程内容又总是包含一个或几个知识点。这就表明，信息技术与课程整合的几乎所有日常教学活动（包括各种不同学科的常规课堂教学活动）都可以采用这种模式。事实上，基于问题的探究式教学模式，目前已经成为能满足各学科常规课堂教学需要的最有效也是最常用的课内整合模式之一。

基于问题的探究式教学模式是指在教学过程中，学生在教师的指导下，通过以"自主、探究、合作"为特征的学习方式对当前教学内容中的主要知识点进行自主学习、深入探究并进行小组合作交流，从而较好地达到课程标准中关于认知目标与情感目标要求的一种教学模式。其中，认知目标涉及与学科相关的知识和对能力的理解与掌握，情感目标则涉及感情、态度、价值观与思想品德的培养。在实施信息技术与课程深层次整合的过程中，各学科知识与能力（如阅读、写作、计算、看图、识图、实验以及上机操作等能力）的培养以及健康情感、正确价值观与优秀思想品德的形成，都可通过该教学模式使之逐步落实。

二、基于问题的探究式教学模式的基本特征

基于问题的探究式教学模式的基本特征可以用一句话来概括，"主导、主体相结合"，既重视发挥教师在教学过程中的主导作用，又充分体现学生在学习过程中的主体地位。

（一）高度重视教师在教学过程中的主导作用

尽管基于问题的探究式教学模式主要采用"自主、探究、合作"的学习方式，在教学过程中强调学生的自主学习和自主探究，但是它并不忽视教师在教学过程中的主导作用。它通过下面四个环节使教师的主导作用在整个教学过程中得到全面的发挥。

1.当前探究性学习的对象要由教师确定

如上所述，探究式教学模式的教学总是围绕课程中的某个知识点（探究性学习的对象）而展开的，到底是哪个知识点不是随意确定的，更不能由学生自由选择，而要由教师根据教学目标的教学进度来确定。

2.进行探究之前的启发性问题要由教师提出

学习的对象确定后，为了使探究性学习切实取得成效，需要在探究之前向全班学生提出若干富有启发性、能引起学生深入思考并与当前学习对象密切相关的问题（以便全班学生带着这些问题去探究）。这一环节至关重要，所提出的问题是否具有启发性、是否能引起学生的深入思考，这是探究性学习能否取得效果乃至成败的关键。因此，这类问题必须由教师提出，也只能由教师提出（学生对当前学习对象初次接触，尚不了解，不可能由他们自己提出与当前学习对象密切相关又富有启发性的问题）。

3.进行探究时要由教师提供多方面的帮助与指导

带着问题进行探究的过程，固然是由学生个人（或学习小组）去完成的，但在这一过程中需要教师提供有关的探究工具（如几何画板、建模软件、仿真实验系统等）和相关的教学资源支持，以及对探究性学习中的方法、策略做必要的指导。如果这方面的学习支持与指导不落实、不到位，将会挫伤学生们的学习信心与学习积极性，使探究性学习的效果大打折扣，甚至完全落空。

4.探究过程完成后要由教师帮助总结与提高

探究过程完成后，一般要先由学生个人（或学习小组）做总结，而不是直接

由教师做总结。通过一次探究性学习虽然能取得不小的收获，但学生毕竟是初学者，总结起来难免有片面甚至错误之处，通过全班的讨论交流，集思广益、取长补短，在一定程度上可以克服这些片面甚至错误之处。不过，如果要让全班学生都能对当前的学习对象达到比较深入的理解与掌握，即对所学的知识点都能从感性认识上升至理性思辨，都能做到不仅知其然而且知其所以然，那就还需要教师的帮助。毕竟与学生相比，教师对整门课程有比较全面、透彻、深入的把握。

另外，基于问题的探究式教学模式强调以教师为主导展开课堂互动。课堂互动主要体现在两个方面：师生之间的互动和学生之间的互动。换句话说，即师生之间的交流和学生之间的交流。但是交流并非完全是有效的互动，如教师在课堂提问所有学生是否理解某个知识点，在学生做出肯定回应后，便继续其他知识点的讲解。类似的简单提问与回答形成的互动，并不能反映出学生是否掌握了相关的知识，学生很可能似懂非懂，甚至完全不理解，但是由于学生整体做出了肯定回应，个别的学生并不敢提出异议。教学的目的是希望每个学生都能够得到应有的发展，故不提倡此类的师生互动。学生之间更容易出现闲聊等情况，产生的互动更是无效的互动，并非研究所提倡的有效互动。因此，教师要注意课堂中的互动情况，及时做好调控。

所谓有效互动，是指课堂互动产生积极影响，是有效率、有效果、有效益的互动。互动是否有效可以从互动的过程和互动的结果两方面来评价。互动的过程主要是指互动发生的频率和次数，而互动的结果是指通过互动是否解决问题或者获得知识和技能等方面的提升。在探究式教学中，互动的目的是为了快速地解决学生在探究过程遇到的问题，保证探究顺利开展。师生之间的互动可以让教师快速地发现学生的问题所在，也让学生的问题得到迅速的解决，提高学生探究学习的效率。然而，由于教师和学生的知识经验水平不相同，思考问题的方式或者认识事物的角度存在差异，可能导致师生互动时，学生不能及时地理解教师的讲解内容，影响互动的质量。所以，生生之间的互动作为师生互动的补充，在课堂互动中同样占有重要地位。学习者与其同伴长期在类似的学习和生活环境中成长，描述事物的方式更为接近，在交流过程中，使用的语言或说明解释可以让同伴更容易理解。有研究表明，有效互动还需要互动双方具有平等的话语权。相较于师生之间而言，生生之间更容易获得平等的话语权，可以实现有效互动。因此，在设计探究式教学的过程中，不仅要强调师生互动，还要提倡生生互动。

（二）充分体现学生在学习过程中的主体地位

基于问题的探究式教学模式因为采用"自主、探究、合作"的学习方式，所以在教学过程中特别强调学生的自主学习和自主探究，以及在此基础上实施的小组合作学习活动。由于在此过程中，学生们的主动性、积极性乃至创造性都能普遍得到比较充分的发挥，因而这种教学模式不仅可以较深入地达到对知识技能的理解与掌握，更有利于创新思维与创新能力的形成与发展。

但是，为了使探究性教学真正取得成效，除了要充分调动学生的主动性、积极性，还需要有若干富有启发性问题的启发与引导，要有相关"探究工具""教学资源""策略"的帮助与支持，而这些都离不开教师主导作用的发挥。由此可见，探究式教学模式要想成功实施，不仅需要学生方面的主动性、积极性，还需要有教师方面的引导、帮助与支持。换句话说，基于问题的探究式教学模式的成功实施涉及两个方面，既要充分体现学生在学习过程中的主体地位，又要发挥教师在教学过程中的主导作用，离开其中的任何一方，探究性学习都只能无果而终。正因为如此，才认为"主导、主体相结合"是这种教学模式最本质的特征。

以学生为主体是指教学设计的过程中，强调教学活动要从学生的角度出发进行设计，而不是指教学的节奏由学生来控制。在课堂知识的传授过程中，教师是教育者，而学生是受教育者或教育对象。依此角度而言，课堂活动的大纲要由教师来设计和安排，教学的节奏也要由教师来把握，即学生在教师的指导下参与学习活动。学生需要学习的是系统的和完整的知识，而不是孤立零散的知识点，并且需要由教师对学习内容进行分析和整体设计后，引导学生自主探究学习。因此，以学生为主体主要作为一种理念体现在教师设计教学的过程中，而非具体实施教学的进程中。

因此，教师在设计教学时，首先要从引起学生兴趣的角度出发，让学生对课程的学习有兴趣，认为课程的学习是自己主观上希望完成的事情，而不是把课程学习当作客观上必须完成的任务。其次，设计的活动要符合学生的最近发展区，让学生有能力完成学习任务，使其不断产生满足感和自豪感，激发其持续学习的欲望。最后，在教学中要及时为学生提供帮助。在学习过程中，学生做到量力而行并不容易，而教师及时的反馈和指导能让学生感受到一种良好的学习氛围，而不至于因为迷失在根据自己的知识经验盲目地探究学习而产生消极情绪。

在探究式教学中，针对探究问题，要求学生自主或协作开展探究活动，使其在探究的过程中获取知识和技能，达成学习目标。因此，教师在设计教学的时候，探究的问题要能够引起学习者的学习兴趣，可以根据学生的特点，或结合学生的学习生活经验来设计问题。学生自主探究的时候，教师还要掌握教学的进度，发挥主导作用，协调教学活动的开展，从而体现以学生为主体的原则。

（三）立足课堂提升教学质量

所谓立足课堂，是指在不额外增加学习者学习时间的情况下，提高学习者学习的效果。强调立足课堂主要是从时间上来考虑，不增加学习者课堂学习以外的时间，通过教学方法的改善或者教学策略的使用，提高教学或学习的效果。在当前通识课程受重视程度还有待提高的情况下，强调对课堂学习时间的利用，还能够达到减轻学生排斥倾向的效果，增加学生在课堂学习中具有较高水平学习投入的可能性。

通常而言，学习者增加学习时间也能改善和提高学习效果，因为学习时间的增加意味着学习者接触知识的频率增加，从而能更好地理解和掌握知识。如果学习者多次接触信息，那么记忆和理解信息的可能性就会随之增加，学习效果也会相应提高。从某种程度上来说，增加学习时间只是为了提高学习者对知识的熟悉度和亲切感，并不是改善教学的主要方式。从因果关系的角度来讲，课堂效果产生的原因存在多种可能性，在教育实验过程中，要尽可能减少干扰因素。此外，现象发生的时间和地点，并不代表导致现象发生的原因。因此，对于课堂教学而言，在采用某种教学方式或教学策略以期提高教学效果时，如果学习者投入的学习时间相应增加，那么，有理由认为增加的学习时间量是提高教学效果的主要因素，从而对判断教学方式或策略的有效性产生影响。但是，即使增加学习时间可以提高学习效果，也不能代表真正意义上的教学方法的改善或者教学效果的提高。同时，若是学习者并没有空余的时间能够投入在课程的学习中，还会对课堂的教学带来不利影响。研究表明，虽然翻转课堂教学模式能带来学生高水平的学习投入，提升教学质量，但是如果学生在课前未对新知识进行学习，课堂的知识内化将受阻，协作学习的效果也会大打折扣，甚至还会影响课堂的学习参与度。因此，尽可能在同样的时间内，合理地设计教学，才更能说明教学方法的改善或教学效果的提高。

在班级教学中，尤其是通识课程的教学中，课堂是教师和学生同时存在的主要场所。对教师而言，课堂的时间是引导学生学习的最集中，也是最有利的时间；对学生而言，教师和同伴的存在，提供了最佳的学习环境和学习时间。研究指出，教学工作是高等院校的中心工作，教学活动的主阵地在课堂，课堂教学水平在很大程度上决定着学校的育人水平，故应向课堂教学要质量。因此，有效地利用课堂有限的时间，对提高学生的学习效果具有重要意义。

三、基于问题的探究式教学策略制定

课堂是教学的主要场所，也是保证教学效果的关键所在。罗森海因认为，在班级教学中，三个教学阶段似乎最有效：教师讲解、示范学生要学习的内容；教师指导学生开展练习活动，给予学生点拨引导；教师通过提供充分的练习机会帮助学生熟练掌握。教学实践中通常是"教学有法而教无定法"，即强调课堂教学开展之前需要事先筹划，对教学开展过程进行预设，即所谓"有法"，然而课堂教学并非完全按照预设开展，需要教师根据具体情况采用最为合适的教学方法，即所谓"无定法"。针对具体的教学情境，需要合理采用不同的教学方式，以达到教学最优化。在以探究式教学为主的课堂中，对学生的探究结果还需要及时地给予反馈。因此，探究式教学的策略主要包括以下五个步骤。

（一）创设问题情境

由于课程教学的特点，课程的内容通常很难直接激发学生的学习兴趣。当然不排除课程内容本身就是学生的兴趣所在，这种情况下，学生自然会取得更好的学习效果。在实际的教学当中，如果课程内容并不是学生的兴趣所在，则需要采取其他措施来激发学生的学习兴趣，即创设真实的问题情境。

问题情境是开展探究式教学的出发点，教师首先要为学生创设合理的问题情境，将探究引入课堂教学。创设问题情境的常用做法主要有根据学生个人的兴趣爱好、从生活的经验、学生现有的问题等方面为学生创设熟悉的情境，并且创设的问题情境应该具有吸引学生注意力、激发学生积极性等作用。学生通过感官经验或亲身经历去体验，而不是被动地接受教师的讲解，能够激发学生在探究过程中的学习兴趣，加深对事物的性质、规律等的理解，实现知识的意义建构。

根据以学生为主体的原则，结合课程当中学生和教学的特点，研究中创设问题情境强调考虑学生的学科背景，结合专业学习中可能存在的问题进行问题情境的创设。把课程的学习融入专业课的学习当中，使课程的学习为专业课程的学习服务，既有利于学生综合素质培养，也是学科融合思想的体现。

（二）诠释概念与原理

为了保证学生的探究能够顺利进行，教师要把复杂的知识加以分解，抽离出知识的基本概念和原理，实现学习内容的模块化，让学生能够循序渐进地学习，逐步实现知识的理解与技能掌握。因此，教师在解释探究内容时，要重点围绕着回顾旧知识、导入新知识展开教学。根据教学实际情况，回顾旧知识主要包括回顾理论讲授课中的重难点，或者分析前阶段学习中学生出现的普遍问题；导入新知识主要是讲解探究的主要内容，并进行必要的示范操作，让学生能够明确课堂的探究活动。

根据掌握学习理论，应给予学生足够的时间去探究所要学习的内容，所以在实际教学过程中，需要减少教师直接讲授所占用的课堂时间。叶澜教授在新基础教育的课堂教学改革中提出，在一堂课的教学时间中，要让学生主动学习的时间至少达到1/3，最好达到2/3以上。教师在探究的过程中，可以通过提示、提问、答疑等方式，不断地为学生提供帮助，并且随着知识和技能掌握水平的提高，教师的提示和指点逐渐减少，更多地依赖学生的自主探究，进而实现知识的意义建构。同时，学生的自主探究增加，也意味着学生逐渐养成了独立思考的习惯，掌握了解决问题的办法，达到了有效探究的目的。

（三）导入方法与要领

探究式学习容易流于形式，其中很重要的原因在于学生根本不知道该探究哪些内容，该如何进行探究活动。根据课程内容，在探究学习过程中为学生设计合理的导学案，能指导学生沿着正确的方向开展探究。导学案是教师指导学生自主学习、合作探讨、优化发展的学习方案，主要解决"学什么""怎样学""学到何种程度"等问题，力求以学生为主体，从学生的角度帮助并促进他们学习。辅助学生探究的导学案主要从四个方面进行设计：学习的目标、学习的内容、探究的方法、知识的重难点。学习的目标让学生明确探究过程需要达到的探究效果；学习的内容向学生呈现探究学习的主要内容；探究的方法提供给学生解决问题可能的思路；知识的重难点则让学生关注探究的重点问题。

为学生提供足够的自我操练的时间，以便达到熟练掌握的程度，这是有效教学至关重要的组成部分。自主探究练习要达到两个目标：其一，学生能够将所学知识融会贯通，即能够分析自己的探究问题，通过不断的尝试，找出合适的方法，解决探究的问题；其二，通过一系列的探究练习，实现问题解决的"自动化"。所谓"自动化"，是指学生不再需要按部就班地对每一个步骤苦思冥想，面对实际的问题，能够快速地在脑海中产生解决问题的方法，或在受到阻力时，快速地形成其他方案，实现问题解决。因而，学生需要有足够的时间自主探究，达到解决探究问题的"自动化"程度，这不仅符合掌握学习理论所提倡的给予学生足够的学习时间去掌握学习，同时也是建构主义学习理论指出的学习者根据自身已有的经验不断建构新知的过程。

课堂教学的建构，一是源于教师出色的课堂设计和课堂上的智慧应答，二是源于学生有价值的提问和有意义的探究，两者缺一不可。学生在按照导学案的要求进行自主探究的过程中，要具有问题意识，使自己的思维处于活跃状态，不断地在探究中反思和体验，也只有经过思考，才能提出有效的问题。正如苏霍姆林斯基所说：学生在学习和思考的同时，还感到兴奋和激动，对发现的真理不仅诧异，有时甚至惊讶，意识到和感觉到自己的智力，体验到创造的愉快，为人的智慧和意志的伟大而自豪。然而，教师难以随时准备回答某个特定的学生的问题，因此当学生在探究中遇到的困难时，也可以寻求学生的帮助。尽管因为各自的探究问题可能不相同，探究的方法和结果也不相同，但解决问题的思路或过程却可能是一致的，至少具有启发意义，也更容易理解。因此，类似的问题可以直接与其他学生交流，从而更快地得到解答。当教师讲解不同的学生遇到的相同问题时，学生应将注意力转移到听取教师的讲解上，避免自己遇到这些问题。无论是在与教师交流，还是与同伴交流的过程中，都应该保持谦虚的态度，对于他人的建议和意见也要批判性地接受，从而养成良好的学习习惯。

（四）互动讨论与个性指导

教师在讲解示范课堂探究内容之后，紧接着就要对学生的自主探究进行指导。研究表明，教师指导是提高学生认知主动，帮助学生理解、获取知识的重要手段，且教师适当的指导加上学生必要的自主探究有助于学生的学习。当然，每一位教师都会为学生的学习提供指导，但是区别在于，教学出色和学有成效的师生在练习中舍得花费更多时间，即师生之间存在更多的交流与互动，存在更多的提问与答疑。研究表明，学生自己练习时教师是否与之保持接触与学业成绩呈正相关，而且这些学生的学习参与率提高了十个百分点。不过教师与学生的接触应尽量短些，一般在半分钟以内，因为如果接触时间过长，容易导致大量时间集中花费在一个学生身上，用于督促和帮助其他学生的时间略显不足。

教师根据学生呈现的不同问题提供个性化的指导。概括而言，在上机实习检索过程中，当学生面临以下三类问题时，需要教师提供指导帮助。第一类是学生对探究内容不够熟悉，如学生因为理论课学习的知识掌握不够牢固，或者自主探究前期的讲解示范过程没有集中注意力，导致遗漏部分内容。第二类是学生对讲解示范的内容存在疑问或模糊的地方，这是因为并非所有学生都能在短时间内完全理解讲解示范的内容。第三类则是学生在探究过程中出现了方向性的错误，需要教师及时地纠正学生的错误之处。

上述第二类、第三类问题需要教师引导使学生走出误区，得到有效的探究结果。即便教师没有能够及时发现学生存在这类问题，学生也可以自己通过多次试误，不断思考，反复摸索，从而找出正确的解决方法，得到合理的探究结果。学生多次试误进而获得正确解决方法的过程，尽管需要花费学生较多的时间，但在反复的尝试中却可以培养学生的发散思维。然而，类似于知识点遗漏的第一类问题，则需要教师及时地提供指导帮助，否则，学生会因为缺乏探究新知识的经验基础，探究的内容在学生的最近发展区之外，产生无效易错的探究，使学生在体验过程中产生过多的消极情绪，削弱学生继续学习的愿望，导致难以继续进行探究活动。

教师在面对学生出现的不同问题时，并非要处处提供引导，因为在课堂有限的时间内，教师难以顾及全班学生，更无法做到为所有学生提供个性化指导。如何迅速地判断学生所面临的问题是否需要及时帮助，一方面可以通过教师的观察，另一方面可以通过教师向学生提问。然而，在学生进行自主探究的过程中，观察需要大量时间，教师提问显然也不能体现不同学生在探究中遇到的实际问题，而较为合理的做法是鼓励学生自己提出问题，培养其问题意识。

探究式教学中主要是学生的自主学习，不同的学生之间存在个体差异，而对整个学习过程最为熟悉的便是学生自己。因此，学生在学习过程中进行自我反馈极为重要。学生在自主探究的过程中遇到问题后，要主动地检查和发现错误，反思探究的过程，寻找可能导致问题产生的原因。一方面，解决探究学习中遇到的问题；另一方面，也能有效地避免类似问题的重复出现。学生的自我反馈也是学习和思考的结合，能够锻炼学生的思维能力，培养其对学习的自我纠错和反省能力。若思考后认为不能解决，再将问题抛给教师，让教师发现学生的问题所在，并提供快速、准确的指导。其他学生如果出现类似的问题，也能够一并得到解决，使教师有更多时间为学生解决其他问题，最大化地利用课堂时间为学生提供个性化指导。

（五）反馈信息提高知识应用能力

从认知的观点来看，反馈主要是帮助学生了解学业行为表现的质量，即让学生知道探究结果是否正确或正确的程度如何，促进其对学习进行改进。反馈的方式可以灵活多样，而教师是最丰富的反馈源。教师通过点头、微笑、手势等简单的语词，就能对学生的学习起到肯定或否定的作用。有时候通过参考答案也能起到反馈的作用，不过在探究式学习过程中，尽管导学案可以设计成相同的，但学生得到的探究结果却并不相同，难以提供统一的参考答案。同时，探究学习并非仅仅强调探究结果的正确与否，还需要强调知识的规范性。因此，学生的探究学习结果，有必要得到教师的反馈。

课堂探究的结果是指在导学案的引导下，探究学习的完成情况。对于开放性问题，或学习参与度问题，可以采用同伴互评、教师总结等多种方式进行解决；而对于侧重于事实性知识，具有一定的规范性的探究问题，则强调教师对探究结果的反馈。一方面考虑到教师的权威性和严谨性，另一方面则是出于难以给出统一的参考答案，也不能给出参考答案。因此，不采用其他的反馈方式，主要由教师批阅反馈。当然，部分学生能力水平较高，其探究结果在教师批阅无误后，也可以给其他尚未完成的同学提供帮助，但最后结果仍需要教师审核。

根据立足课堂教学的原则，探究任务基本可以在课堂完成，让教师能够及时地为学生的探究结果提供反馈。当然，不排除少数学生需要利用课余时间继续完成探究的可能。同时，学生的探究主题各不相同，能力水平方面也存在差异，完成探究任务所需的时间便各不相同，所以教师能够依次给予学生反馈意见。学生完成探究学习的任务后，经过教师的批改和反馈，对不完善的地方再次进行修改，达到对知识的掌握。学生探究的全程都有教师的监控和引导，因此探究结果很少出现较严重的错误，基本都是细枝末节的问题。然而正是此类问题，最容易被学生所忽略，因此更加需要得到及时的纠正。因为它们并不涉及正确与否的问题，甚至很多时候，只是因为粗心大意，容易导致学生长期纵容自己在学习中的细微问题，不利于培养其良好的学习习惯和学习态度，也容易在今后的学习中出现更大的问题。

因此，在教师审阅学生的探究结果的过程中，不仅要检查正确与否，更要从中观察学生的学习态度。结合课堂个性化指导时的情况，大致可以了解学生的能力水平，再对照探究结果的完成情况，便能发现学生在完成探究任务时大致的学习态度。例如，学生完成任务快，且探究的过程中遇到的问题少，但是探究结果中存在较多的小问题，说明学生在学习的过程中不够认真，或者缺乏耐心。那么，反馈的内容就还要重点强调学习态度的端正问题。最后，教师还要对整体的探究结果进行反馈，指出学生存在的共同问题和值得注意的地方。

第三节　线上线下的混合式教学模式

一、混合式教学的概念

学者们对混合式教学的概念宽窄不一，视角迥异，所以，迄今为止，教育学界和技术领域对混合式教学没有明确、统一的定义。混合式教学，这一概念源于"混合式学习"，也就是我们经常见到的"blended learning"或"blending learning"。何克抗教授认为："混合式学习就是要把课堂面授的优势和 E-Learning 的优势结合起来，只有将这些结合起来才能达到预期的最佳效果。"谭永平教授认为："线上线下混合式教学模式是以建构主义和行为主义为理论基础，借助信息技术、互联网技术和现代教育技术等多种技术手段对教育资源进行组织、呈现和运用，将面对面的课堂教学和网络在线教学进行深度融合的教学模式。"综合以上学者对"混合式教学"的定义，可以了解到，"混合式学习"包括教师的"教"和学生的"学"，其实也就是"混合式教学"。因此，混合式教学可以被定义为一种把线上网络教学和线下课堂面对面教学结合起来，充分发挥"教师主导—学生主体"的作用，能有效引导学生利用线上课程自主学习，主动掌握一些基础、简单的知识，加深对知识的掌握和思考，在线下课堂上积极参与各种教学活动，增加课堂参与度，强化对知识的理解和建构，最终使教学效果得以提升的教学方式。

开展线上线下混合式教学时，在上课前，教师要进行充分的学情分析、课程分析、平台分析，然后再进行教学设计；在上课时，教师要科学、合理地组织线下教学和线下教学，学生先自主进行个体学习，然后再进行小组学习，并及时向教师反馈学习情况，反映遇到的学习困惑；在上课之后，教师要及时地对学生的线上学习情况和线下学习情况进行评价、反馈和指导，利用过程性评价和终结性评价相结合的方式对学生的学业总成绩进行整体评价，同时，教师要对整个教学过程进行反思。在整个教学环节完成时，教师要根据学生的反馈和教师自身的反思进一步完善课前的教学准备。

二、线上线下混合式教学的优势

北京师范大学的何克抗教授认为，传统的课堂教学和纯粹的线上教学都存在一定的优势和弊端。传统的课堂有利于学生和教师之间面对面进行即时互动，教师能够很清楚地掌握学生的学习情况，课堂教学方法已经非常成熟，这些都是其他形式的教学无法代替的；但是传统课堂教学也存在一定不足，主要体现在以教师讲授为主，学生只能被动接受知识，授课形式和内容单一，缺乏互动和思考，容易忽视学生的个性化学习，学生的创新能力和自主学习能力难以得到提高。在线教学最大的优点在于学生的学习不受时间和空间的限制，可以随时随地碎片化学习，有利于培养学生自主研究的能力；不足之处在于缺少师生之间的面对面情感交流，在线教学缺少教师监督，导致课程完成率低，学习深度不够，学生的学习质量无法保证。因此，何克抗教授首次提出了"混合教学"模式，这种新型的教学模式充分地将线上及线下教学进行有效的整合，既融合了面对面传统教学和网络在线教学的双重优点，又弥补了面对面传统教学和网络在线教学的不足，使"1+1>2"的作用得以有效地体现，形成优势较为突出的教学模式，受到国内外众多教育研究者的青睐。

此外，线上线下混合式教学在减轻教师的教学压力、以学生为中心的教学实施、促进师生之间的互动交流、重视学生水平差异、丰富学习资源、完善学生的评价方法等方面都存在一定的优势。

三、线上线下混合式教学模式设计原则

（一）启发性原则

遵循启发性原则能够使学生充分地保持活跃性思维。在这一过程中产生的积极建构知识与主动探索精神对于学生的学习、作业、实践是非常重要的。高职学校教学学科特点与普通高中的学科特点有很大区别，其更注重学生专业技能的学习，如计算机应用专业、电子商务专业、汽车电路修理、服装设计等学科。在传统的教学中，教学活动的主导者是教师，而作为教学主体的学生未能得到充分的重视，其主观能动作用也不能得以充分发挥。线上线下混合式教学模式遵循启发性原则，在模式中不断启发与引导学生自己解决问题，以此来提高学生的独立探究、解决问题与智慧学习等能力。

（二）因材施教原则

因材施教是指教师结合实际情况，根据不同学生存在的差异选择适合其个人的学习内容，使每个人的才能得到最优化的发展。现如今，社会对高职学校培养人才提出了更高的要求，要求其培养与时俱进、有国际竞争力的智慧型人才。智慧课堂以及智能教学手段也为记录分析学生的个性化数据提供方法帮助学生实现针对性学习。与此同时，线上线下混合式教学模式可以帮助教师更深入全面的了解学生的真实情况、掌握学生的不同学习水平与特点，合理安排教与学的各方面

内容，进行针对性教学。依靠线上个性化资源学习、线下实际练习与教师个性化指导，使学生扬长避短。同时，高职学校的学生学习能力良莠不齐，利用线上线下混合式教学模式可以照顾到不同层次学生，使其获得适应自己学习能力的教学指导。

（三）理论联系实际原则

理论联系实际原则是指保证理论与社会实际相关联，将学习到的知识应用到现实的问题中。理论与实践相结合对高职学生来说是十分重要的，然而高职学生的理论知识普遍薄弱，并且对于理论知识的学习存在排斥现象，所以在传统教学中很难实现知行统一。线上线下混合式教学模式遵循理论联系实际原则，依靠线上教学与网络学习资源深入研究知识的含义与技能的概念，同时利用线下校企合作增强学生实践能力。在这一过程中，教师多种教学方式的引导和学生不同的学习方式，大大增加了学习理论知识的趣味，使学生有更多的时间深刻领悟知识的奥秘，使其综合所学知识，智慧地解决所遇到的实际问题，从而达到学以致用的目的。

（四）学生为主体、教师进行指引的原则

人本主义倡导教师应成为教学活动中的促进者，学生成为教学活动中的主体。在这种指导基础下，线上线下混合式教学模式应进行高职院校课程的教学设计，在教学过程中积极调动学生学习的主动性，在课堂教学进程中开展更加广泛的课堂实践活动。教师作为学习的参与者，应对学生独立思考能力和自学能力进行培养和提升。教师通过线上教学平台分享学习资源供学生学习，帮助学生进行自主学习，从而提高学生的自主学习水平。

（五）学习资源多元化的原则

随着互联网的发展，学习资源越来越丰富。在建构主义理论的指导下，高职院校课程线上线下混合式教学设计应注意学生的差异性。根据学生和课程的特点，设计出符合学情的教学过程，提供多元化的学习资源以便于满足学生的需求。例如中国大学慕课、智慧职教平台等。

（六）评价方式多样化的原则

在传统的教学评价体系中，还是以学生成绩为主要的衡量标准，这种评价既缺少科学性、又缺乏以学生为主体的理念。在线上线下混合式教学评价体系中，

应从多维度评价学生在教学过程中的学习状态，并将学生参加文化艺术活动情况纳入考核评价体系中，充分发挥评价的激励作用。根据课前、课中、课后等不同时段对学生进行全方位的客观评价。

四、线上线下混合式教学环境设计

（一）智慧课堂环境

近年来，智慧课堂逐渐成为教育教学研究的热点内容。智能学习环境从建构主义学习理论出发，利用相匹配的设备、技术、教师、学生等构成的一个智能、开放、集成的虚拟现实空间。在智慧课堂中，智慧系统环境与多种移动设备可以为师生提供更加精准、全面与开放的教学与学习服务。智慧课堂为建构线上线下混合式教学模式提供了许多支持。

（二）线上教学环境

线上学习环境主要由"云班课"APP与"腾讯课堂"APP两大线上智慧教学平台提供。

1.云班课

蓝墨云班课是智能云教学领域主流的教学平台，覆盖并服务全国7 000余所高等院校和职业院校，学生教师用户已经超过1 600万人。其公司一直致力于打造高水平、创新型的智能云教学课程，推动教学模式改革；其发展理念与笔者所做的教育实践理念相吻合，同时该软件界面友好、操作简便、功能强大，可以实现课堂表现管理、数据导出、信息资源库管理等功能，因此在教学实践中可以选用"云班课APP"进行辅助教学。

2.腾讯课堂

腾讯课堂是由腾讯公司开发，专门为教师在线教学、学生互动学习服务的网络课堂。作为线上教育网络平台，腾讯课堂具有很多优势，如以蓝色为底色、色彩干净明亮、平台页面布局合理舒适、音质画质高、直播效果好等，最大限度地还原了线下课堂。

（三）线下教学环境

线下教学环境主要由智慧课堂中的极域电子教室平台提供。极域电子教室智慧平台是大连轻工业学校利用的智慧课堂教学平台，其能够实现线下课堂的同步屏幕教学、屏幕实时广播、展演学生屏幕、作业资料的收发、教师与学生全方位交

174

互，同时还能够进行多屏幕监控和测试等。在极域电子教室中进行线下教学，可以使学生全程都在指导下完成学习与实操，课堂更具有灵活性、教学节奏更加紧凑。通过极域电子教室平台、学校硬件设备以及学生的移动设备、智能化教学软件与线上课堂共同构成基于智慧课堂的线上线下混合式教学模式建构的基础条件。

五、线上线下混合式教学优化路径

（一）激发学生学习的主体自觉，提高学习自主性

建构主义学习理论强调"以学生为中心"，注重学生的学习自主性，认为学生只有主动地对所要学习的知识和信息进行加工处理、理解消化，才能在大脑中对新知识建构特定的意义。学习自主性是指学生在教师布置学习任务后，能够明确短期的学习任务和长期的学习目标，并且能够自觉主动地按时按质完成和实现的学习模式。学生学习的主体自觉是指学生充分认识自己在学习过程中的主体地位，并自觉地把这种主体意识贯彻在实际的学习行动中。激发学生学习的主体自觉，能够有效地提高学生学习的自主性，从"要我学"蜕变为"我要学"的主体自觉。学生学习的主体自觉于学习效果而言，犹如同树根于树苗一样重要，没有树根的主动吸收，任凭外界浇再多的水和施再多的肥，树苗也无法茁壮成长。学习也一样，如果学生不自觉，任凭他拥有再优秀的师资、再丰富的教学资源也无法把知识吸收到自己头脑里、内化于心。因此，线上线下混合教学模式既需要充分发挥教师的主导作用，又需要学生自主建构。

线上线下混合教学对学生的学习主体自觉的需求更大，对学习自主性要求更高。学生的学习自主性在线上线下混合教学中处于至关重要的位置。增强学生学习的主体自觉，提高学生的学习自主性，可以从三个方面入手。第一，观念转变是学习行为转变的向导，所以要想提高学生在线上线下混合式教学中的学习自主性，就要在学生考试入学时，充分做入学指南工作，发挥"入学指南"的导向作用，转变学生的传统学习观念，使其正确认识线上网络教学的重要地位，激发其学习兴趣，增强其学习自主性。第二，在学习方式方法方面，对学生进行学习方法教育培训，帮助学生摆脱以教师、教材和教室为中心的传统观念，使其掌握新的学习方法，自觉发挥自身的主观能动性，主动学习，从而内化知识。第三，引导学生做好学业规划，使其科学安排和管理学习时间，善于总结适合自己的学习方式方法，从而提高学习效率，增强学习能力。

（二）强化对课程质量的认证，增强内容的衔接性

强化对课程质量的认证，是增强课程内容衔接性、把控线上线下课程质量的重要环节；而课程内容衔接性的高低是课程质量好坏的重要体现。衔接是自然界和人类社会中存在的一个普遍现象，它存在于势之维系处、事之转变处、物之紧切处、时之凑合处。课程内容的衔接是根据课程内容的性质和不同的课程载体，采用不同的衔接手段将不同的课程内容进行统整。课程内容衔接性的好坏在一定程度上影响着课程的整体功效。要想提高线上线下混合式教学的效果，提高线上课程和线下课程的衔接性是重要的途径。线上课程内容和线下课程内容是一个完整、相互紧密联系的课程整体。有效衔接的线上课程和线下课程有利于体现线上线下混合式教学特有的优势，最大化地发挥课程育人造才的作用。

根据课程内容衔接性的问题表征和影响因素探析，学校和教师都应该采取相应的有效措施。第一，学校要组织课程专家或骨干教师团队对本校的线上课程和线下课程、自产课程和他产课程进行认证，严格把关课程质量。课程质量达标的才能开展教学活动，而课程质量不达标的，要求科任教师及团队进一步改善，再认证，直至质量达标。第二，学校要根据线上线下混合式教学这个新生教学模式的使用方式和技巧进行相应的技能培训，对这个新型教学模式想要达到的教学目标进行传达，让任课教师明确线上课程和线下课程所肩负的课程使命，然后根据这个使命去设置和安排线上课程和线下课程的内容。第三，任课教师要在明确线上课程和线下课程所要实现的课程目标的同时，研读教学大纲进行碎片化知识点备课，正确理解课程文本，分析不同课程知识点的性质和难易程度，合理设置线上课程和线下课程的内容，避免知识内容的简单重复，造成学生学习兴趣下降，课程实效性低。例如，"国际贸易理论与实务"这门课的主要内容包括基本理论知识、具体操作程序和实际问题的解决三个层面的知识。因此，教师在组织混合教学时，就要充分融合这三个层面的知识内容，注重补充鲜活的实践案例让学生运用相应的理论知识去分析解决问题，并组织学生进行小组讨论、分享，提高学生的学习兴趣和运用知识的能力。这也符合掌握学习理论中不同的知识获取方式对知识的掌握程度的影响。此外，教师还应该根据学生的身心发展特点和学科特性认真备课，合理安排和对接线上线下前后两节课的内容，使课程在分层中递进，在螺旋中上升，实现线上课程内容和线下课程内容由浅及深、由近到远、横向贯通和纵向衔接的境界。

（三）坚守课程场域，提升课程组织的科学性

课程场域是课程实施的主战场，教学组织是课程场域张力形成的重要途径。教师应该根据学情、教材和教学目标进行计划、设计和开展专门活动，提高课程组织的科学性，支持、激发、引导和促进学生在课程场域中开展学习活动，以直接或间接的教学影响推动学生达到有效学习的结果。教学组织的科学性有利于增强课程场域的张力，对教学效果有着至关重要的影响。线上线下混合式教学模式创新了教学组织方式，改变了过去教师单纯教学的地位，更加强化了教师的组织、引导、指导、辅导作用。因此，提高教学组织的科学性是提高教学效果必不可少的路径。

在选择线上课程和线下课程的组织方法，强化课程场域张力时，教师首先要清楚和明确课程想要学生达到怎样的预期学习结果，然后将所有的教学活动、学习活动和评价活动都围绕着这个预期的学习结果来展开。例如，线上课程肩负的使命是让学生通过观看教学微课视频，掌握重要概念等理论知识，并通过对应的练习进行理解和巩固。为此，教师就要精心选择或者录制相应的讲解视频，并尽量采用情境性较强的例子去解说概念知识，让学生进一步理解概念知识。同时，在练习题方面，不仅要有客观题，还需要组合一些实际运用的问题，加深学生对概念的理解和运用。线下课程肩负的是学生高阶思维能力和技能掌握的教学目标，因此，线上课程除了要重点精讲学生在线上课程无法理解和掌握的知识点，还应采用案例分析或项目学习的方式组织学生运用在线上课程所学的知识进行讨论交流，解决问题，然后小组汇总解决策略并上台进行分享，其他同学进行点评，最后教师进行总结评析，这样有利于学生对知识的领会和运用。联通主义认为："当学习者与其探索的信息发生联结或基于学习社群与其他学习者发生联结时，学习者的学习过程会更为有效，同时学习社群会促进学习者开展高阶学习。"因此，建议科任教师通过微信群或 QQ 群与学生们建立学习交流和谈论的网络社区，延展课程场域。在手机普及的现代社会中，微信和 QQ 是学生们使用最多、运用最广泛的社交媒体。师生们可以在微信群或 QQ 群上进行学习知识的交流和学习问题的讨论与解答。学生可以在上面提出问题或困惑，也可以帮同学解决问题和困惑，从而进一步提高学生的自我效能感。同时，其他同学也可以在同学们讨论的聊天记录中得到学习和启发，既有利于增加同学们的互动交流，又有利于同学们对知识的理解的运用。此外，教师也可以观看学生们交流的信息，当学生还是没办法解决遇到的问题时，给予及时的解答和帮助，增加师生的交流和教师对学生的有效指导。在交流群上，教师也

可以突破时间和空间的限制，及时地给予学生反馈，或者监督和提醒学生完成相应的学习任务，避免学生出现"迷航"现象。

（四）完善平台建设，强化平台的支撑作用

网络教学平台是开展线上线下混合式教学不可或缺的软件系统，它可以突破传统教学时间和空间固定的藩篱，有利于提高教学效果，改善高校的人才培养模式。

首先，任何事物，只有有效地满足使用者的需求，才能体现出其有用性，因此，平台开发商在开发平台之前应该进行广泛的调查，以了解它的使用者——学生和教师需要怎样的功能，才能有针对性地进行设计，满足学生学习的需求和教师的教学需求，这样才能使设计出来的软件平台有广阔的应用市场。例如，交互功能是平台实现有效教学的重要前提，是利用互联网突破时间和空间藩篱的交流互动，平台上有效的交互功能有利于吸引学生的学习兴趣和保持其学习的动力，据此，应该要完善平台的网络社区，完善在线疑难解答的交互功能。

其次，学校在购置或引进在线教学平台时，应该组织相关领导、教师和学生共同体验和参与分析平台的优劣，并根据教师和学生的需要、学科的特点和学校的经费预算，选择购买或引进最优的教学平台。

最后，教师在录制或者选择微课视频时，要注重理论知识的实用性，微课视频的有用性，把抽象的理论知识具体化、生活化，加强理论与实践的联系，便于学生理解。同时，在录制微课视频时，要注重知识的呈现方式，把动态呈现方式和静态呈现方式结合起来，语言要生动，教学态度要充满热情，选择的案例和插播的视频要充满教育性、情境性和价值性，使学生利用平台自主学习也能收获满满，提高学生学习获得感。

（五）坚守教师的职责，明确教师的直接影响不可或缺

作为线上线下混合式教学的执行者，教师对线上线下混合式教学的质量有着至关重要的影响。在线上线下混合式教学的整个过程中，无论是学生学习自主性的养成、教学内容衔接性的完善、教学组织科学性的提高还是平台完善性的加强，都离不开教师的直接影响。因此，在线上线下混合式教学过程中，教师的直接影响不可或缺。

在提高学生在线学习自主性方面，首先，教师在进入课程教学之前，应该对学生进行学习策略的指导和学习时间规划的指导，提高学生的自主学习能力。"授人以鱼，不如授之以渔"，指导学生学会自主学习在线课程的方法和策略，是学生

学好专业课程的基础和前提。其次，教师应该及时地给学生布置在线自主学习的任务，及时追踪学生在线学习的进程，根据学生的学习情况有针对性地进行指导。最后，教师应该营造良好的在线互动氛围，使师生与生生之间都相互信任，同时教师也能对学生的问题给出及时的反馈，让学生愿意交流，敢于并乐于提问和回答，使学生在学习上获得成就感，在情感上获得认同感，提高学生的学习效能。

在提高教学内容衔接性和组织科学性方面，教师的作用更是重中之重，无可替代。提高教学内容衔接性和组织科学性是教师职责之核心，是教师履行好其工作职责的关键所在。教师应该在教育目标的指导下，遵循学生的认知规律和认知需求，根据线上线下混合式教学的特点，合理安排和分配线上课程和线下课程的内容，使线上课程的内容和线下课程的内容相互衔接、不脱节，使线上课程的目标和线下课程的目标相一致。合理分配时间，科学合理地组织教学，及时帮助、指导和监督学生学习，给予学生资源支持、认知支持和情感支持，从而促进学生知识、能力的提高。教师应明确其职责，充分发挥其直接影响的作用，提高教学内容的衔接性和教学组织的科学性，促进线上课程和线下课程有机融合，避免产生两张皮的现象。

在平台的完善性方面，教师的直接作用亦不可缺位。教学平台的主要用户是教师和学生，因此，在学校选择教学平台时，教师应该根据学科特点和教学需求，对各个教学平台的优缺点进行研究比较，然后选出一个最佳的教学平台，这样才能有利于发挥线上线下混合式教学该有的效用。

第七章 "药物制剂技术"课程信息化教学应用

第一节 基于超星平台的混合式教学

一、"药物制剂技术"课程实施混合式教学的必要性

"药物制剂技术"是高职院校制药类专业的一门专业核心课程。该课程基于药品卫生，制药用水，物料处理，液体、固体、半固体等类型制剂的药物制剂技术专业知识，讲授药物不同剂型的特点、质量要求、生产方法、质量检测等生产中可能出现的问题及解决方法，是现代制剂技术在制药领域中的具体应用。"药物制剂技术"课程与多学科相互交叉，知识更新快，新的研究成果层出不穷，且内容较为抽象。然而，传统课堂教学以教师为主体来讲授知识点，学生被动接受，在有限的教学时间内教师无法满足每个学生的个性化需求，不能因材施教，使学生在学习过程中容易丧失学习热情，导致课程教学质量不高，因此很难实现课程教学目标。

混合式教学模式是一种将传统教学方式和网络化教学手段相结合的一种新型教学模式，强调以学生为中心的教学理念，使学生在教师引导下，通过线上自主学习和线下课堂教学完成对新知识的理解和掌握。线上学习是教学的前期准备活动，线下教学是基于线上前期学习成果而开展的更加深入的教学活动。以超星泛雅和学习通为平台开展混合式教学，充分利用网络教学资源，突破时间和空间限制，加强师生之间的交流讨论，提升学生自主学习能力，让教师能够关注到每个学生的学习状况，对学生分级教学或远程授课，真正做到因材施教，从而提高课程教学效果，促进教育教学水平的提高。

二、建设和完善"药物制剂技术"在线开放课程

在线开放课程建设是实施混合式教学模式的资源保障，为学生进行线上学习提供丰富的资源。基于超星平台，课题组建设并完善"药物制剂技术"在线开放课程。首先，将课程内容划分为液体制剂、固体制剂、半固体制剂、气体制剂 4 个教学模块；然后，将每个教学模块按照知识点进行拆分，总共分为 21 个知识点，根据教学目标对每一个知识点进行教学设计和内容开发，并梳理与理论知识对应的实践内容；接着，将每个知识点精心制作成 PPT 课件，整合建设 PPT 课件库；最后，将各个知识点内容录制成短小精简的微课视频，且微课视频时间不超过 15 分钟，以方便学生利用碎片化时间随时进行自主学习。经过整合微课视频，最终建设微课视频库；针对每一个教学模块，收集相关类型的生物制药、相应技术最新的研究成果和进展，整合形成拓展资源库。此外，"药物制剂技术"在线课程资源包括电子教案、电子教材、课程标准、授课计划、资料库（动画、图片、习题、试题）等。将这些教学资源上传超星泛雅网络教学平台，同时通知学生在移动手机端下载并安装与泛雅平台同步的超星学习通 APP，为混合式教学模式的开展做好准备。

三、基于超星平台的混合式教学模式设计与实施

依托超星平台建成"药物制剂技术"在线开放课程，可以将专业教学过程分为课前、课中、课后 3 个阶段。接下来，以液体制剂模块中"溶解度"知识点为例，介绍混合式教学的具体实施过程。

（一）课前阶段

教师在超星平台推送学习资源，内容包括生产教学 PPT 课件、微课视频、电子教案、图片、动画视频等，发布任务单，如"影响药物溶解度的因素有哪些？""增加溶解度的方法是什么？"等，并设置任务点和完成时间。学生利用手机登录学习通 APP，领取任务单，观看教学视频、教学 PPT 课件等，在规定时间内完成液体制剂的理论知识学习，在线提出学习疑问，并通过在线测试检验自学效果。教师登录超星平台查看学生线上学习数据，了解学习效果，并整理学生的学习问题，设计课堂活动，如抢答、问卷调查、主题讨论等，以实现以学生为主

体的课堂教学，促进学生和教师互动，提高课堂教学效果。

（二）课中阶段

线下课堂教学是整个教学模式的核心环节，是师生面对面的交流互动教学。基于课前的自主学习，学生在教师的引导和帮助下，通过自主探究、交流协作来完成对知识的深度内化。具体安排是：教师结合线上学习反馈和教学重难点对液体制剂生产过程及控制进行讲解，并通过学习通布置小组任务：液体制剂基本操作过程如何进行？学生以线上所学液体制剂的生产工艺知识为基础，通过上网查找液体制剂的相关知识，经小组合作、研讨交流、师生互动来完成学习任务，并将解决方案上传学习通，教师可以设置学生自评、互评模式对任务进行评价，充分调动师生之间的互动交流和学生学习的积极性。

教师随机抽取小组成员对液体制剂生产过程进行汇报，针对汇报和任务完成情况进行综合点评，并梳理总结本堂课的知识点。在此期间，还可以开展抢答、主题讨论等活动，通过这些课堂活动加强学生对液体制剂生产知识的理解和掌握。学生对液体制剂生产的理论知识有所了解后，安排学生进行液体制剂仿真软件操作，该软件模拟液体制剂生产真实的工艺过程及其控制和操作，学生可以在安全、逼真的操作环境下全面了解生产装置的操作和液体制剂的生产过程，使理论与实践有机结合。

（三）课后阶段

课程结束后，教师将本堂课的知识点总结上传超星平台，方便学生随时查看。为巩固学习成果，教师可以设计多种形式的课后学习任务。对于课堂任务完成较快、较好的学生，可以深入学习平台上的拓展性资源，完成如"液体制剂新品种不断涌现，目前在进行液体制剂生产时必须具备注意哪些事项？"的拓展任务。对于那些任务完成不好或勉强完成的学生，可以对教学视频、教学 PPT 课件、课堂总结等资料进行巩固学习，完成教师布置的课后作业。教师根据超星平台对学生学习情况的统计数据对课堂教学进行反思，为开展下次教学做好准备。

四、混合式教学模式考核评价体系

任何教学改革实践都要经过考核评价的检验，否则就难以评估其成效。在"药物制剂技术"课程混合式教学中，超星平台利用强大的数据分析和处理功能，建立了多元立体化课程考核评价体系，将过程性与终结性评价相结合，线上与线下评价相结合，教师评价、学生互评与学生自评相结合。多元立体化课程考核评价体系改变了传统"一考定成绩"的单一评价模式，其注重过程性和终结性评价有机结合，全面考核学生线上、线下学习的总体情况。为充分调动学生学习的积极性，教师还在主题讨论、课堂互动中引入学生互评和学生自评，与教师评价相结合，有助于促进学生之间的信息交流和小组合作能力的培养。

第二节　信息化 PBL 教学法的应用

PBL 教学法是指教师精心设计与学生实际相关的情境，根据教学内容提出针对性问题（问题或由学生在情境中发现），而学生在教师的指导下围绕问题查阅资料，通过自主学习和小组合作学习，对查找信息进行分析、讨论、归纳及整理，进而解决问题，最后向全班汇报自己小组的学习成果，以此来实现教学目标的一种教学方法。PBL 教学法的目标是能力的学习，致力于在教学中培养和形成学生自主学习、合作交流和创新性思维等综合素养。

一、PBL 教学法在"药物制剂技术"课程中的组织与实施

在教学中，可以将两个班分别划分为学习小组，每组 3 ～ 4 人，以学习小组为单位组织教学。

（一）实施方法

1. 运用 PBL 教学法整合不同专业课程中的相关内容

为提高学生的实际应用能力，在专业课程的教学中，打破现行专业课程各自的理论结构框架，根据相应的教学内容设计不同的教学方法，将"药物制剂技术"课程知识整合成若干模块，并借助蓝墨云班课、网络资源课等授课平台为学生提供丰富多样的学习资源。例如，在讲授与"固体制剂"相关的内容时，教师首先从日常生活中的常见固体制剂——胶囊剂入手，设计由浅入深的问题：胶囊包括哪几种类型？胶囊由哪些部分组成？硬胶囊剂的工艺流程是怎样的？在生产过程中会用到哪些设备？启发学生从药理学的角度思考，提醒学生要考虑到药物吸收与利用途径、影响因素等。然后，教师引入相对较难的有关内容：典型的处方胶囊制法、用量。最后，引入生产相关知识，使学生掌握固体制剂处方组成及质量检查要求。这样既可以把相关课程的同一知识点整合为一体，使学生掌握系统的

知识体系，又可以避免在不同的专业课程中重复讲授有关内容，节约了教学资源，提高了教学效率。

2. 借助多元化的信息平台实施 PBL 教学法

网络学习平台上的资源具有良好的师生交互性、资源使用的反复性和教学反馈的及时性等优势。除了利用网络资源课平台，还可以利用 QQ 群、微信群、蓝墨云班课等平台，为学生提供多元化的学习渠道。首先，教学设计阶段着眼于多元化教学手段。教师依据教学内容准备素材，构建多个相对独立又互相联系的模块，积极采用多种教学方法、手段，如实物标本展示、仿真模拟软件操作、动画演示、自拍视频影像、生产见习，使教学形式丰富而生动。其次，课前学习阶段重视学生的自主学习。教师把设计好的学习专题作为课前任务上传至网络学习平台的预习栏目，同时上传教学课件、习题、教学视频等辅助资料，以便学生自学。再次，课堂教学中重视合作学习。教学中，以学习小组为单位开展讨论和交流，逐一解决课前布置的问题，教师负责答疑解惑和个性化辅导。最后，教学之后重视知识运用与学习评价，促进学生巩固知识与技能。教师利用网络教学平台布置复习题后，让学生在网络平台上作答，采取教师批阅、同学互评和自评三种方法予以评价，并鼓励优秀者。教师可以对学生回答问题的正确率进行科学统计和分析，以便了解学生的学习情况。

3. 创建虚拟仿真实验室解决实验困境

"药物制剂技术"课程进行操作实验往往处在困境之中。第一，"药物制剂技术"课程，多涉及制剂生产方法，常规仪器和教学手段无法直观展示。第二，"药物制剂技术"课程的实验实训需要使用的设备价格高，体积庞大且占地面积多，易损坏、难维护。受这些因素的制约，无法将所有需要的实验实训设备全部购入。即使与制药企业开展合作，在企业进行一些实验实训，但真正能让学生上手操作生产设备的机会很少，更多的只能让学生参观学习，对学生实践能力的培养作用不大。第三，不同药物的生产原理、工艺不尽相同，甚至差异巨大，实验需要的仪器设备型号多，通用性和兼容性差。第四，实验所用的原料、实验过程及终产物往往有毒、有害，实验产生的废气、废水等可能危害人体健康。第五，教师示范操作覆盖面小。解决以上难题的捷径就是建立虚拟实验室，构建仿真模型，进行模拟实验，让学生利用计算机来完成实验的设计、操作、验证等过程以达到实验目的。

（二）PBL 教学法的运用效果

1.提高学生的学习兴趣和学习效率

绝大部分学生均对信息化资源保障下的 PBL 教学法能够表现出浓厚的兴趣。另外，网络资源平台可以随时和反复登录进行学习，不受时间和空间限制，还可以自由选择学习内容，巩固相关知识，大大提高了学生的学习效率。

2.提高学生的实验技能

生物制药专业的很多实验操作需要教师示范，但是由于学生人数较多，难免会有学生看不到或看不清，而通过信息化的平台很容易解决这个问题。教师事先把示范操作和一些注意事项拍成视频，上传到网络平台，学生可以通过网络课程平台根据教师提出的问题自主学习，对实验目的、实验原理有更深入的理解。在此基础上，学生通过反复观看视频做到心中有数，在实验课上再亲自操作以获得直观感受。

3.提高学生的综合素质

依托信息化平台的 PBL 教学法，为"药物制剂技术"课程教学建构新的创新人才培养模式奠定了基础。学生通过多元化平台学习专业理论知识，参与技能训练，创新能力明显提高。例如，在中药制剂相关知识时，先引导学生利用互联网进行信息调研，全面了解中药制剂的概念、分类，中药提取、分离、纯化的方法等知识，然后进行交流研讨，形成文献报告，上传到网络资源课程平台。学生通过互评模块进行评阅，教师在课堂上加以引导，带领学生共同讨论，形成良性互动。学生在调研及研讨的过程中学习检索和运用文献，提高了信息处理能力；通过归纳总结成文，锻炼了逻辑思维能力和表达能力；在学习中分工合作、互相启发，增强了团队精神，提高了合作能力。

二、PBL 教学法在生物制药技术中应用的反思

1.信息化教学是高职院校教学改革的主方向

信息化教学是为了达到特定的目标而建立的信息支持和决策系统，是利用现代化多媒体技术与激励机制，协调和控制组织中各成员间的关系，优化资源配置，充分发挥群体效能的各种协调活动与过程。目前，高职教育教学改革要充分发挥信息技术的优势，引导教师在教学内容、方法和手段等方面不断创新，逐步提高课程教学的信息技术应用水平。在人们越来越重视身体健康的今天，医药行业对生物制药专业人才的需求巨大，但是生物制药专业人才无论是从"质"还是从"量"上都不能满足当今医药行业发展的需要。要想有效地利用学校、企业和社会

的各种资源，增强"药物制剂技术"课程的教学效果，创新人才培养模式，提高具有实践能力和创新能力的高素质人才的培养效益，必须建构生物制药专业人才培养的信息化模式，建设系统化信息平台，加大信息化教学设备投入。

2.信息技术与专业课程的整合要求教师转变教育观念

PBL教学法可以明显提高教学质量，但以信息技术整合"药物制剂技术"课程是一个连续的、动态的、长期的系统工程，决定整合成败的关键因素是教师。这一系统工程不仅需要教师投入较多精力，更需要教师转变教育教学观念。教师必须是课程的设计者、教学过程的引导者，在学生学习活动中充当的角色应该由原来的"传授者"变为指导者、组织者、协调者和合作者。同时，PBL教学的内容载体由传统的、单一的教材扩展到光盘、多媒体电子书，教学资源由PPT课件发展到教学辅助软件乃至数字化教学资源库。这些变化对教师的自身素质提出了更高的要求。教师不仅要具有坚实的理论基础、较高的学术水平、熟练的实践技能，还应具备多种能力，如媒体信息技术应用能力、教学设计能力、课件开发制作能力，以及在网络教育应用、生物信息技术教学、多媒体运用等整个教学过程中进行分析与管理的能力。

信息化PBL教学法应用于"药物制剂技术"课程教学，通过"基于问题式学习"的方式，以信息化网络教学为媒介，逐步将教师备课、课堂实施、在线答疑及辅导，学生课前学习、课堂讨论、课后学习、学习效果反馈、检测、考试等教学环节包容进来，通过信息资源检索和虚拟实验实训环境等多种途径培养学生自主学习能力，构建一种以培养创新能力为目标的人才培养模式。

第三节　慕课和微信公众平台的教学应用

一、慕课在"药物制剂技术"课程中的应用

慕课，即大规模开放式的在线课程，主要通过互联网资源，把课程上传到网络以满足人们学习或追求进步的一种新的教育模式。慕课的发展取决于网络技术和智能技术的发展，其充分利用互联网的最新技术，可以形式灵活地发布多种课程资源，有效地将学习管理系统与开放网络资源综合起来。慕课属于一种新型的网络课程，也是近几年涌现出来的一种在线课程的全新教学模式。慕课作为信息技术在教学模式的实际应用，由于具有规模大、开放性、在线、灵活性高等特点，

已经在全球高等教育领域引起了广泛的关注。

（一）慕课在"药物制剂技术"课程中应用的优势

慕课作为一种具有开放性和连通性的教育体系，具有传统的课程以及单纯的网络课程无可比拟的优势，其学习方式更为多元化，学习形式也更为自由。

1.学习方式多元化

慕课的学习方式多种多样，基本上借助于现代信息技术和网络技术的发展，提供多种的学习资源和适合学习者的学习手段。慕课主要通过脸书、微博、微信、QQ、学习社区等提供学习课程所需要的教学视频、教学课件、教学大纲、教学图片等教学资料。但慕课的学习方式不仅仅是提供学习资源，还提供学习服务，如提供与学习主题相对应的交互性讨论社区。通过多渠道、多途径的学习以及沟通方式，旨在把有志于学习的学习者和能提供帮助的专家汇聚起来，让他们通过获取开放式的资源及大规模的交互学习，达到有效学习的目的。

2.学习形式自由化

慕课学习在时间上相对自由，学习环境也相对开放无限制，学习的评价方式也较传统模式更为自由。学习者通过注册获取课程，可以自由安排时间，自行学习相关课程，通过完成的作业和在线考核的结果获得相应课程的合格证书。这都为学习者提供了一个相对开放的学习环境。慕课所有的课程资源、师生互动、课程评价都是通过互联网实施的，正是通过网络技术才让慕课得以大规模和开放性的实施。

3.教学方法灵活多变

慕课的教学方法灵活多变。慕课的教学方法体现"以学生为主体"的新型教学观念和课程设计思路，课程中导入更多的在线教学视频、教学课件、教学图片、随堂讨论、思考和作业等学习资料，为学生们打造全面的在线教学资源平台，让在校师生可以在这个平台上实现优质课程教学资源的共享，为学生创造良好的学习平台。从学生学习特点的角度出发，要合理分配在线教学单元。这样，学生能更有目的、积极参与学习，有利于提升网络在线教学质量。

（二）慕课在"药物制剂技术"课程中的应用设计

"药物制剂技术"课程是制药专业的一门核心专业课。这门课程的教学任务是利用制药学知识及方法来研究生物制药的技术、剂型加工工艺。这门课程涉及范围广泛、课程知识点非常多、内容抽象、实践性极强。在实际教学中，教师采取多种教学方法综合运用的方式，才能真正激发学生的学习热情，让学生毕业后具有较强的就业竞争力。所以，该课程改革应当以学生为主体，突出基础专业知识和实践技能的培养，要注重学生理论的综合运用能力的培养，提高他们实际解决问题的能力。

该课程充分参考慕课教学方法中"以学生为主体"的新型教学观念和课程设计思路，导入更多的在线教学视频，设置好发布时间，为学生学习课程做好课程准备。依据教育资源创建技术的标准以及生物制药技术课程的特征，这个课程可划分成四个模块，分别是课程导读、课程讲解、作业相关以及自测练习。利用网络教学平台，可以让学生们在平台上学习药用生物制药技术的相关知识。这大大改变了以往传统的教学方法，增强了学生的学习兴趣，提高了学习效率。例如，"药物制剂技术"课程的难点——药物制剂加工技术，利用传统的讲解太抽象，学生无法理解，因此教师可以先预先上传生产中的加工视频，然后再制作针对加工视频的技术讲解，在这个基础上完善这些资料，为学生们打造强大的在线教学资源库，建立一个全校范围的生物制药技术的慕课平台，从而让在校师生在这个平台上实现优质课程教学资源的共享，为学生们创造良好的学习平台。"药物制剂技术"课程的慕课在线教学内容主要包含教学视频、讲解技术、教学课件、思考和作业、课堂讨论等。从学生学习特点的角度出发，合理地分配在线教学单元，依照每个星期两次课的进度设计教学单元内容，科学合理地安排整个教学进度，定期上传教学内容。为了更好地帮助学生参与线上学习，并且掌握学习内容，还需要将传统的考核方式转变为多样化的考核方式。这样，学生们更有动力完成平时单元作业，积极参与学习，进而提升网络在线教学质量。

二、微信公众号在"药物制剂技术"课程教学中的应用

（一）微信公众号应用的背景

近年来，随着微信平台的出现，涌现出了一批优秀的生物医药、生物制药领域公众号，其特点是快速、内容丰富、易操作和分享。由于生物技术、生物医药、生物技术制药领域发展迅速，十分活跃，新技术、新方法、新应用层出不穷，若想全面、准确地了解和介绍实属不易。而公众号的出现，加速了这些领域最新成果、最新技术、最新应用、最新动态和发展趋势的快速获取、介绍和分享。这些公众号的内容不仅包含国内最新进展，也包括国际最新进展，亦做到了即时更新、与时俱进。

由于每个公众号主体不同，关注点、信息来源亦不尽相同，具有各自不同的

特点，起到了对相关信息的梳理和分类的作用。因此，微信公众号的出现，十分有利于辅助教学，利于推动教学手段的革新。与生物技术、生物医药、生物制药相关的公众号，其账号主体主要有政府、媒体、企业、国际组织和个人等，如高校、科研院所、医院、疾病预防控制中心、专业组织（如世界卫生组织）、企业、专业杂志或出版社、教师及科研人员等。公众号内容包括生物技术、生物医药、生物技术制药、转化医学等的新技术、新方法、新进展等，也包括一些综述性和新闻性报道、指南、政策法规、产业信息等。有的公众号偏重于技术，有的偏重于某种疾病或行业的某一个方向。

（二）微信公众号信息在教学中的应用

微信及微信公众平台辅助教学逐渐引起了教育工作者的广泛关注。越来越多的教师尝试把微信公众平台与教学相结合，且关于微信及微信平台辅助教学，已有一些探索和报道。微信公众平台可以提高学生学习的效率和自主学习的能力，改善教学效果。在实施上，教师建立微信群，将已有公众号的信息经筛选后发送到微信群共享，作为一种辅助教学方式；或暂存在微信文件传输助手以供后续使用。在信息筛选时，教师应注意发布主体的权威性，发布内容的真实性、知识性、学术性和趣味性；应优先选择与"药物制剂技术"课程内容密切相关的内容，或有文献出处、杂志报道的内容。同时，也可拓展至与生物技术或者生物医药相关的公众号或者内容，以拓展学生学习的视野，激发学生学习兴趣，培养学生创新思维，牢固树立专业信心，并从中找到自己感兴趣的专业方向，为进一步深造和就业奠定基础。微信公众号的部分信息，亦可作为案例有机融入课程的讲解。

对生物技术、生物工程、生物科学专业的学生来说，"药物制剂技术"是一门应用型学科。在为这些专业的学生讲授该门课程时，技术和方法部分适合精讲、提纲挈领，因此教师可通过案例分析向他们介绍药物的研发、生产过程等，使课堂讲授能够更加生动，有利于提高他们学习的兴趣和积极性，加深对基础知识、基本理论的理解和掌握。另外，生物技术制药和生物医药是当今发展最为快速和活跃的领域。教师利用微信公众号利于快速分享和获取行业最新进展、最新成果的特点，通过微信群向学生推送，能够弥补课堂教学的不足，拓展学生学习视野，激发他们的学习兴趣及创新创业的激情。通过实践可知，案例分析和微信公众号信息在"药物制剂技术"课程教学中的应用能够取得良好的教学效果。

第四节　混合式教学模式的应用

一、混合式教学的目标

信息化背景的高等职业技术教育仍以学习者为主体，关注学习多元化、个性化的需求，为不同的学习对象提供多样化、优质化的学习资源，给予他们更多的学习时间与空间；同时关注学习对象的可持续发展，注重培养其自学能力、创新能力、探索意识、研究意识、职业意识等综合素养。"生物制药技术"课程从校内教学与校外教学融合的角度出发，在教学内容、教学资源以及企业融入等方面进行线上线下、校内校外的混合教学研究，注重加强学生理论知识学习与生产实践、社会服务的有机结合。

二、"药物制剂技术"课程线上线下混合教学

（一）学习者分析与学习环境评估

从学生层次来看，有些学生可能对专业知识与技能的掌握情况不甚良好，但其学习积极性较高；有些学生则可能学习主动性不强；有些学生则既有扎实的专业基础，又对专业有着较大的热忱，且乐于助人。因此，不同学生的学习风格迥异，教师可根据学生层次，选择合理"抱团"教学，让学生相辅相成，发挥相互促进的作用。从学习环境来看，校园内网络信息化建设较好，可将"药物制剂技术"课程投入高职院校在线开放课程共享平台中使用，同时可使用蓝墨云班课辅助教学；而学生可借助电脑、手机、平板等电子工具随时随地进行在线学习。

（二）以学习者为中心的课程设计

1.以职业能力为导向，采用项目化教学

根据生物制药领域合作企业的生产特点，将基于企业的工作项目、教师科研项目以及技术服务项目融入教学，而课程教学内容根据产学研发展情况实时调整更新，以适应行业发展。以新冠肺炎的爆发为例，研制与开发相关疫苗、检测试剂盒、天然药物等成为许多生物制药企业及研究机构的生产与研发重任。生物制药技术立足地方企业，共同开发了血清蛋白类、活性肽类、核酸类、抗体类等生物大分子药物的原料制备与分析检验项目。通过各类基于实际的工作项目的开展，

充分实现课程的知识目标、能力目标与素质目标。

2.线上学习资源准备充分、形式多样，吸引注意力

按照资源颗粒化、设计系统化、课程结构化的资源库建设思路，开发微课、动画、视频、题库等一系列线上学习资源。视觉资源设计应精炼，内容浅显易懂，多引用来自企业的生产案例、源于生活的案例，也可配合使用其他云课堂的优秀动画或微课资源作为辅助参考资料，既能反映生物制药企业典型产品的制备过程，又能拉近学生与专业课程的距离。

3.线上、线下教学活动有效衔接

实现学习者为中心、教师为主导混合教学的线下教学活动，注重学习者实践能力的培养，目的在于深化专业知识与提升职业技能。教师利用线下教学，当面解决学生在线上学习理论知识与预习操作视频时的各种疑惑，并通过线上教学继续推进；线上教学活动则以线下教学（包括教室、实训室、实训基地等）目标为基础，延伸学习空间与时间，使线上、线下教学形成有序的整体。

4.把握不同阶段混合教学的方法

不同学习者的学习程度有所差异，不同的工作项目及其子任务的重点、难点各不相同，加之线上教学与线下教学的要求也不一致，因此教师需根据以上情况，根据不同教学内容，采用不同的混合教学方法，以保障课程教学目标的实现。

（三）以教师为主导的课程实施

"药物制剂技术"课程的混合教学，不再局限于课堂，而教师也从中心变为主导，且师生围绕课程知识点与技能点组成学习共同体，充分发挥学生的主动性与积极性，教师则有更多时间组织师生互动。课程采用项目化教学，学生分小组依次开展工作项目。分组时，教师引导学生根据自身特点，合理搭配，相互合作，共同完成工作项目。项目开展前，教师布置工作任务，学生则需准备台账本，完成初步预习工作，并在线上平台完成自测，"过关"后方可进入实验实训室进行操作；每个子任务的操作部分完成后，学生开始相应的理论学习，通过线上自学与线下教师讲学、分组研讨，及时了解自身在理论知识与实操技能上的弱项，并加以改进，以便更好地开展下一个子任务以及后续的工作项目。此外，学生还需完成工作任务单、小组研讨及其他线上作业、测验与考试。课程教学内容亦包括企业生产案例研讨与企业实践，通过校外教学的延展巩固项目化教学效果。在教师主导下，线上线下教学活动交织进行，使学生通过课前导学与自学，实现学习的自主化；通过课中研学，实现知识的内化；再通过课后拓展学习空间与时间，实现知识、技能的融合。

1.课程线上知识的获取

课前，教师按照工作项目的开展顺序，通过线上平台、APP等互联网工具依次布置学习任务，发布颗粒化资源；学生完成各个子任务的操作视频观摩、依托知识点的微课学习，并通过线上自测，对"药物制剂技术"的理论知识有初步了解。课中完成工作项目以后，学生根据实际操作经验与教师的理论讲学，对于先前自学的理论知识有了深入理解，在完成在线测验与考试、进行在线答疑的过程中，他们的理论知识转而内化，并随着课程工作项目的推进逐渐系统化，实现知识储备的渐进式上升。课后，学生通过完成线上作业、测验、考试，进行线上讨论，进一步巩固理论知识，并结合工作项目的操作结果，更深刻地理解这些知识点的"用武之地"，实现专业知识与职业技能的融合。

2.课程线下技能与知识的强化

在完成线上预习、自测与答疑的基础上，学生在实验实训室内分组依次完成各工作项目。学生一步步温故知新，学会不同类型药物的原料提取、分离、纯化、含量测定、质量检验的各种实用技术，学习当前生物制药的技术热点，并逐步掌握相应的理论知识点。学生通过课中教师指导、答疑、小组分工，课中与课后使用线上平台资源、完成线上学习任务、线下绘制工作流程图、完成工作任务单与台账本等，交替学习技能与知识，实现技能与知识的强化与螺旋式上升。为弥补校内教学的不足，缩小高职课堂教育与企业实际需求的差距，学生在课前、课中、课后还需进行企业生产案例研讨与企业实践。学生通过小组研讨企业产品生产路线，进行实地企业实践，结合线上平台的企业实操视频、企业生产与职业素养视频等，拓宽"药物制剂技术"课程的学习领域。通过校内校外、线上线下交互的混合教学，为学生将来在企业真实环境中解决真实问题奠定了基础。

（四）课程的学习评价

信息化背景下的"药物制剂技术"混合教学，突破以往"课堂+试卷+实验报告"的评价模式，改变了过去知识偏重死记硬背、与职业技能脱节，以及技能操作与实际应用能力考核较少的情况。教师根据学生的线上活动与线下教学中的表现，建立多元化、多方位、动态、开放的评价体系，以便全方位了解学生的学习情况，引导他们主动、有效地学习。教师全面考虑不同学生的个人特点与学习情况，注重对学生学习过程的监督与过程性评价，在课前、课中、课后不同阶段，以及线上、线下不同环节加以督促，消除学生平时学习上不上心、不用心，期末考试"急火攻心"的情况。

课程的学习评价注意线上教学与线下教学的有效衔接，如学生参与、完成的线下考核中的工作项目，需要通过对线上平台的操作视频的观摩与自测，检验学生对该任务的线上预习情况；线上考试、测验内容则围绕线下项目化教学的实践与理论知识的讲解；课堂中的小组研讨，会考核学生对微课、视频等线上资源的学习与熟悉程度，而企业生产案例等的研讨结果，也结合线下讨论与线上作业进行评价。通过阶段性评价，教师随时向学生反馈学习结果，以便学生及时改善学习情况。此外，课程通过小组互评、个人附加分、团队加分等形式，鼓励学生积极参与课程学习，激发学生的团队协作意识与个体发展意识。为评估不同层次学生的学习效果，课程的部分评价内容（如技能考核等）考核方式可多样化。教师可通过在线问卷调查等形式，及时向学生了解课程的教学内容、教学方法、教学资源、评价体系、"互联网+"的应用等方面的不足，以便不断完善课程教学。

（五）混合教学实践对完善课程建设的启示

1. 知识点、技能点的层次设计

生物制药领域的知识点多、技能点细，因此在组织生物制药技术课程及其他专业课程的教学内容时，应结构化、系统化设计相关课程内容，以清晰的脉络梳理不同层次的知识点、技能点，将知识点、技能点分为一级层次（掌握、熟练）、二级层次（理解、应会）、三级层次（了解、可用）等，抓住课程建设的主干。

2. 课程资源的优化建设

信息化的教学资源多样，应重点开发微课、操作视频、动画、题库等实用资源，并结合知识点、技能点的层次设计，侧重一二级层次知识点、技能点的资源建设；应加强课程资源的质量，并充分利用好合作企业的资源，开发企业一线的教学视频、微课等资源，提高课程资源的实用性；颗粒化资源应以课程学习为目标系统设计，按需建设。

3. 线上线下教学的合理运用

信息化课程建设应始终以学生为中心，以教师为主导，师生充分进行互动交流、线下教学应注重学生实践能力与职业素养的培养，提高学生的技能与知识水平；线上教学应以线下教学目标为基础，延伸学习空间与时间。线上线下教学既要把控学生的整体水平，又要充分考虑学生的个体发展，发挥个体学习的主动性，不断反馈学生在学习进程中的问题并使之改进。

三、专业课程与生产实践融合教学模式

（一）专业课程与生产实践融合教学模式的内涵

专业课程与生产实践全面融合教学模式是指教学目标、教学内容、教学组织、教学条件、教学方法和教学考核等与企业生产过程以及学生可持续发展要求的一致性，即通过"教学进程与生产流程融合，课堂与车间现场融合，教师与师傅角色融合，学生与员工角色融合，课程考核与工作绩效考核融合"的教学活动，培养全面发展的高端技能型人才。

1.贯彻执行全面培养的教学指导思想

为实现高等职业技术教育宗旨，我们在选取教学内容和进行教学环节设计时，以全面培养为教学指导思想，统筹兼顾基础知识、专业技能、综合素质、可持续发展等方面的教育，将自主学习能力、职业工作能力和社会工作能力的培养融入各专业课程的教学活动中，设计以完成工作任务为课堂教学目标的"资讯、体验、实作、析因"八字教学环节，使学生在活动过程中形成可持续发展能力，做到就业培养与可持续发展教育相结合，实现全面发展教育。

2.教学进程与生产流程的融合

从生产过程出发，选取发酵生产线、分离提取生产线、药物制剂生产线典型工作任务所需要的知识、技能和素质作为学习内容，按照生产流程序化教学内容，构建生物制药技术专业的专业课程体系，做到教学进程与生产流程的融合。当学生完成生产线的学习后，就能系统地掌握该生产线所需要的知识、技能和素质。教学进程与生产流程融合使教学内容具有针对性，使学校所学亦即工作所用。

3.学校课堂与生产车间现场的融合

课堂与车间的融合是指基础知识和实践技能教学环境的一体化，在既是教室又是车间的环境中实施教学活动。根据教学需要，专业课程可安排在课堂、实训室或实训车间进行。在真实的车间环境，学生边学边做，在做中学，在学中做，从感性认识上升到理性认识，快速理解生物制药基本知识、概念、原理和规律，掌握设备操作技术，从而提高课堂教学的有效性。

4.教师与师傅角色的融合

车间锻炼能丰富专任教师的实践经验，提高专任教师的实践教学水平。聘请企业生产技术人员作为兼职教师为学生授课，能提升兼职教师教学水平。通过对专兼职教师的培养，可以建设一支既是理论教师又是实践教师的专兼职"双师型"教师队伍，达到教师与师傅角色的融合。

5.学生与员工角色的融合

在专业课程教学中，对学生学习过程试行企业员工管理制度，将企业真实工作任务转化为学习任务，让学生在完成产品生产任务过程中，体验企业管理制度，以系统性培养药物工作者职业素质，从而满足企业对人才的需求。

6.课程考核与工作绩效考核的融合

为了克服学生浅尝辄止的习惯，培养学生坚持不懈、吃苦耐劳精神，专业课程的成绩考核从学习能力和工作绩效两方面进行，实施达标式过程考核。学习能力的考核包括对专业课程必要的基础知识、基本技能的掌握程度，在实训现场应用知识和技能的熟练程度，以及个人综合素质等方面。

工作绩效考核包括生产操作规范掌握程度、所得产品的质和量、分析检验结果的准确度、5S质量管理程度、QC活动参与情况等方面。通过工作绩效考核促进学生工作能力、药物工作职业素质和团队工作能力的培养，使学生早日适应企业对员工素质的需要。实现课程考核的具体措施是推行达标式过程考核，即以单个工作任务为考核单元，对学生的设计能力、操作规范、现场纠错能力、实践记录能力、组织协调能力、工作素养、书写总结能力等方面进行达标考察，并给予评分。每门课程100分，完成全部工作任务获70分，期末基础知识考试30分。学生技能达标即可获得相关项目的成绩，并升入高级学习项目。

采取任务驱动和过程考核相结合的方法，克服了学生浅尝辄止的习惯，培养了学生坚持不懈的思想。通过反复的技能训练，学生能独立使用设备完成产品生产任务，同时逐渐培养其现场分析问题和解决问题的能力，养成生物制药工艺员应具备的职业素质。

（二）专业课程与生产实践融合教学模式的实施

1.开发符合岗位需求的职业技术专业课程

开发符合岗位要求的职业技术专业课程是实施教学模式的依据。建立由专任教师和企业技术人员组成的生物制药技术专业建设委员会，通过对华兰生物、中宝生物、太极集团、葵花药业等生物医药企业生产过程调研，以完成典型工作任务所需知识、技能和素质为学习领域，将生产工作任务转化为学习型任务并设计成学习情景，按照生产流程序化教学内容，按照"资讯、体验、实作、析因"八字教学环节实施教学活动，制定教学质量标准，建设课程教学资源库，实施达标式过程考核，引领学生主动学习专业课程。

2.建设校内外三级实训基地

建设校内外三级实训基地是实施教学模式的保障。考察生物制药工艺员能力的形成过程发现，生物制药技术专业学生需经过试验员、准工艺员和工艺员三级能力成长过程才能成为生物制药工艺员。生物制药技术属于高新技术，而学生掌握高新技术的能力是随着生理年龄和心理年龄的增长逐渐形成的，所以生物制药技术的培养不可能一蹴而就，要按照学生职业能力成长规律，从简单到复杂，从初级到高级循序渐进逐级培养。因此，生物制药实训基地要符合学生职业能力成长规律，能满足基础训练、中级训练和高级训练的需要，亦即要建立基础性实训室、校园车间和顶岗实习三级实训基地。通过三级实训培养高端技能型生物制药技术人才。

基础实训室承担生物制药基本实践技能的训练，为学生今后专业实践课程的学习和就业工作打下基础。

生物制药生产过程是按照《药品生产质量管理规范》无菌、无尘、无污染的要求进行的，需建设校园车间才能实现"工学结合，校企合作"人才培养模式。建设校园车间是实现生物制药技术专业人才培养目标的保障。校园车间是将基础实践技能应用于专业实践课程，完成真实工作任务，起着培养生物制药准工艺员的作用。

校外实习基地是学生顶岗实习的场所，是完成从准工艺员向工艺员转变的场所，同时也是学生就业的企业，起着从学生到熟练工身份转换的关键作用。

总之，基础实训室、校园车间和校外实习基地是实施生物制药技术专业生产实践全面融合教学模式的硬件平台，是必不可少的实训条件。通过三级实训基地既可以培养学生的实践技能，又可培养生物制药职业素质，同时培养学生现场分析问题解决问题的能力，为培养学生全面发展的能力奠定了硬件基础。

3. 建设"双师型"教师队伍

建设"双师型"教师队伍是实施教学模式的关键。专业课程与生产实践全面融合教学模式要求教师不仅引导学生学习基础知识，还要引导学生完成工作任务。教师的教学方案要符合教学模式的需要。基础知识的教学方案是知识讲授与生产过程相结合的方案，实践课程教学方案是引导学生实际操作的方案。教师没有丰富的生产实践经验不可能设计出教学方案，也不可能实施与生产实践全面融合的教学活动，也不可能引导学生设计出解决现场问题的方案。因此，建设"双师型"教师队伍是实施与生产实践全面融合教学模式的关键。为此，学校可以与生物制药企业合作，建立生物制药技术专业建设委员会，聘请企业工程技术人员组建了兼职教师队伍，通过车间锻炼培养"双师型"专任教师队伍，通过交流学习培养教师队伍的职教能力，建设一支既是理论教师又是实践教师的专兼职"双师型"教师队伍，达到教师与师傅角色的融合。

参考文献

[1] 吕浔倩.信息化高职教育教学管理研究[M].西安：西北工业大学出版社，2019.

[2] 张苏，邹玲玲，陈泰峰，等.信息化思维在高职教学中的应用研究[M].长春：吉林人民出版社，2017.

[3] 何俐，曾玲，夏艺诚，等.信息化环境下高职院校专业教学资源库建设研究[M].长春：吉林人民出版社，2017.

[4] 褚蝶花，黄丽芳，朱丽娜，等.教育管理与教学艺术[M].北京:中国原子能出版社，2017.

[5] 武刚.信息化管理与运作[M].北京：中央广播电视大学出版社，2007.

[6] 杨宇，史道敏.高职教学管理信息化平台建设的思考与探索[J].科技经济市场，2014（5）：175-176.

[7] 李玫.浅谈信息技术在高职教学中的应用[J].景德镇学院学报，2014，29（6）：36-37.

[8] 邓文艳.信息化教学模式在高职课堂教学中的应用[J].晋城职业技术学院学报，2015，8（3）：58-60.

[9] 盖克荣.高职课程信息化教学研究与实践[J].中国职业技术教育，2015（26）：18-21.

[10] 顾鹏尧."微课"在高职教学中的应用策略研究——以"计算机网络基础"课程为例[J].计算机时代，2015（9）：56-58.

[11] 王慧慧.高职院校实践教学信息化管理平台的研究与构建[J].无线互联科技，2015（15）：52-53.

[12] 罗雅丽.云平台推进高职教学改革之我见[J].信息技术与信息化，2015（7）：120-121.

[13] 侯宪忠.基于"互联网+"下的高职教育教学信息化建设的研究[J].科技视界，2015（36）：224.

[14] 曹艳 . 高职教学信息化管理方法研究 [J]. 当代职业教育，2015（12）：86–88.

[15] 郭远飞 . 高职院校实践教学信息化管理体系的研究与构建 [J]. 电脑知识与技术，2016，12（4）：125–126.

[16] 李丽梅，陈磊 . 微课在高职教学的研究与应用 [J]. 电脑知识与技术，2016，12（10）：137–139.

[17] 郝宇 . 提高高职院校教学信息化管理的策略 [J]. 黑龙江科学，2019，10（23）：96–97.

[18] 唐贵英 . "互联网＋职业教育"时代下高职教育信息化研究 [J]. 福建茶叶，2019，41（10）：26.

[19] 杨海亮 . 浅谈数字时代下高职信息化教学改革途径 [J]. 才智，2020（4）：81.

[20] 娄焕，朱晓晨 . 大数据背景下高职院校教育信息化管理探析 [J]. 计算机产品与流通，2020（6）：190+194.

[21] 黄继华 . 信息化教学平台在高职教学中的应用效果评价研究及反思 [J]. 信息记录材料，2020，21（5）：56–57.

[22] 吴秀玲，杜璋璋，张田，等 . 线上线下混合式教学模式在生物制药技术教学中的应用 [J]. 中国教育技术装备，2020（3）：68–69+72.

[23] 丁娟芳，孙长花 . 基于在线开放课程建设的"生物制药技术"教学改革研究 [J]. 广东化工，2020，47（22）：157–158+169.

[24] 丁紫佩 . 信息化与高职专业课教学融合的问题与对策研究 [J]. 武汉船舶职业技术学院学报，2019，18（1）：53–56.

[25] 杨桂玲，郭成栓，刘晓珊 . 探讨慕课教学方法在生物制药技术课程中的应用 [J]. 广东职业技术教育与研究，2019（3）：29–31.

[26] 颜文明 . "互联网＋"环境下的高职院校教育教学模式 [J]. 河北职业教育，2019，3（3）：47–49.

[27] 吴振远 . 信息化教学手段在高职教学中的应用初探 [J]. 教育现代化，2019，6（55）：277–278.

[28] 夏伟，徐涛 . 高职院校信息化教学设计探索与实践——以"碰撞事故车静态鉴别"为例 [J]. 武汉交通职业学院学报，2019，21（3）：89–93.

[29] 葛淑梅，张素玲 . 高职院校信息化教学的重要性及深化提升探析 [J]. 焦作大学学报，2019，33（3）：102–106.

[30] 于明玉 . 网络环境下高职院校教学管理信息化建设的实践与思考 [J]. 亚太教育，

2019（9）：147–148.

[31] 肖子蕾.信息技术背景下高职教学管理信息化建设策略分析[J].电脑知识与技术，2017，13（2）：150–151.

[32] 陈贺璋.高职教育信息化教学资源的运作研究[J].工业和信息化教育，2017（6）：30–34.

[33] 彭智辉，许涛，胡胜标."现代生物制药技术"课程教学综合改革与实践探索[J].高校生物学教学研究（电子版），2017，7（2）：32–35.

[34] 孙世娟.浅谈信息化环境下高职教学的个性化发展[J].海南广播电视大学学报，2017，18（3）：118–121.

[35] 高涵，唐智彬.信息化时代高职教育课程改革初探[J].中国高教研究，2013（9）：107–110.

[36] 刘霜霜，杨丽莎，习慧丹.高职在线开放课程建设与信息化教学改革探讨[J].无线互联科技，2020，17（23）：167–168.

[37] 韦柳丝，谭永平，唐贻发.基于高职教学特点的混合式课程建设研究[J].教育与职业，2021（3）：103–106.

[38] 丁娟芳，杨嘉，孙长花，等.基于超星平台的生物制药技术课程混合式教学模式探索[J].卫生职业教育，2021，39（8）：64–65.

[39] 陆阳春.浅谈高职院校教学管理信息化与计算机信息技术[J].中国管理信息化，2021，24（19）：199–200.

[40] 李平平.信息化视阈下高职教学治理协同机制研究[J].无线互联科技，2021，18（16）：142–144.

[41] 周力."互联网+"时代高职教学模式的转变及创新[J].海峡科技与产业，2018（1）：113–115.

[42] 赵英杰，李文刚，苏媛媛.高职教育教学云平台的设计与应用研究[J].中国教育信息化，2018（18）：74–77.

[43] 张郅峰，刘耀鹏，张瑞鹏.线上线下混合教学模式在高职教学中的应用[J].化工管理，2018（28）：16–17.

[44] 宋毅.运用微信公众平台辅助高职教学的实践[J].辽宁高职学报，2014，16（6）：67–69.

[45] 张灵芝.微课在高职教学改革中的应用研究[J].中国职业技术教育，2014（26）：70–72.

[46] 田海燕.信息化教学在高职院校课堂教学中的应用研究[D].武汉：湖北工业大学，2016.

[47] 詹玉芬.影响高职教师信息化教学能力因素的研究[D].南昌：江西农业大学，2017.

[48] 嵇梦丽.高职院校教育管理信息化建设问题与对策研究[D].徐州：中国矿业大学，2020.

[49] 兰皓.基于智慧校园的高职院校教学资源服务平台构建与应用[D].赣州：赣南师范大学，2019.

[50] 蔡蕙心.高职院校信息化建设研究[D].武汉：湖北美术学院，2018.